STARKE NERVEN. KOMPETENZ. EMPATHIE.

VORWORT

Die Unsichtbaren ...

Sie werden mitunter schon einmal als die heimlichen Führungskräfte bezeichnet: Assistenzkräfte bzw. Sekretärinnen und Sekretäre stehen selten im Rampenlicht und doch halten sie im Hintergrund viele Fäden zusammen: Sie sind in hochsensible Prozesse der Chefetagen eingebunden, haben einen ähnlichen Wissensstand wie das Management, kennen nahezu jede Mitarbeiterin und jeden Mitarbeiter des Unternehmens, bereiten wichtige Entscheidungen vor und priorisieren im Auftrag des Managements. Und doch sind sie in der Wahrnehmung geradezu unsichtbar. Sie agieren oft aus der zweiten Reihe und machen ihren Job in vielen Fällen ohne großes Aufsehen; unaufgeregt und mit höchsten Ansprüchen an sich selbst.

Wer sind diese Frauen und Männer, die dafür sorgen, dass Führungskräfte sich auf das Führen konzentrieren können? Die Autorinnen und Autoren des vorliegenden Buches haben 26 außergewöhnliche Assistentinnen bzw. Assistenten getroffen und erzählen ihre ganz persönlichen Geschichten. Sie geben den eigentlich Unsichtbaren mit diesem Buch die Bühne, die sie schon längst verdient haben.

Dabei interessiert die Autoren nicht nur der berufliche Werdegang, die alltäglichen Aufgaben und Herausforderungen, sondern vielmehr die Dinge dahinter: Was treibt diese Frauen und Männer an, was motiviert sie, welche guten und schlechten beruflichen Erfahrungen haben sie geprägt?

Es sind 26 Geschichten, die nicht nur fesseln und unterhalten, sondern aus denen wir lernen können, denn die Office-Professionals verraten darin ihre ganz persönlichen Mantras und Erfolgsrezepte. Sie machen Mut für die eigenen Herausforderungen und können als Inspiration für den nächsten Schritt auf der eigenen Karriereleiter dienen.

Das vorliegende Buch möchte mehr als nur unterhalten: Daher wurden die Porträts durch eine Vielzahl praktischer Arbeitshilfen ergänzt: Praxisorientierte Tipps und Checklisten greifen jeweils die Sachthemen auf, die in den Geschichten der 26 Office-Professionals jeweils eine wichtige Rolle spielen: beispielsweise Tipps zur Vorbereitung einer Veranstaltung oder Vorlagen für die Korrespondenz mit Geschäftspartnern. Viel Spaß bei der Lektüre.

Annette Rompel, Chefredakteurin working@office

IMPRESSUM

STARKE NERVEN. KOMPETENZ. EMPATHIE.
26 ASSISTENTINNEN VERRATEN IHRE ERFOLGSREZEPTE

Dies ist eine Sonderpublikation von working@office
Magazin für professionelles Büromanagement
VNR Verlag für die Deutsche Wirtschaft AG
Theodor-Heuss-Straße 2 – 4 | 53177 Bonn
www.workingoffice.de | redaktion@workingoffice.de
Amtsgericht Bonn, HRB 8165
USt-IdNr. DE812639372
Vorstand: Richard Rentrop

Redaktion:
Chefredakteurin: Annette Rompel (v. i. S. d. P.)
Fax 0228 9092-951
annette.rompel@workingoffice.de
Redaktionelle Mitarbeiter: Alexandra Gebel, Claudia Marbach, Annette Rompel, Dunja Schenk, Andrea Schmidt-Forth, Peter Steinhauer, Kirsten Wolf
Fotos: Sabine Klem, Tom Krausz, Regine Laas, Martin Leissl, Simone Naumann, Peter Nierhoff, Alexander Pütter, Alexander Rochau, Karin Ullrich

Produktmanagement/Marketing: Maria Mioduszewski, mmi@vnr.de
Satz: Reinhard Kruse, Wallenhorst
Layout (Cover): Alex Weidner, München
www.workingoffice.de
Titelbild: Sandra Drayer-Varga und Jochen Schweizer © Simone Naumann

Die einzelnen Beiträge geben die Meinung der Autoren, nicht notwendigerweise die der Redaktion wieder. Die Redaktion übernimmt keine Gewähr für die Richtigkeit, Vollständigkeit und Aktualität der abgedruckten Inhalte.

© 2018 by VNR Verlag für die Deutsche Wirtschaft AG.

Alle Rechte vorbehalten. Kein Teil dieser Publikation darf ohne schriftliche Genehmigung des Verlages vervielfältigt oder verbreitet werden. Unter dieses Verbot fällt insbesondere die gewerbliche Vervielfältigung per Kopie, die Aufnahme in elektronische Datenbanken und die Vervielfältigung auf CD-ROM und anderen elektronischen Datenträgern.

Druck: CPI books GmbH, Leck.

Printed in Germany. ISBN: 978-3-8125-2627-2

STARKE NERVEN. KOMPETENZ. EMPATHIE.

INHALTSVERZEICHNIS

Vorwort von Annette Rompel, Chefredakteurin working@office .... S. 1

Unsere „Office Porträts"

BIRGIT SOLBACH, ASSISTENTIN DES VORSTANDES, AKTION MENSCH E. V., BONN
Das Büro für die gute Sache .... S. 5

SABINE PERONE, ASSISTENTIN DES GIO, VORWERK & CO. KG, WUPPERTAL
Grünes Blut in den Adern .... S. 13

KARIN ZESSNER, ASSISTENTIN DES CHIEF ACCOUNTANT & TAX OFFICER BEI DER
PROSIEBENSAT.1 MEDIA SE, UNTERFÖHRING
Vom Reformhaus zum TV-Riesen .... S. 21

ANGÉLA GROSSE KATHÖFER, ASSISTENTIN DER GESCHÄFTSFÜHRUNG DER
BRAU HOLDING INTERNATIONAL, MÜNCHEN
Bayerische Lebensart als Beruf .... S. 29

CHRISTIANA LANGE, ASSISTENTIN DES PRÄSIDENTEN VOM
DEUTSCHEN TECHNISCHEN HILFSWERK THW, BONN
Helfen ist ihr Auftrag .... S. 35

SONJA GIENCKE, ASSISTENTIN DER GESCHÄFTSFÜHRUNG UND PROJEKTMANAGERIN BEI DER
IGA TEC GMBH IN GAUTING BEI MÜNCHEN
„Bei uns geht's immer vorwärts" .... S. 43

ANDREA WALDAU, ASSISTENTIN DES DEUTSCHEN BOTSCHAFTERS DER REPUBLIK MALAWI, LILONGWE
Von Wladywostok in die Tropen .... S. 51

ANDREA ALBRECHT UND NADINE LINDNER, ASSISTENTINNEN DES VORSITZENDEN DER
GESCHÄFTSFÜHRUNG DER MESSE MÜNCHEN GMBH, MÜNCHEN
Ein starkes Duo für globales Business .... S. 59

LISA-KATHERINA SCHUTTER, ASSISTANT TO DR. ING. BERNHARD KLUMPP,
CONTINENTAL TEVES AG, FRANKFURT
Ordnung ist das ganze Leben .... S. 67

BAHAR EDES, OFFICE- UND EVENTMANAGERIN BEI DER
SMG STANDORTMARKETING-GESELLSCHAFT LANDKREIS MIESBACH MBH, MIESBACH
Job-Start ins Glück .... S. 75

LIANE FELDHUS-HOPP, PERSÖNLICHE ASSISTENTIN VON ULRICH MANN, INHABER DER
MODEHÄUSER LEFFERS OLDENBURG
Eine Karriere wie auf den Leib geschneidert .... S. 83

ANGELA LAUTER, ASSISTENTIN DES GESCHÄFTSFÜHRENDEN VORSITZENDEN ALEXANDER OTTO BEI DER
ECE PROJEKTMANAGEMENT GMBH, HAMBURG
Weltfirma mit Wohlfühlfaktor .... S. 91

STEFANIE ZANKER, ASSISTENZ VON ANDREAS THIEL, GESCHÄFTSFÜHRER DER
REGIO AUGSBURG WIRTSCHAFT GMBH, WIRTSCHAFTSRAUM A[3]
Auf allen Kanälen für Augsburgs Wirtschaft .... S. 99

MONIKA WAGNER, LEITERIN GESCHÄFTSLEITUNGSPROJEKTE BEI DER FIRMA SCHÖFFEL IN SCHWABMÜNCHEN
Job mit Weitblick S.107

CLAUDIA KELLERMAYER, REDAKTIONSASSISTENTIN BEI DER
WELTN24-GRUPPE, REGIONALREDAKTION BAYERN, MÜNCHEN
Immer bestens informiert S.115

JANA MONARTH, ASSISTENTIN DER GESCHÄFTSLEITUNG DER HOLZER FIRMENGRUPPE, BOBINGEN
Tag für Tag gut im Rennen S.123

JENNIFER PILLAT, ASSISTANT TO THE CEO BEI DER PME FAMILIENSERVICE GRUPPE, FRANKFURT
Ein virtuelles Dream-Team S.131

SANDRA DRAYER-VARGA, PERSÖNLICHE ASSISTENTIN VON JOCHEN SCHWEIZER BEI DER
JOCHEN SCHWEIZER HOLDING GMBH, MÜNCHEN
Abenteurerin mit Bodenhaftung S.139

www.workingoffice.de

STARKE NERVEN. KOMPETENZ. EMPATHIE.

BARBARA GIESE, PERSÖNLICHE ASSISTENTIN DES GESCHÄFTSFÜHRUNGSVORSITZENDEN DER
FLUGHAFEN MÜNCHEN GMBH .... S. 147
Mit Bodenhaftung immer weiter kommen

JULIA PATERMANN, KANZLEIMANAGERIN BEI DER
STEUERBERATUNGSGESELLSCHAFT TERRATAX IN MÜNCHEN .... S. 155
Liebe auf den zweiten Blick

ANDREA KITZELMANN UND KATJA SCHATTMAIER, ASSISTENTINNEN DES VORSTANDS DER
HOCHLAND SE IN HEIMENKIRCH IM ALLGÄU .... S. 163
Kühe, Käse und Karriere

RITA WEYMANN, ASSISTENTIN DER GESCHÄFTSFÜHRUNG BEI DER ADAMA DEUTSCHLAND GMBH, KÖLN ... S. 171
Eine Karriere in zwei Ländern

SONJA STRICKER, PERSONAL ASSISTANT GENERAL MANAGEMENT BEI DER
JOSEF GARTNER GMBH, GUNDELFINGEN .... S. 177
Karriere bei einem heimlichen Riesen

HELLA HEINZMANN, OFFICE-MANAGERIN DER KELLERKINDER / K10R GMBH, HOCKENHEIM .... S. 185
Eine echte Win-win-Situation

Unsere Arbeitshilfen, Tipps und Checklisten für Sie
Mit diesen Argumenten überzeugen Sie Ihren Chef von einer Weiterbildung .... S. 10
Reise-Checkliste: So denken Sie bei der Planung an alles .... S. 17
Nutzen Sie diese Checkliste, um neue Mitarbeiterinnen und Mitarbeiter herzlich willkommen zu heißen ... S. 24
Aktives Networking: Ihr Schlüssel zum Erfolg .... S. 26
Mit diesen Argumenten überzeugen Sie Ihren Chef vom Homeoffice .... S. 37
Virtuelle Assistenz: 5 Tipps, wie Sie die Rücksprachen mit Ihrem Chef organisieren .... S. 39
4 gute Gründe für das Homeoffice .... S. 40
Projekte: Übersichtlich und strukturiert mit Trello .... S. 46
Wie Sie Mitarbeiterinnen und Mitarbeiter erfolgreich coachen .... S. 50
Pressegespräch: Mit diesen 5 Tipps sorgen Sie für gute Publicity .... S. 56
3 Tipps für ein effektives E-Mail-Management, wenn Ihr Chef abwesend ist .... S. 58
3 Tipps, wie Sie die Herausforderung Doppelsekretariat meistern .... S. 62
Kaizen im Office – in 5 Schritten zur Vereinfachung .... S. 68
Nie mehr demotivierte Auszubildende: Das können Sie tun .... S. 76
Ohne Jour fixe läuft nix: Probieren Sie es aus! .... S. 80
Das Wichtigste zuerst erledigen? Die Eisenhower-Matrix zeigt Ihnen, was am wichtigsten ist ... S. 86
Top 13: Die besten Reise-Apps für iPhone, iPad und Android .... S. 88
Die 3 größten Herausforderungen beim Terminmanagement und wie Sie sie lösen .... S. 95
12 Druck-Tipps, mit denen Sie Umwelt und Budget schonen .... S. 98
So beweisen Sie auf allen 6 Shitstorm-Stufen Ihre Social-Media-Kompetenz .... S. 103
Work-Life-Balance: Sind Sie ausgeglichen im Büro? .... S. 110
„Wie kann ich in den dunkleren Monaten positiv denken?" .... S. 112
Business English: Die 30 nützlichsten Redewendungen für Ihr nächstes Telefonat .... S. 119
Mit nur 5 Excel-Funktionen haben Sie die Kosten-Kalkulation fest im Griff .... S. 128
8 elementare Regeln für Ihre Sofort-Ergebnis-Protokolle .... S. 130
„Darf ich meinen Hund mit ins Büro nehmen?" .... S. 132
Karriere: Verfügen Sie über die wichtigsten „soft skills"? .... S. 136
Booking Time: Die wichtigsten Vokabeln für Ihre Hotelreservierung .... S. 143
Sie suchen die besten Airport-Lounges für Ihren Chef? LoungeBuddy hilft Ihnen dabei .... S. 151
„Was kann ich dagegen tun, dass mein Chef ohne Abmeldung das Büro verlässt?" .... S. 154
Tschüss, Papierablage! So richten Sie auf Ihrem PC eine übersichtliche Ablagestruktur ein ... S. 161
Wundertüte OneNote: Revolutionieren Sie die Verwaltung und Organisation Ihrer Teammeetings ... S. 168
Welcome! Mit diesen Formulierungen fühlen sich internationale Gäste von Anfang an wohl .. S. 181
Kann ein Mehr-Generationen-Büro für Sie ein Gewinn sein? .... S. 186

www.workingoffice.de

STARKE NERVEN. KOMPETENZ. EMPATHIE.

BIRGIT SOLBACH, ASSISTENTIN DES VORSTANDES, AKTION MENSCH E. V., BONN

Das Büro für die gute Sache

Mit dem, was man tut, die Welt verbessern - gibt es ein schöneres Job-Gefühl? Birgit Solbach und ihre Kolleginnen und Kollegen arbeiten daran, dass Menschen mit und ohne Behinderung ganz selbstverständlich miteinander leben können. Ein Blick hinter die Kulissen der „Aktion Mensch".

Wenn Besucher die Empfangshalle des Gebäudes in der Bonner Heinemannstraße betreten, merken sie gleich: Hier geht es anders zu als bei anderen Unternehmen. Eine Computerstimme und ein Signalton geben sehbehinderten Menschen ein Zeichen, sobald sich die innere Tür des Drehrondells öffnet. Gänge und Türen des Gebäudes sind besonders breit, auch Rollstuhlfahrer können sich hier problemlos bewegen. Beschilderungen sind nicht auf Augenhöhe angebracht, weil weder kleinwüchsige Menschen, noch Menschen, die auf einen Rollstuhl angewiesen sind, in dieser Höhe gut lesen können. Etwa in Hüfthöhe weisen schräge Schilder vor jedem Raum darauf hin, was sich darin befindet, selbstverständlich auch in Brailleschrift.

Assistentin Birgit Solbach erzählt: „13 Prozent der Mitarbeiter sind Menschen mit einer Behinderung", das ist mehr als das Doppelte als die von der Bundesregierung geforderten fünf Prozent. Und dafür ist das Gebäude natürlich speziell ausgestattet. Seit mehr als sechs Jahren ist Birgit Solbach als Assistentin des Vorstandes der Aktion Mensch e.V. beschäftigt, zeitweise ist sie sogar für zwei Vorstände tätig. Das man hier für die gute Sache arbeitet, ist allgegenwärtig. Für die 43-Jährige bedeutet das „eine ganz andere Motivation" für ihre tägliche Arbeit.

Facettenreiche Aufgaben, komplexe Strukturen

Dabei unterscheidet sich ihr Arbeitgeber zwar in vielen, aber nicht in allen Punkten von anderen Unternehmen. Rund 270 Kolleginnen und Kollegen arbeiten mit Birgit Solbach und ihrem Chef Armin von Buttlar, alleiniger Vorstand, für die Aktion Mensch. Gefördert werden soll vor allem das Miteinander von behinderten und nicht behinderten Menschen. Dafür gibt es zum Beispiel die bekannte Lotterie. Doch das Geschäftsmodell und die Arbeit der Aktion Mensch ist weitaus komplexer.

Birgit Solbach (Bild rechts) im Gespräch mit Chefredakteurin Annette Rompel (Bild links).

Die Aktion Mensch in Zahlen und Fakten

3,5 Milliarden Euro konnte die Aktion Mensch seit ihrer Gründung 1964 an soziale Projekte weitergeben. Der Verein unterstützt dabei mittlerweile bis zu 1000 Projekte monatlich. 4,6 Millionen Menschen besitzen ein Los der Aktion Mensch und bilden auf diese Weise das finanzielle Fundament des gesamten Engagements. Denn mit diesen Einnahmen werden die Projekte gefördert.

Aber die Einnahmen aus der Lotterie ermöglichen nicht nur die Förderung sozialer Projekte. Zum Engagement gehören Aufklärungsmaßnahmen, mit denen die Öffentlichkeit für Inklusion und Barrierefreiheit sensibilisiert werden soll.

Es gibt drei verschiedene Gremien der Aktion Mensch: Die Mitgliederversammlung, den Aufsichtsrat und das Kuratorium. In der Mitgliederversammlung sind die Spitzenverbände der Freien Wohlfahrtspflege und das ZDF versammelt, der Aufsichtsrat kontrolliert das operative Geschäft des Vorstandes und des Kuratoriums. Das Kuratorium wiederum entscheidet über die Verwendung der zur Verfügung stehenden Mittel für Fördervorhaben. Detailliert kann man die Aktivitäten und Geschäftszahlen aus den Jahresberichten ersehen.

Aktion Mensch e.V.: 50 Jahre Arbeit für das selbstbestimmte Leben und das selbstverständliche Miteinander von Menschen mit und ohne Behinderung.

Anfang der 60er Jahre erschüttert der Contergan-Skandal die Menschen in Deutschland: 5000 Babys kamen mit Fehlbildungen zur Welt, weil deren Mütter während der Schwangerschaft das Schlafmittel Contergan eingenommen hatten, das ihnen verschrieben worden war. Mit großem Engagement sorgten viele Eltern anschließend dafür, dass eine Aufklärung in Gang kommt, die Medien berichten ausführlich. Behinderung wird zu einer gesellschaftlichen Aufgabe. Der ZDF-Medizinjournalist Hans Mohl nimmt sich des Themas an. Er verbindet die Idee, durch eine Lotterie und Spenden Geld zu sammeln, mit dem Ziel, die Lebensbedingungen behinderter Kinder zu verbessern.

Dieses Anliegen soll mit einer Unterhaltungssendung im ZDF verbunden werden. Die neue Show „Vergißmeinnicht" mit Peter Frankenfeld startet am 9. Oktober 1964. Im Anschluss gründet das ZDF die „Aktion Sorgenkind" gemeinsam mit den sechs Spitzenverbänden der Freien Wohlfahrtspflege als gemeinnützigen Verein. Ab 1974 moderiert Wim Thoelke die neue Spielshow „Der große Preis", die die kommenden zwanzig Jahre mit der Aktion Sorgenkind verbunden ist.

Im November 1994 wird der Grundrechtekatalog um den Satz „Niemand darf wegen seiner Behinderung benachteiligt werden" erweitert. Bei der Aktion Sorgenkind beginnt ein Paradigmenwechsel. Zunächst geht es um veränderte Botschaften, die den Anspruch auf gleichberechtigte Teilhabe von Menschen mit Behinderung zum Ausdruck bringen. 1996 wird Aufklärung zusätzlicher Satzungszweck des Vereins. Die Aktion Sorgenkind führt ab jetzt zahlreiche Kampagnen, Ausstellungen, Festivals durch, um für das selbstverständliche Miteinander von Menschen mit und ohne Behinderung zu werben.

Seit März 2000 nennt sich der Verein „Aktion Mensch". Nun gehört auch die Schaffung von Arbeitsplätzen für Menschen mit Behinderung zum Förderspektrum der Aktion Mensch. Vorhaben aus der Kinder- und Jugendhilfe kommen als weiteres Handlungsfeld dazu.

Heute ist die Aktion Mensch Deutschlands größte Förderorganisation im sozialen Bereich. Gemeinsam mit den Mitgliedern, den Spitzenverbänden der Freien Wohlfahrtspflege und dem ZDF arbeitet der Verein mit öffentlichkeitswirksamen Aktionen und Aufklärungskampagnen daran, dass Menschen mit Behinderung selbstbewusste Mitgestalter der Gesellschaft sein können.

Mehr unter **www.aktion-mensch.de**.

Zu Birgit Solbachs Aufgaben im Vorzimmer von Armin von Buttlar gehören natürlich die klassischen Assistenzaufgaben. „Alle Termine gehen über mich", sagt die gelernte Hotelfachfrau, und auch die Mails, die über verschiedene allgemeine Mail-Accounts bei der Aktion Mensch landen, werden von ihr beantwortet. Zudem priorisiert sie die komplette Korrespondenz an ihren Vorgesetzten und bereitet teilweise die Antworten vor.

Als Vorstandsassistentin ist sie interne und externe Kommunikationsschnittstelle. Mit Kollegen, Kunden und Interessenten in Kontakt zu sein, das lag ihr schon immer, schließlich kommt sie aus der Hotellerie. Ihre Ausbildung hat die gebürtige Bonnerin in einem kleinen Landhotel im Rheinland absolviert, es folgte eine Stelle als Empfangssekretärin in ein Haus in Siegen. Über weitere Job-Stationen eignete sie sich kaufmännische Kenntnisse an und bekommt schließlich 1996 die Chance, als Empfangsleiterin, später als Bankettleiterin Verantwortung für ein kleines Team zu übernehmen. „In dieser Zeit habe ich sehr viel Erfahrung gesammelt", erklärt Birgit Solbach. Eine gute Ausbildung, das ist es auch, was Birgit Solbach für entscheidend für die spätere berufliche Entwicklung hält. Jüngeren Kolleginnen und Kollegen rät sie daher immer, auf Aus- und Weiterbildung ein besonderes Augenmerk zu haben.

Mehr als klassische Assistenz
1999 überlegt die junge Frau, die Branche zu wechseln. Die Arbeitszeiten in der Hotellerie, die nicht selten bis spät in die Nacht oder am Wochenende liegen, zehren an ihr. Noch heute bewundere sie jeden, der in einem Schichtbetrieb arbeite, sagt sie. Sie bewirbt sich in der Eventgastronomie einer großen Kölner Veranstaltungshalle und bekommt den Job. Dort leitet sie die Kundenbetreuung, ist im Vertrieb für die Logen tätig, organisiert After-Show-Partys, Firmenveranstaltungen und vieles mehr.

Ihre Erfahrungen aus dem Veranstaltungsmanagement kann Birgit Solbach heute bei der Aktion Mensch einbringen. Die Organisation besteht aus verschiedenen Gremien wie der Mitgliederversammlung, dem Kuratorium und dem Aufsichtsrat. Birgit Solbach ist für das Gremienmanagement verantwortlich.

STARKE NERVEN. KOMPETENZ. EMPATHIE.

Birgit Solbach und ihr Vorgesetzter Armin von Buttlar, Alleinvorstand der Aktion Mensch e. V. starteten gemeinsam vor sechs Jahren bei der Organisation.

Sie bereitet die Aufsichtsratssitzungen, Gremientreffen und Mitgliederveranstaltungen vor und nach. Allein zehn bis zwölf Veranstaltungen in diesem Bereich gilt es zu organisieren, hinzu kommen interne Weiterbildungen und Strategiemeetings. Das Organisieren lag ihr schon immer. Bei einem früheren Arbeitgeber, einem Handelshaus für Druckmedien, musste sie einmal eine Kundenreise nach Südkorea organisieren. „Das war ziemlich komplex", erzählt sie, und ein Projekt, auf das sie bis heute stolz ist. Denn letztlich hat alles bestens geklappt.

Auch bei der Aktion Mensch kann Birgit Solbach in viele verschiedene Projekte hineinschnuppern. Zurzeit betreut sie im Online-Bereich die Pflege verschiedener Inhalte. Eine sehr spannende Aufgabe, findet sie, bei der sie ständig etwas dazu lerne und immer wieder mit neuen Kolleginnen und Kollegen in einem Team arbeitet. Auch Armin von Buttlar schätzt das Engagement seiner Assistentin in verschiedenen Bereichen: „Sie arbeitet sich nicht nur organisatorisch, sondern auch inhaltlich sehr stark in verschiedene Themen ein", sagt der Vorstand. Dabei sei sie selbstständig, verbindlich und denke mit. Das ist es auch, was aus seiner Sicht gute Assistenzkräfte ausmacht, nämlich dass Office-Managerinnen und -Manager „auch inhaltliches Interesse mitbringen".

Mehr Lernen - und Wissen weitergeben

Doch nicht nur das Dazulernen ist für Birgit Solbach erstrebenswert: Seit zwei Jahren engagiert sich die Assistentin im Mentorinnenprogramm der Aktion Mensch. Ziel ist es, jüngere Kolleginnen ein Jahr lang zu begleiten und Ansprechpartnerin für berufliche Fragen zu sein. Schon die zweite jüngere Kollegin begleitet Solbach mittlerweile mit großem Spaß: „Ich bin sehr wissbegierig, lerne gerne Dinge dazu – gebe aber genau so gern Wissen weiter." In diesem Punkt seien sie und ihr Chef sich sehr ähnlich, findet die Assistentin. Zudem schätzt sie an ihm, dass „seine Tür immer offen ist für alle Mitarbeiter." Und auch, dass er Projekte schnell und zielgerichtet vorantreibt.

Die Zusammenarbeit von Armin von Buttlar und Birgit Solbach bezeichnen beide als vertrauensvoll. Das muss sie auch sein: „Schließlich haben Assistenzkräfte in dieser Position häufig einen Informationsvorsprung", sagt Armin von Buttlar.

Mit diesen Argumenten überzeugen Sie Ihren Chef von einer Weiterbildung

Grundsätzlich sollte Ihr Chef Interesse daran haben, dass Sie sich fort- und weiterbilden. So bringen Sie sich schließlich auf den neuesten Stand und können Ihren Chef noch besser unterstützen. Daher ist es naheliegend, dass er Ihre Fort- und Weiterbildung finanziert. Doch das ist leider nicht in jedem Unternehmen selbstverständlich.

Wenn Sie also ein Seminar besuchen wollen, lohnt es sich, gute Argumente zu sammeln, die Ihren Chef überzeugen. Schlüpfen Sie bei der Suche nach überzeugenden Punkten am besten in seine Rolle. Überlegen Sie sich, welche Einwände Ihr Chef haben könnte, und finden Sie passende Argumente.

Erarbeiten Sie sich Ihre stichhaltigen Argumente anhand folgender Fragen
- Inwiefern dient Ihre geplante Weiterbildung dem Unternehmen (Gewinnmaximierung, Zeitersparnis, Kostensenkung, Steigerung der Kundenzufriedenheit)?
- Inwiefern hat Ihr Chef etwas von Ihrer Weiterbildung?
- Was wird sich an Ihrer Zusammenarbeit verbessern?
- Können Inhalte aus dieser Weiterbildung an andere Mitarbeiter weitervermittelt werden, etwa in Form von Inhouse-Schulungen?

Beide starteten 2009 zur gleichen Zeit bei der Aktion Mensch. „Das hatte seine Vorteile", sagt der Vorstand rückblickend. Denn da beide neu waren, wurde an beiden Stellen nicht an alten Strukturen festgehalten.

Mit Zuversicht durchs Berufsleben

Dafür wäre die aufgeschlossene Frau auch nicht der Typ, denn für den Beruf möchte sie sich nicht verbiegen. „Wenn ich etwas tue, dann tue ich das konsequent, mit Freude und verbindlich." Und wenn das nicht mehr möglich sei, dann ziehe sie eben die entsprechenden Rückschlüsse. Zweimal hat sie es in ihrem Berufsleben schon erlebt, dass sie sich sagte: „Ich möchte das so nicht mehr". Sie kündigte, ohne einen neuen Job in Aussicht zu haben. Dazu gehört Mut. „Letztlich hatte ich immer die Zuversicht, dass sich etwas Neues ergeben wird", sagt sie rückblickend. Und schließlich habe sich die Entscheidung gelohnt.

Stellen Sie heraus, dass Sie dem Unternehmen erhalten bleiben
Machen Sie deutlich: Mit einer Weiterbildung bleiben Sie motiviert und können bessere Leistungen bringen. Zudem kann eine Weiterbildung hilfreich sein, um sich bei seinem Unternehmen unentbehrlich zu machen.

Verdeutlichen Sie Ihren Eigenanteil
Machen Sie Ihrem Chef auch klar, dass Sie auch einen großen Anteil an der Weiterbildung leisten werden. Schließlich werden Sie auch am Wochenende und nach Feierabend lernen. Planen Sie genau, wie viel Zeit die Weiterbildung in Anspruch nimmt und wie Sie diesen zusätzlichen Aufwand in Ihrem Arbeitsleben unterbringen werden.

Überlegen Sie sich, welche Leistungen Sie erwarten
Überlegen Sie sich vor dem Gespräch auch, was genau Sie von Ihrem Chef erwarten: Soll er die Kosten für die Weiterbildung übernehmen, sich finanziell beteiligen oder Sie in Arbeitszeit für die Weiterbildung oder das Lernen freistellen?

Fazit: Gut vorbereitet überzeugen Sie Ihren Chef
Sammeln Sie Ihre Argumente und bereiten Sie damit das Gespräch mit Ihrem Chef vor. Wenn er sieht, dass nicht nur Sie, sondern auch er selbst und damit das Unternehmen von Ihrer Weiterbildung profitiert, haben Sie gute Chancen, dass er Ihre Weiterbildung finanziert.

aus: „Assistenz & Sekretariat heute"
Autorin: Dunja Schenk

Konsequenz, das Prinzip gilt übrigens auch für Einstellungen, die den Job gar nicht betreffen. Vor zwei Jahren entschloss sich die Bonnerin dazu, auf vegetarische Ernährung umzustellen. „Zuvor hatte ich mich mit dem Thema Lebensmittel noch einmal ganz neu auseinandergesetzt." Vielleicht, weil sie die Arbeit in der Gastronomie geprägt hat. Seither hat die 43-Jährige nicht eine Ausnahme gemacht bei der fleischlosen Ernährung. „Erstaunlicherweise ist mir das ganz leicht gefallen", sagt sie. Heute freut sie sich, wenn sie sagen kann: „Für meine Mahlzeit musste kein Tier sterben." Schließlich macht es ihr Spaß, die Welt zu verbessern …

Annette Rompel, Redaktion

Fotos: Peter Nierhoff, Köln

STARKE NERVEN. KOMPETENZ. EMPATHIE.

SABINE PERONE, ASSISTENTIN DES GIO, VORWERK & CO. KG, WUPPERTAL

Grünes Blut in den Adern

Bei einem Klassiker zu arbeiten, kann ziemlich spannend sein: Weil oft so viel mehr dahinter steckt als die bekannte Marke. So ist es auch bei diesem Arbeitgeber. Was es dort alles zu organisieren gibt, haben wir uns von der Assistentin des *Senior Vice Presidents* erzählen lassen.

Das Büro von Sabine Perone verrät viel über die Aufgabe, die die Assistentin momentan auf Trab hält: Trikots in Firmenfarbe hängen herum, auf dem Sideboard steht ein kleiner Pokal, gleich daneben liegt ein Stapel Startnummern. Die Zeichen stehen auf – Wettkampf! Der Wuppertaler Schwebebahnlauf steht kurz bevor, mehr als 300 Kolleginnen und Kollegen gehen mit an den Start. Assistentin Sabine Perone ist verantwortlich für die komplette Organisation der Vorwerk-Läufer, auch der Schüler- und Bambini-Lauf gehört dazu.

Grün ist die Firmenfarbe

Seit 2004 ist die Italienerin bei dem Wuppertaler Traditionsunternehmen beschäftigt, die Vorbereitung großer Events gehört zu ihrem Tagesgeschäft. In den heißen Phasen kann es abends auch schon mal etwas länger werden. Bei der Organisation des Stadtlaufs ist die Assistentin beispielsweise rund um die Uhr im Einsatz, und natürlich ist sie mit Herz und Seele dabei. So sehr, dass ihr Freund schon mal mutmaßte, in Sabine Perones Adern fließe wohl schon grünes Blut ... „So weit ist es noch nicht", lacht die Assistentin. Aber ihren Job bei Vorwerk möchte sie wirklich nicht mehr missen.

Start in der Hotellerie

Sabine Perone ist in Deutschland geboren, die Eltern sind Italiener. Kurz nach der Geburt der Tochter geht die Familie zurück nach Italien, in die Nähe von Neapel. Mit sechs dann wieder ein Ortswechsel, diesmal zurück ins Sauerland. „Es hat viele Vorteile, wenn man zweisprachig aufgewachsen ist," sagt die 36-Jährige. Die italienische Sprache kann sie an ihrem Arbeitsplatz gut brauchen, mit den italienischen Kollegen spricht sie Italienisch. Mit dem Chef übrigens nicht – obwohl auch er gebürtiger Italiener ist.

Nach der Schule beginnt Sabine Perone eine Ausbildung in einem familiengeführten Hotel. Immer schon wollte sie beruflich viel mit Menschen zu tun haben. Die Ausbildung in der Hotellerie ist eine harte Schule, Überstunden und Schichtdienst sind an der Tagesordnung. Von der Gastronomie bis zum Zimmerservice durchläuft sie alle Abteilungen. „Letztlich war es eine gute Schule", findet die Assistentin heute, „man wird ganz schön belastbar und weiß komfortable Ar-

---

Die Vorwerk & Co. KG

Im Jahr 1883 gründeten Carl und Adolf Vorwerk die Barmer Teppichfabrik Vorwerk & Co. Zunächst wurden Teppiche und Möbelstoffe hergestellt, später auch die dazu nötigen Webstühle. Nach dem ersten Weltkrieg baute sich das Unternehmen ein zweites Standbein mit der Produktion von Getrieben und elektrischen Motoren für Grammophone auf. Im Jahr 1929 entwickelte der Chefingenieur des Unternehmens aus einem Grammophonmotor einen leistungsstarken elektrischen Handstaubsauger. Am 25. Mai 1930 wurde das Patent für den Staubsauger Kobold erteilt – die Erfolgsgeschichte des Unternehmens gerät in Fahrt.

Längst gehört der Direktvertrieb hochwertiger Staubsauger zum Kerngeschäft der Gruppe. Mittlerweile umfasst die Produktpalette neben Staubsaugern und Küchenmaschinen auch noch hochwertige Kosmetika der Marke Jafra.

Zur Vorwerk Unternehmensfamilie gehören außerdem die akf Bankengruppe, die Vorwerk Teppichwerke sowie die Hectas Gruppe, die sich auf Gebäudeverwaltung und Gebäudereinigung spezialisiert hat. Vor allem die Küchenmaschine Thermomix hat in den letzten Jahren für ein überproportionales Umsatzwachstum gesorgt. Bis heute ist Vorwerk ein Familienunternehmen geblieben.

Weltweit sind mehr als 603.000 Menschen für Vorwerk tätig, davon mehr als 40.000 als Beraterinnen und Berater im Bereich Haushaltsgeräte, rund 546.000 Beraterinnen und Berater bei Jafra Cosmetics sowie über 12.000 angestellte Mitarbeiterinnen und Mitarbeiter.

Weitere Informationen unter www.vorwerk.de.

beitssituationen erst so richtig zu schätzen, weil man eben auch andere Bedingungen kennt."

Einfach mal was wagen

Nach der Ausbildung wird die junge Frau als Empfangssekretärin übernommen. Auf die Dauer nicht herausfordernd genug, fand Sabine Perone und durchsucht irgendwann die Stellenanzeigen in der Zeitung nach neuen beruflichen Perspektiven. Schließlich wechselt sie in ein Unternehmen der Stahlindustrie und wird dort Geschäftsfüh-

Seit 2012 arbeitet Sabine Perone mit GIO Axel Scarponi bei Vorwerk. Der Chef schätzt die Zusammenarbeit mit der Assistentin sehr: „Sie denkt und handelt weit über den ihr gesetzten Rahmen", sagt Scarponi.

rungsassistentin des Firmeninhabers. Zwei Jahre später muss das Unternehmen leider Insolvenz anmelden. Das war eine schwierige Zeit, erinnert sich die Assistentin. Sie nahm sie zum Anlass, das Sauerland zu verlassen und nach Wuppertal zu ziehen, dorthin, wo ihr Bruder mit seiner Familie lebt. „Familie ist für mich sehr wichtig." Sie startet bei einer Zeitarbeitsfirma und schnuppert auf diese Weise in verschiedene Unternehmen hinein: „Das war eine gute Gelegenheit, Erfahrung zu sammeln". Irgendwann wird sie in die Rechtsabteilung der Firma Vorwerk vermittelt. Es ist zunächst keine besonders anspruchsvolle Aufgabe, die die gelernte Hotelfachfrau übertragen bekommt, doch nach einigen Tagen kommt die Personalchefin auf sie zu. Man baue gerade eine ganz neue Abteilung auf und suche dafür eine Assistentin: „Hätten Sie Lust, sich zu bewerben?" Es geht um eine globale IT-Abteilung. Von IT hat sie zwar eigentlich „keine Ahnung", deshalb zögert sie kurz. Doch die Neugier siegt, zum Glück – sie bekommt den Job.

Die neue Abteilung unter der Leitung von Stefanie Kemp kümmert sich um sämtliche IT-Aktivitäten der Vorwerk Gruppe. In mehr als 60 Ländern mit über 2000 Standorten werden die unterschiedlichsten Programme eingesetzt. Aufgabe der Abteilung ist es, die Software zu vereinheitlichen und strategisch auszurichten. Eine spannende Zeit! Sabine Perone lebt sich schnell ein und versteht sich blendend mit ihrer Chefin: „Wir haben uns optimal aufeinander eingestellt." Auch die Berührungsängste mit dem Thema IT sind schnell vergessen. 2012 verlässt die Chefin das Unternehmen und das ist für Sabine Perone „sehr, sehr schade", weil es eben nicht nur eine berufliche, sondern auch schon eine freundschaftliche Verbindung war.

Nach einem halben Jahr Interimszeit startet Axel Scarponi als Group Information Officer und Senior Vice President und ist nun Sabine Perones Vorgesetzter. Als Assistentin ist die junge Frau nicht nur für den Chef, sondern für alle Mitarbeiterinnen und Mitarbeiter der IT-Abteilung in Wuppertal aktiv. Da fallen neben dem Terminmanagement und der Ablage auch noch jede Menge Reiseplanungen, Reisekostenabrechnungen und vieles mehr an.

Den neuen Vorgesetzten weiß die Assistentin sehr zu schätzen. Vor allem die hohe Wertschätzung, die er allen entgegenbringt, gefällt der gelernten Hotelfachfrau. Ein wertschätzendes Arbeitsklima ist für sie eine sehr wichtige Voraussetzung, um jeden Morgen gern zur Arbeit zu gehen.

Plötzlich selbst Vorgesetzte

Weil der Chef weiß, wie vielfältig die Aufgaben seiner Assistentin mittlerweile sind, hält er es für sinnvoll, dass Sabine Perone sich Unterstützung holt. Eine Assistentin soll eingestellt werden. Sabine Perone sucht eine Kollegin über das Zeitarbeitsunternehmen, welches sie damals zu Vorwerk brachte. Seit August 2014 managt nun Ellen Zink als Teamassistenz die Abteilung Corporate IT.

STARKE NERVEN. KOMPETENZ. EMPATHIE.

Reise-Checkliste: So denken Sie bei der Planung an alles

Reisechecklist für ....

Reise vom ....

Reiseziel ....

Vorbereitung	Erledigt	Bemerkungen
Verkehrsmittel		
Flugtickets		
Bahntickets		
Sitzplatzreservierung		
Parkplatzreservierung		
Mietwagen		
Geschäftswagen eingetragen		
Übergepäck		
Unterkunft		
Hotelreservierung		
Termine		
Pufferzeiten berücksichtigt		
Zeitzonen beachtet		
Fahrzeiten eingeplant		
Terminprioritäten beachtet		
Termine bestätigt		
Telefon- und Adressliste beigefügt		
Treffpunkte vereinbart		
Wegbeschreibungen		
Termin für tägliche Absprache		
Dokumente		
Reisepass		
Führerschein		
Internationaler Führerschein		
Visum		
Impfbescheinigung		
Medikamentenpass		

Vorbereitung	Erledigt	Bemerkungen
Reisedokumente		
Länderinformationsblatt		
Wichtige Vokabeln		
Notfallnummern		
Flugtickets		
Bahntickets		
Hotelreservierung		
Eintrittskarten		
Einladungen		
Teilnehmerausweise		
Kopien von Dokumenten		
Geld		
Euro		
Dollar		
Währung Reiseland		
Kreditkarten		
Gesundheit/Sicherheit		
Reiseapotheke		
Sicherheitshinweise		
Impfungen		
Technik		
Datensicherung vor Reise		
Laptop/Tablet/Ladegerät		
Beamer		
Handy/Ladegerät		
Kamera/Übertragungskabel		
Diktiergerät		
USB-Stick		
CDs		
Kabel		
UMTS-Karte		

Vorbereitung	Erledigt	Bemerkungen
Allgemeine Unterlagen		
Firmenprospekt		
Geschäftsbericht		
Präsentation		
Visitenkarten		
Schreibblock/Stifte		
Briefpapier/Umschläge/Briefmarken		
Werbegeschenke		
Lesematerial		
Besonderes		
Dolmetscher		
Gastgeschenke		
Bodyguard		
VIP-Service		
Abendkleidung		
Sportkleidung		
Abwesenheitsregelung		
Vertretung geklärt		

aus: „Das Assistentinnen-Handbuch"
Autorin: Dunja Schenk

Sie berichtet direkt an Sabine Perone und findet, dass diese ihren Job als Vorgesetzte gut meistert: „Sie hat immer ein offenes Ohr für mich und bezieht mich in alle Aufgaben und Entscheidungen mit ein."

Es ist ein spannendes und gutes Gefühl, plötzlich selbst Chefin zu sein, findet Sabine Perone. Seit sie von einer Assistentin unterstützt wird, kann sie sich auf die großen Projekte konzentrieren, beispielsweise auf das Global IT Board, welches sie Jahr für Jahr organisieren darf. Das ist ein Meeting aller 61 Global IT-Manager aus allen Ländern, in denen Vorwerk aktiv ist, plus die Direct Reports von Axel Scarponi. Im vergangenen Jahr traf man sich in Istanbul, das Jahr zuvor in Rom. Sabine Perone ist immer mit dabei, weil sie ja schließlich für die Organisation verantwortlich zeichnet.

STARKE NERVEN. KOMPETENZ. EMPATHIE.

Assistentin Sabine Perone (rechts) im Gespräch mit Annette Rompel und Joana Voigt von working@office.

Die vielen Events, die Sabine Perone vorbereitet, machen ihren Job so abwechslungsreich. Und selbstverständlich hält sie ihrem Chef Axel Peroni den Rücken frei. „Er ist sehr viel auf Reisen, deshalb muss die Zeit im Office bestmöglich geplant werden", sagt sie. Das bedeutet für seine Assistentin, Themen und Projekte klar zu priorisieren und auch genügend Ruhezeiten einplanen.

Urlaub ohne Stress

Toll findet Sabine Perone, dass ihr Chef ihr das nötige Vertrauen schenkt, diese Dinge selbstständig zu erledigen. Doch das ist nicht das einzige, was sie an ihrem Arbeitsplatz so freut. „Vorwerk tut sehr viel für seine Mitarbeiter, sei es in punkto betriebliche Altersversorgung oder in Sachen Weiterbildung." Zudem schätzt sie es, dass das Traditionsunternehmen sich in Wuppertal stark engagiert, zum Beispiel mit finanzieller Unterstützung beim Wuppertaler Zoo oder mit einem Engagement bei den SOS-Kinderdörfern. Hier haben auch die Mitarbeiter die Möglichkeit, etwas von ihrem Lohn zu spenden.

Für Sabine Perone steht nun erst einmal die Vorbereitung des Schwebebahnlaufs an. Ein Event, auf das sie sich immer wieder freut. Wenn das erledigt ist, kann sie getrost in Urlaub gehen, auf große Karibikkreuzfahrt. Sorgen, dass im Büro während ihrer Abwesenheit irgendetwas aus dem Ruder läuft, hat sie nicht. Denn zum Glück gibt es ja ihre Assistentin, auf die sie sich voll und ganz verlassen kann. „Schließlich sind wir doch alle wahre Multitalente."

Annette Rompel, Redaktion

Fotos: Peter Nierhoff

STARKE NERVEN. KOMPETENZ. EMPATHIE.

KARIN ZESSNER, ASSISTENTIN DES CHIEF ACCOUNTANT & TAX OFFICER BEI DER PROSIEBENSAT.1 MEDIA SE, UNTERFÖHRING

Vom Reformhaus zum TV-Riesen

Bei einem Fernsehsender geht es nicht nur um Film, Werbung und Kanäle, sondern wesentlich auch um die Finanzierung. Für den „Zahlenmenschen" Karin Zessner ist das ein höchst spannender und sehr kommunikativer Arbeitsbereich, der ihr neben den Assistenzaufgaben auch viel eigenständige Projektarbeit ermöglicht.

Fällt der Sendername ProSiebenSat.1, denken die meisten Menschen an Unterhaltung: Sitcoms, Comedy, Blockbuster. Doch der börsennotierte internationale Konzern hat viel mehr zu bieten. Fast 150 Firmen (Film, Fernsehen, Werbung, Internet, E-Commerce) gehören zum „Imperium". Seinen Erfolg verdankt das Unternehmen neben vielen kreativen Köpfen auch einer Crew aus Kaufleuten. Einer von ihnen ist Karin Zessners neuer Chef: Dr. Manuel Alvarez von Zerboni. Seit März 2017 leitet er den Bereich Accounting & Taxes, dort geht es um Bilanzierung und Steuern. In dieser Funktion berichtet Dr. Alvarez von Zerboni direkt an den Finanzvorstand.

Seine Assistentin Karin Zessner treffen wir in ihrem Büro in München-Unterföhring. Die ProSiebenSat.1 Media SE belegt dort mit ihren Verwaltungs- und Studiogebäuden sowie rund 2.500 Mitarbeitern beinahe die halbe Medienallee, Seite an Seite mit Verlagen und den öffentlich-rechtlichen Fernsehsendern ZDF und Bayerischer Rundfunk. In einem gläsernen Fahrstuhl schweben wir in den dritten Stock. Im Entree wartet ein roter Teppich auf die Besucher, an den Wänden hängen Filmplakate, ein schillernder Hinweis auf die Herkunft des Unternehmens – Film und Fernsehen. Trotz sommerlicher 30 Grad Außentemperatur ist es angenehm kühl in Karin Zessners Büro. Hinter modernen Stahlrohr-Regalen stehen Umzugskartons. „Alles Jahresabschlüsse und Geschäftsberichte. Die sind noch von der Hauptversammlung und müssten eigentlich jeden Tag abgeholt werden", erklärt die Assistentin. Der Geschäftsbericht, für den das Unternehmen 2012 und 2013 sogar eine Auszeichnung vom manager magazin erhielt, ist eines der Kernthemen der kaufmännischen Abteilung. Von November bis zur Bilanzpressekonferenz im März hält er die rund 100 Mitarbeiterinnen und Mitarbeiter von Accounting & Taxes auf Trab: „Da ist für uns Hochsaison!"

Immer neue Projekte

Zu Karin Zessners Tätigkeit gehören die klassischen Assistenzaufgaben für den Chef, wie Telefon- und E-Mail-Korrespondenz, Terminverwaltung, Reiseorganisation. Das allein füllt sie jedoch nicht aus. Deshalb übernimmt sie gern Zusatzaufgaben, die sie eigenständig ausführen kann, zum Beispiel die Jahresabschlüsse. Sie sorgt dafür, dass sie in der gewünschten Form sowie termingerecht im Bundesanzeiger veröffentlicht werden und archiviert sie anschließend. Außerdem gehen bei ihr alle Anträge auf Rechnungsfreigabe über den Tisch, sie kümmert sich also um die Zeichnungsbefugnisse aller Mitarbeiter in Deutschland, die an das SAP-System des Konzerns angeschlossen sind. Als sie vor sechs Jahren an diesen Arbeitsplatz kam, geschah das noch mit Excel-Listen, die sich jedoch als weder prüfungs- noch fälschungssicher erwiesen.

Stark auf allen Kanälen

ProSiebenSat.1 SE mit Sitz in München-Unterföhring ist eines der größten unabhängigen Medienhäuser in Europa.

Kerngeschäft ist das werbefinanzierte Free-TV mit den Sendern SAT.1, ProSieben, kabel eins, sixx, SAT.1 Gold und ProSieben MAXX. Maxdome ist das größte deutsche Video-on-Demand-Portal.

In den vergangenen Jahren baute die Gruppe außerdem ein starkes E-Commerce-Portfolio auf. Über Beteiligungen ist der Konzern auch in Branchen wie Autovermietung und Reisen aktiv. Das Medienhaus zählt rund 4.100 Mitarbeiterinnen und Mitarbeiter, mehr als die Hälfte davon in München, die anderen am Bodensee, in Berlin, Düsseldorf, Frankfurt, Hamburg und im Ausland.

STARKE NERVEN. KOMPETENZ. EMPATHIE.

Dank ihrer langen Betriebszugehörigkeit hat Karin Zessner viele gute Kontakte in alle wichtigen Unternehmensbereiche: „Ich weiß, dass ich mich auf meine Kolleginnen verlassen kann."

Deshalb setzte sie in Zusammenarbeit mit SAP-Mitarbeitern ein webbasiertes System auf, in das nur noch die Kolleginnen und Kollegen von der internen Revision, Buchhaltung und Finanzen Einblick nehmen können. „Wird eine Rechnung freigegeben, checkt das System automatisch, ob derjenige in der Rechnungshöhe zeichnungsbefugt ist", erklärt Karin Zessner. Für kommende Projekte sammelt sie Ideen und recherchiert schon mal. Außerdem arbeitet sie an einem monatlichen Newsletter, der die Mitarbeiter des Bereichs in Zukunft kurz und übersichtlich über die wichtigsten Neuerungen informieren soll. Das Konzept steht im Grunde schon, „es orientiert sich am Newsletter für unseren internen Assistentinnen-Zirkel", erläutert Karin Zessner. Auch den hat sie mit erdacht.

Wissen weitergeben

Dank ihrer langen Betriebszugehörigkeit, mittlerweile ist sie seit 16 Jahren dabei, hat sie viele gute Kontakte in alle wichtigen Unternehmensbereiche: „Ich weiß, dass ich mich auf meine Kolleginnen verlassen kann. Wenn ich eine Unterschrift brauche, habe ich sie in zwei Tagen.

Dafür können mich die Kolleginnen alles fragen, was Zeichnungsbefugnisse angeht." Karin Zessner weiß aber auch, wie hart der Einstieg für junge Assistentinnen und Assistennen oft ist: „Gerade wenn keine Vorgängerin für die Einarbeitung da ist, kann der Start ganz schön schwierig sein."

Nutzen Sie diese Checkliste, um neue Mitarbeiterinnen und Mitarbeiter herzlich willkommen zu heißen

Zu Jahresbeginn fangen in vielen Unternehmen neue Mitarbeiter an. Sollte das auch in Ihrem Unternehmen der Fall sein, nutzen Sie diese Checkliste, um den neuen Kollegen den Start zu erleichtern und sich bzw. Ihr Unternehmen optimal zu präsentieren. Natürlich hilft Ihnen diese Checkliste das ganze Jahr über, wenn ein neuer Mitarbeiter einsteigt.

Checkliste „Vorbereitung"

Maßnahmen/Aktivitäten	zu erledigen von	erledigt am
PC bestellen		
Mitarbeiter über neuen Kollegen informieren		
Wer empfängt den neuen Mitarbeiter? Wer weist ihn ein?		
Information an Zentrale/Pförtner		
Betriebsausweis/Stempelkarte ausstellen, Schlüssel/Zugangskarte bestellen		
Einarbeitungsplan erstellen – wenn Ihr Chef einen Paten ausgewählt hat, der Ihren neuen Mitarbeiter in der Anfangsphase begleitet, stimmen Sie mit ihm zusammen den Einarbeitungsplan ab – Liste mit Unterstützungsmaßnahmen wie Seminaren, Workshops usw.		
Arbeitsplatz vorbereiten mit Hinterlegung von Telefonlisten, Arbeitsanweisungen, Vorschriften, Erstausstattung Büromaterial usw.		
E-Mail-Adresse und Telefonnummer einrichten		
Blumenstrauß als Willkommensgruß organisieren		
den neuen Mitarbeiter informieren, wann er wo sein soll		

STARKE NERVEN. KOMPETENZ. EMPATHIE.

Ein Netzwerk soll das erleichtern und den fachlichen Austausch vereinfachen: „Wir entwickeln uns ständig weiter, in unserem Job darf man nicht stehen bleiben. Wenn jede Assistentin etwas von ihrem Wissen an die Kolleginnen weitergibt, profitieren alle davon."

Vor sechs Jahren ging das siebenköpfige Orga-Team an die Arbeit. Dass Bedarf vorhanden ist, zeigt das Echo der Kolleginnen und Kollegen: Von den rund 120 am Standort nutzt mehr als ein Drittel das Netzwerk intensiv und nimmt regelmäßig an den Quartalstreffen teil. Die Treffen dienen der Wissensvermittlung

Checkliste „Am ersten Tag"		
Maßnahmen/Aktivitäten	**zu erledigen von**	**erledigt am**
persönliche Begrüßung durch den Chef		
Bekanntmachen mit (unmittelbaren) Kollegen und Vorgesetzten, mit Betriebsrat sowie gegebenenfalls mit den Kunden/externen Geschäftspartnern		
falls erforderlich: Ansprechpartner für Fragen/Einarbeitung nennen		
Ablauf der ersten Woche und Einarbeitungsplan übergeben		
Firmenrundgang machen		
Übergabe von persönlichen Dingen, z. B. Betriebsausweis, Stempelkarte, Schlüssel, PC-Passwort		
Information über firmeninterne Regelungen wie Arbeitszeiten, Pausen, Krankmeldungen		
Erläuterung der Firmenstruktur und der Kompetenzbereiche		
Erläuterung von Telefonanlage, Fax, PC usw.		
Information über turnusmäßige Gespräche mit dem Chef/Vorgesetzten		

Beide Checklisten aus dem „Profi-Handbuch Kommunikation: E-Mails und Briefe"
Autorin: Claudia Marbach

und zählen deshalb zur Arbeitszeit. Neue Kolleginnen und Kollegen stellen sich vor, ein Handbuch vom Netzwerk hilft bei der ersten Orientierung und ist ein wichtiges Nachschlagewerk. Assistentinnen informieren ihre Kolleginnen mit Präsentationen über Neuerungen in ihren jeweiligen Arbeitsbereichen. Bei den letzten Treffen standen beispielsweise die Konferenzräume, ein neues Risikomanagement-Tool und die Arbeit der internen Revision auf dem Programm. Die Infos werden für alle zugänglich hinterlegt. Ein Newsletter rundet die interne Kommunikation des Zirkels ab. Auf diese Weise kann sich jede Kollegin auf dem Laufenden halten, auch wenn sie beispielsweise gerade in Elternzeit ist. Der mo-

Aktives Networking: Ihr Schlüssel zum Erfolg

Auch wenn „Vitamin B" oder „Vetternwirtschaft" ein schlechtes Image haben: Gute Kontakte sind oft wertvolle Türöffner und können sich gerade in Krisenzeiten als Rettungsanker erweisen. Laut einer Studie hängen über 60 % des beruflichen Erfolgs von persönlichen Beziehungen ab. Häufig wissen Sie allerdings zum Zeitpunkt des Kennenlernens noch gar nicht, ob und wann dieser Kontakt Ihnen einmal helfen könnte.

Begegnen Sie daher allen Kontakten, die sich im beruflichen Alltag, im privaten Umfeld, auf Fortbildungen oder im Urlaub ergeben, zunächst einmal offen. Je umfassender Ihr Netzwerk ist, desto stabiler erweist es sich in Krisenzeiten.

Nutzen Sie jede Gelegenheit zum Netzwerken
Kontakte lassen sich ständig knüpfen, zum Beispiel bei Projekten, externen Fortbildungen, Dienstreisen, Messen, Events oder Firmenfeiern. Gehen Sie mit Kolleginnen und Kollegen aus anderen Abteilungen zum Mittagessen, um sich auszutauschen. Erledigen Sie Ihre Botengänge persönlich, um die Kollegen aus den anderen Abteilungen kennenzulernen. Halten Sie Kontakt zu ehemaligen Chefs und Kollegen.

Darum macht Netzwerken erfolgreich:
- Ein Netzwerk kann Ihre Karriere fördern.
- Ein guter Kontakt kann sich in Krisensituationen als Rettungsanker erweisen.
- Durch die Vielzahl von Netzwerkpartnern kommen Sie leichter mit Entscheidern und Meinungsträgern in Kontakt.
- Sie erhalten schneller und mehr Informationen. Damit sind Sie auch für andere eine beliebte Anlaufstelle, um den Informationsfluss aufrechtzuerhalten.
- Bei Problemen bekommen Sie Unterstützung.

STARKE NERVEN. KOMPETENZ. EMPATHIE.

natliche „Genießen und Netzwerken"-Treff in der Mittagspause hat einen privateren Charakter. Er dient als willkommene Gelegenheit, Kolleginnen Kolleginnen und aus anderen Abteilungen kennenzulernen und sich mit ihnen auszutauschen.

Gelungener Quereinstieg

Dass sie eines Tages bei einem Fernsehsender arbeiten würde, darauf wäre Karin Zessner früher nie gekommen. Eigentlich hatte sie das Reformhaus ihrer Mutter übernehmen sollen und lernte deshalb im bayerischen Oberaudorf Einzelhandelskauffrau. Tatsächlich leitete sie dann einige Jahre lang eine Reformhausfiliale.

- Ein Netzwerk sichert einen großen Ideenfluss.
- Durch zahlreiche Kontakte erweitern Sie Ihren eigenen Horizont.
- Ihr eigener Job wird dadurch vielfältiger und abwechslungsreicher.
- Sie können im Netzwerk Fachwissen austauschen.
- Berufliche Kontakte können sich zu privaten entwickeln.
- Social Networking dient dem Erfahrungsaustausch unter Gleichgesinnten.

Sie sehen, ein großes Netzwerk bringt Ihnen viele Vorteile, sowohl beruflich als auch privat. Knüpfen Sie daher so viele Kontakte wie möglich.

Es gibt zahlreiche Möglichkeiten, Kontakte zu knüpfen und Ihr eigenes Netzwerk zu erweitern.

Fazit: Netzwerken lohnt sich

Durch Ihre Kontakte haben Sie einen ungezwungenen persönlichen Austausch außerhalb Ihres Bekannten- und Kollegenkreises. Wichtig ist, dass Sie das Netzwerken nicht als zusätzliche Aufgabe in Ihrem schon anstrengenden Alltag begreifen, sondern Synergien nutzen: Vernetzen Sie sich zum Beispiel auf einem Seminar oder antworten Sie im Forum auf eine Frage, wenn Sie sowieso gerade eingeloggt sind.

aus: „Assistenz & Sekretariat heute"
Autorin: Dunja Schenk

Doch die Zeiten für Reformhäuser wurden schlecht, nach einer Insolvenz stand die Neuorientierung an. Sie schnupperte in verschiedene Branchen hinein, arbeitete bei einem Vertriebsaußendienst für Faxgeräte, bei einem Tiroler Spediteur, dem

Zu der guten Zusammenarbeit von Karin Zessner und ihrem Chef, Dr. Manuel Alvarez von Zerboni, trägt bei, dass Chef und Assistentin offen und ehrlich im Umgang miteinander sind.

sie erst einmal das Büro vernünftig organisierte, und für eine Versicherung: „Jede Station hat mich ein Stück weitergebracht, ein Schritt fügte sich an den anderen."

Als sie der Liebe wegen nach München ging, entdeckte sie eine Stellenanzeige von ProSiebenSat.1. Sie bewarb sich, wurde prompt genommen und arbeitete zehn Jahre lang als Assistentin für zwei Bereichsleiter im Controlling. Danach bot sich ein Wechsel in die Abteilung Accounting & Taxes an. Bei einem Chefwechsel nach sechs Jahren hatte Karin Zessner wieder Glück. Da sie den Nachfolger bereits aus dem Team kannte, das ihrem früheren Vorgesetzten berichtete, gestaltete sich der Übergang reibungslos. Zu der guten Zusammenarbeit trägt bei, dass Chef und Assistentin ehrlich und offen im Umgang miteinander sind. Man duzt sich, was im Konzern üblich ist, erklärt Karin Zessner, und man redet auch mal über gemeinsame Hobbys: das Bergwandern zum Beispiel.

Karin Zessner ist in den Bergen aufgewachsen, mittlerweile lebt sie auch wieder dort. „Meine Familie, meine Freunde leben hier und ich mag die Begrenzung durch die Berge. Ich komme innerlich zur Ruhe", schwärmt sie. Dafür nimmt sie täglich annähernd drei Stunden Zugfahrt zur Arbeit und zurück in Kauf. Beim Bergsteigen, Skifahren und Wanderreiten findet sie den nötigen Ausgleich zur hohen Dynamik in ihrem Beruf. „Alles zu seiner Zeit!", sagt die ebenso quirlige wie bodenständige Bayerin, für die der ständige Wandel im Job genauso selbstverständlich zu ihrem Leben gehört wie die Ruhe in den Bergen.

Andrea Schmidt-Forth, Journalistin

Fotos: Alexander Rochau

STARKE NERVEN. KOMPETENZ. EMPATHIE.

ANGÉLA GROSSE KATHÖFER, ASSISTENTIN DER GESCHÄFTS-
FÜHRUNG DER BRAU HOLDING INTERNATIONAL, MÜNCHEN

Bayerische Lebensart als Beruf

Hier dreht sich – fast – alles ums Bier: Für die Assistentin einer großen Brauerei-Holding ist das der beste Arbeitsplatz, den sie sich vorstellen kann. Für einen unbeschwerten Genuss ist viel strategisches Business erforderlich, 14 Tage Ausnahmezustand während des Oktoberfests inklusive. Natürlich im feschen Dirndl und in bester Feierlaune.

Der Werbeslogan „Gut. Besser. Paulaner." gehört zu Bayern wie das Oktoberfest, wie das Weiß-Blau am Himmel, wie das „Derblecken" und der Starkbier-Ausschank am Nockherberg – jährlicher Treffpunkt von Kabarettisten und Polit-Prominenz wider den tierischen Ernst.

Hier, im Münchner Stadtteil Au, befindet sich der Stammsitz der Brauerei. Das Verwaltungsgebäude steht im noblen Quartier Bogenhausen, wo Angéla Große Kathöfer zurzeit noch arbeitet. Demnächst steht ein größerer Umzug an.

Seit sechs Jahren arbeitet die 45-Jährige als Assistentin für Roland Tobias, Sprecher der Geschäftsführung, und seit fünf Jahren für Dr. Stefan Lustig, Geschäftsführer Technik, der momentan viel auf der Baustelle für die neue Brauerei unterwegs ist. Die neue Produktionsstätte im Stadtteil Langwied soll modern und umweltfreundlich werden. „Ziel ist es, dort bald 60 Prozent der erforderlichen Energie aus eigenen Quellen zu speisen", erklärt die Assistentin. Das Wissen um Unternehmensziele und -daten gehört für sie ebenso selbstverständlich zum Job wie die Kenntnis der grundlegenden Produktionsschritte des Bräus, mit dem die Paulaner-Mönche schon im 17. Jahrhundert ihren Durst löschten.

STARKE NERVEN. KOMPETENZ. EMPATHIE.

Braukessel und Terminkalender

In ihrem Büro in Bogenhausen hängt eine große Deutschlandkarte. Darauf hat die Assistentin die Verteilung der Holding mit bunten Fähnchen markiert. Zehn schwarze Fähnchen für die Brauereien in Süddeutschland, ein grünes für den Mineralbrunnen an der Grenze zu Tschechien sowie einige blaue für die Getränkefachgroßhändler und Logistik-Standorte. Ein gutes Bier, das ist in Bayern selbstverständliche Lebensart. Die gebürtige Westfälin mag alles, was damit zu tun hat. Immer wenn sie in die Brauerei kommt, wirft sie einen Blick in die Braukessel.

Andenken wie die russische Matroschka-Puppe, ein Plüsch-Löwe, ein Fan-Schal des FC Bayern – Paulaner sponsert den Fußballverein – und viele gerahmte Fotos verleihen dem Büro eine persönliche Note. „Ich hab es gern gemütlich, schließlich verbringe ich hier viel Zeit. Manchmal von 8 Uhr morgens bis 7 Uhr abends oder länger", so die Assistentin. Auch ein Erinnerungsfoto von Campino ist dabei. Den Sänger von den „Toten Hosen" lernte Angéla Große Kathöfer auf dem Oktoberfest kennen, als er Promi-Gast der Brauerei war. Ungeplant gab er noch ein Wunsch-Ständchen zum Besten und schrieb Autogramme.

Die Brau Holding International GmbH & Co. KGaA ...

... ist ein Joint Venture der Schörghuber Unternehmensgruppe (50,1 %) mit der niederländischen Heineken N.V. (49,9 %). Die Holding wurde 2002 gegründet. Als ein Verbund regionaler Brauereien ist sie eine der größten Brauhäuser Deutschlands. Drei Brauereigruppen bilden die Säulen unter dem Dach der Holding: die Paulaner Brauerei Gruppe, die Kulmbacher Gruppe und die Südwest Gruppe. Neben zwölf Brauereien (u. a. Fürstenberg, Hacker-Pschorr, Hoepfner, Hopf, Kulmbacher und Paulaner) gehören eine Mineralquelle in Bad Brambach sowie einige Getränkegroßhandelsmärkte dazu.

Mit 5,5 Millionen Hektolitern lag der Bierabsatz der Brauereien der Brau Holding International um fast 4 Prozent höher als im Vorjahr. Der Getränkeabsatz inklusive Mineralwasser und Erfrischungsgetränke stieg um 3,9 Prozent auf 6,5 Millionen Hektoliter.

Parallel zur neuen Braustätte im Münchner Stadtteil Langwied entsteht unterhalb des Nockherbergs im Stadtteil Au ein neues Verwaltungsgebäude, in das die Holding umziehen wird.

STARKE NERVEN. KOMPETENZ. EMPATHIE.

Der Einsatz auf der Wiesn gehört ebenso zu ihrem Job wie die klassischen Assistenz-Aufgaben: Termine vereinbaren, Reise-Management, Telefon und Korrespondenz, Veranstaltungen planen. Zum Beispiel das anderthalbtägige Zukunftsforum der Brau Holding International mit 100 Teilnehmern, das Technikertreffen mit 20 Personen oder die Best-Practice-Messe mit 25 Teilnehmern.

Im September prangt dann das Wort „Wiesn" in ihrem Kalender, ab Monatsmitte steht München Kopf. Mit 6 Millionen Besuchern feiert die Stadt gut zwei Wochen lang das größte Volksfest der Welt. Nicht jedem gefällt der Rummel. Doch für die Westfälin, die mit ihrem Mann nur ein paar Minuten von der Theresienwiese entfernt wohnt, verkörpert das Oktoberfest die Lebensfreude der Münchner. Zudem beschert es Tausenden von Firmen und Zigtausenden von Mitarbeiterinnen und Mitarbeitern monatelang Arbeit.

Auf der Wiesn finden zahlreiche Termine mit Kunden und Partnern der Brauereien statt, die zu organisieren sind. Selbst für Angéla Große Kathöfer als Mitarbeiterin einer Brauereigruppe heißt es, möglichst früh Plätze zu reservieren und Termine abzusprechen. Denn die Tische und Bänke sind heiß begehrt und schon früh im Jahr vergeben – da entbrennt im Sommer oft genug ein zähes Ringen um die restlichen Plätze.

www.workingoffice.de

Zum Glück zählt das Netzwerken zu ihren Stärken. Über den Verein Assistenz im Management Süd und im Internet bei ANiD auf XING tauscht sie sich mit Kolleginnen aus. „Ich habe immer schon meine Kontakte gepflegt", erzählt sie. Auch bei Kolleginnen und Kollegen von früher meldet sie sich regelmäßig. Die ersten lernte sie während der Schulzeit bei einem Ferienjob kennen.

Mit 16 heuerte die Gymnasiastin aus Hamm in einem Frühstücks-Hotel auf Norderney an. Von da an wurde sie regelmäßig in den Ferien angefragt. „Meine Klassenkameraden staunten, weil ich immer braungebrannt nach Hause kam. Das Arbeiten machte Spaß, brachte Anerkennung und ein bisschen Geld in die Tasche", erzählt sie. Und schließlich halfen ihr diese Erfahrungen auch, als sie drei Monate vor dem Abitur das Handtuch warf, weil sie die Schule endgültig satt hatte. Aus der Traum, Zahnärztin zu werden, obwohl sie bereits den Medizinertest absolviert und mit 97 von 100 Punkten bestanden hatte. Doch nun fehlte ihr die allgemeine Hochschulreife und obendrein eine Idee für die berufliche Zukunft.

Im Hotel lernt man das Arbeiten

Sie begann ein Praktikum in einer Werbeagentur und nutzte die Zeit, um Pläne für ihre berufliche Zukunft zu schmieden. Da ihr die Arbeit in Hotel und Gastronomie immer viel Spaß gemacht hatte, beschloss sie, diesen Weg einzuschlagen. Nach einem berufsvorbereitenden Jahr auf der Hotelfachschule Bad Reichenhall wechselte sie in ein Haus der Steigenberger-Kette in Baden-Baden. Schon nach knapp zwei Jahren Ausbildung durfte sie die Abschlussprüfung machen. Weitere Stationen in Hotels im In- und Ausland schlossen sich an, schließlich übernahm sie eine Direktionsassistenz mit Schwerpunkt Veranstaltungsmanagement.

Nach fünf Jahren Fernbeziehung wollten sie und ihr Mann endlich wieder „richtig" zusammenleben, und so ging sie im Jahr 2000 nach München. Dort begann sie zunächst bei Studiosus Reisen als Assistentin der Unternehmensleitung, denn in der Hotelbranche fand sich gerade nichts Passendes. Das Touristikunternehmen nahm sie gern, weil man Leute aus dem Hotelgewerbe zu schätzen weiß: „Wir können uns gut organisieren, erfassen Dinge schnell, sind offen und flexi-

STARKE NERVEN. KOMPETENZ. EMPATHIE.

Angéla Große Kathöfer mit ihren beiden Chefs: Seit sechs Jahren arbeitet die 45-Jährige als Assistentin für Roland Tobias, Sprecher der Geschäftsführung (Bild rechts), und seit fünf Jahren für Dr. Stefan Lustig, Geschäftsführer Technik (Bild links).

bel", schildert Angéla Große Kathöfer die Vorzüge ihrer Ausbildung. Der neue Job stellte dennoch eine große Herausforderung für sie dar. Es gab keine Vorgängerin, die sie hätte einarbeiten können, der Schreibtisch war übervoll. Ihr Chef band sie bald in die Katalogerstellung und Betreuung der Hotels auf der Internationalen Tourismus-Börse ein. Wertvolle neue Erfahrungen, mit denen sie ihr Wissens-Portfolio erweiterte.

Als nach sieben Jahren bei Studiosus keine Weiterentwicklung mehr möglich war, machte sich Angéla Große Kathöfer auf die Suche nach etwas Neuem. Über einen Bekannten erhielt sie die Chance, bei der Schörghuber-Gruppe anzuheuern. Als Assistenz bei den Arabella Starwood Hotels & Resorts hielt sie dem Personalchef den Rücken frei. Sie kümmerte sich mit um die Personalarbeit und übernahm das Fuhrparkmanagement – eine ganz neue Herausforderung für sie. Im Rahmen einer Umstrukturierung nach zwei Jahren wurde die Stelle ihres Chefs nicht mehr besetzt. Die Assistentin wechselte von der Hotel- in die Brauereibranche.

Das Dirndl als Business-Dress

Angéla Große Kathöfer erledigt ihren Job bei der Holding mit Leib und Seele. Das strahlte sie von Anfang an aus, erzählt ihr Vorgesetzter Roland Tobias, und auch die Chemie habe gleich gestimmt. Sich selbst bezeichnet er als eher introvertiert strategisch, von seiner Assistentin fühlt er sich mit ihrer offenen, herzlichen und zupackenden Art ideal ergänzt. „Etwas gewöhnungsbedürftig war es schon, sie machen zu lassen, da mein Kollege und ich aus einem internationalen Konzern kamen und daran gewöhnt waren, vieles selbst zu tun. Doch wir haben uns umgestellt", erinnert sich der Sprecher der Geschäftsführung. Beide Chefs wissen, dass sie sich hundertprozentig auf ihre Assistentin verlassen können, dass sie viel im Hintergrund regelt und abfängt. Und dass sie, dank ihrer großen Adresskartei, immer wieder für Dinge, die unmöglich erscheinen, eine Lösung findet. Man schätzt sich, duzt sich und tauscht sich auch mal über Privates wie Hobbys aus – die Assistentin reist gern und fährt Motorrad.

Während der Wiesn schlüpft Angéla Große Kathöfer nach Büroschluss jedoch nicht in ihre Leder-Kombi, sondern ins Dirndl – 14 Stück hat sie davon. Dann geht es zur Theresienwiese, 16 Tage lang in diesem Jahr, vom 19. September bis 4. Oktober. Dort begrüßt sie Kunden, Gäste und Kollegen, netzwerkt, organisiert einen Stammtisch für die Kolleginnen und ... und ... und.

Ist das Oktoberfest vorüber, kommen alle Dirndl in die Reinigung, und Angéla Große Kathöfer bereitet die Feier-Zeit nach. Ist alles zur Zufriedenheit gelaufen? Gibt es Verbesserungsvorschäge? Denn „nach der Wiesn ist vor der Wiesn" heißt es eben auch für sie in Anlehnung an einen alten Fußballerspruch.

Andrea Schmidt-Forth, Journalistin
Fotos: Sabine Klem, München

STARKE NERVEN. KOMPETENZ. EMPATHIE.

CHRISTIANA LANGE, ASSISTENTIN DES PRÄSIDENTEN VOM DEUTSCHEN TECHNISCHEN HILFSWERK THW, BONN

Helfen ist ihr Auftrag

Unzählige ehrenamtliche Helfer zeigen, dass der Einsatz für die Flüchtlinge längst als gesamtgesellschaftliche Aufgabe gesehen wird. Auch das Technische Hilfswerk ist ständig im Einsatz, als eine der größten Hilfsorganisationen von Ehrenamtlichen. working@office hat Christiana Lange im Vorzimmer des Präsidenten über die Schulter geschaut.

Das Schicksal der Flüchtlinge bewegt die Menschen in ganz Europa. Viele wollen helfen, haben sich als Ehrenamtliche in Gruppen organisiert, richten Online-Plattformen für Spenden ein oder posten über soziale Netzwerke, was in den Erstaufnahmeeinrichtungen dringend gebraucht wird. Organisationen wie die Caritas oder das Rote Kreuz unterstützen die Kommunen und Gemeinden bei der Unterbringung und Versorgung. Eine der größten Einsatzorganisationen vor Ort ist das Technische Hilfswerk (THW).

Mehr als 8000 Einsatzkräfte des THW unterstützten seit Beginn des Jahres 2014 bislang an 18.000 Einsatztagen Asylsuchende in Deutschland. In den Notunterkünften und Flüchtlings-Camps übernehmen die Einsatzkräfte den Auf- und Ausbau der Infrastruktur: Strom- und Wasserversorgung, Abwassersysteme, Beleuchtung, alles Kernkompetenzen des THW. Die THWler bauen Zelte, Betten und sonstige Einrichtungen in den Flüchtlingsunterkünften auf. Sie transportieren, verlegen Böden und unterstützen in Einzelfällen auch noch bei der Verpflegung der Flüchtlinge. Die Aufgaben variieren, je nachdem, welche Unterstützung die anfordernden Stellen benötigen.

„Dank eines sehr großen Leistungsspektrums kann das THW den Anforderern, das sind Bundesländer, Landkreise, Städte, Behörden und Hilfsorganisationen, vielfältig zur Seite stehen", sagt Christiana Lange. Seit 2002 arbeitet die gelernte

STARKE NERVEN. KOMPETENZ. EMPATHIE.

Bürokauffrau beim THW in Bonn, mittlerweile im Vorzimmer des Präsidenten Albert Brömme. Auch in der Zentrale der Bundesbehörde ist die Ausnahmesituation, die durch die großen Flüchtlingsströme entstanden ist, deutlich zu spüren: „Ich bin direkt und indirekt damit beschäftigt, denn mein Chef ist zurzeit besonders in die Unterstützung des THW für die Flüchtlingshilfe eingebunden", sagt Christiana Lange. Ein Großteil der Arbeit drehe sich daher um die Projekte vor Ort.

Mehr als 80.000 Ehrenamtliche engagieren sich in der ganzen Bundesrepublik im Technischen Hilfswerk. Die Zentrale in Bonn lenkt insgesamt acht Landesverbände, die wiederum in 66 Geschäftsstellen unterteilt sind. Vor Ort sind die Ehrenamtlichen in 668 Ortsverbänden organisiert. Christiana Lange ist keine ehrenamtliche Helferin des Technischen Hilfswerks, sondern eine von 800 Festangestellten der Bundesbehörde.

Bürokauffrau, Altenpflegerin, Assistenz
Ehrenamt und Helfen durchziehen aber auch ihren Lebenslauf wie ein roter Faden. Als junges Mädchen beginnt sie eine Lehre als Bürokauffrau bei einem Ma-

Christiana Lange im Gespräch mit Chefredakteurin Annette Rompel.

schinenbau- und Landwirtschaftsunternehmen. Der Liebe wegen verschlägt es die gebürtige Bayerin ins Rheinland. Nach ihrer Heirat entschließt sich die junge Frau zu einem Studium der Altenpflege. Ihr Mann sorgt für den Lebensunterhalt, Christiana Lange engagiert sich ehrenamtlich als Altenpflegerin. „Es war schon immer mein Wunsch, Menschen in Notsituationen zu helfen."

Die Ausbildung als Altenpflegerin war auch in Christiana Langes späterem Leben von großem Vorteil als sie bis zuletzt ihren Vater pflegte, der pflegebedürftig war. Von ihrem jetzigen Arbeitgeber erhielt sie in dieser Zeit übrigens starke Rückendeckung: **Sie hatte die Möglichkeit, sich einen Arbeitsplatz zur Hause einzurichten und einen Teil ihrer Arbeit vorübergehend von zu Hause zu erledigen.** „Das war eine große Erleichterung."

Mit diesen Argumenten überzeugen Sie Ihren Chef vom Homeoffice

Sie möchten gerne im Homeoffice arbeiten, doch Ihr Chef ist bisher dagegen? Wir haben Ihnen hier 3 schlagkräftige Argumente zusammengestellt, mit denen Sie Ihren Chef überzeugen können.

Homeoffice schafft Flexibilität

Wenn Sie gelegentlich im Homeoffice arbeiten dürfen, können Sie Ihre Arbeit gut um Ihre privaten Termine organisieren. Der Zahnarzttermin wird am Vormittag erledigt, dafür werden die Stunden am Abend zu Hause nachgeholt. Der Vorteil ist, dass Sie sich für Ihre privaten Termine nicht extra freinehmen müssen.

Ihr Chef spart Geld

Das Argument wird sicherlich am überzeugendsten sein, denn Unternehmen sind immer auf die Kostenreduzierung aus. Wenn Sie im Homeoffice arbeiten, kann Ihr Schreibtisch von anderen Mitarbeitern benutzt werden. Es gibt inzwischen sogar Unternehmen, die weniger Arbeitsplätze als Mitarbeiter haben, da Sie mit Homeoffice-Tagen kalkulieren.

Effizienter und weniger Fehlzeiten

Wenn Sie Aufgaben haben, bei denen Sie sich stark konzentrieren müssen, gelingt dies zu Hause besser, weil sie dort weniger gestört werden.

aus: „Mein Assistentinnen-Coach"
Autorin: Dunja Schenk

STARKE NERVEN. KOMPETENZ. EMPATHIE.

Bevor sie jedoch beim Technischen Hilfswerk in Bonn landete, suchte sie – nach vielen Jahren in der Altenpflege – nach einer neuen Herausforderung. Sie entdeckt eine Stellenanzeige der Deutschen Jugendfeuerwehr, eine Assistenzkraft wird gesucht. Sie bewirbt sich und wird bei der Bonner Behörde genommen. Doch im Jahr 2000 wird der Parlaments- und Regierungssitz von Bonn nach Berlin verlegt, die Deutsche Jugendfeuerwehr beschließt 2002 den Umzug in die Hauptstadt. Für Christiana Lange bedeutet das einen Jobwechsel, denn sie möchte im Rheinland bleiben. In der Zeitung wird sie auf eine Stelle beim Technischen Hilfswerk aufmerksam. Sie bewirbt sich und startet kurze Zeit später in der Bonner Zentrale.

Kommunikation erfordert Empathie

Für ihren jetzigen Vorgesetzten Albert Brömme arbeitet Christiana Lange seit dem Jahr 2007. Sie plant die Reisen ihres Chefs, übernimmt die Korrespondenz, sie beteiligt sich an der Planung von Veranstaltungen und ist Ansprechpartnerin für alle Mitarbeiterinnen und Mitarbeiter, wenn der Präsident auf Reisen ist. Das ist sehr häufig der Fall, „ich denke, 80 Prozent seiner Dienstzeit ist er außer Haus", erklärt Christiana Lange. Die Kommunikation funktioniert dennoch reibungslos. „Er antwortet immer, egal wo er gerade ist", sagt die Assistentin. Und natürlich könne sie ihn auch jederzeit anrufen.

Christiana Lange im Gespräch mit einem Auszubildenden in der Zentrale des Technischen Hilfswerkes.

www.workingoffice.de

Virtuelle Assistenz: 5 Tipps, wie Sie die Rücksprachen mit Ihrem Chef organisieren

Praxisbeispiel: Alexandra arbeitet für den Europachef eines großen Maschinenbau-Unternehmens. Ihr Büro befindet sich in Köln, ihr Chef pendelt an vier Tagen in der Woche zu den Büros in London und Amsterdam. Die beiden sehen sich höchstens einmal pro Woche, wobei selbst dieser Bürotag für Alexandras Chef meist mit Terminen gefüllt ist.

Eine solche Situation ist wegen der zunehmenden Internationalisierung der Unternehmen keine Seltenheit mehr. Doch sie stellt eine enorme Herausforderung dar, da ja die Kommunikation zwischen Chef und Assistentin organisiert werden muss. Wenn Sie in einer ähnlichen Situation stecken, helfen Ihnen meine fünf Tipps, sich effizient mit Ihrem Chef zu organisieren.

So halten Sie sich gegenseitig auf dem Laufenden

1. **Regelmäßige Rücksprachetermine:** Damit Sie beide immer auf dem aktuellen Stand sind, organisieren Sie regelmäßige Rücksprachetermine mit Ihrem Chef. Wenn Sie keine Möglichkeit haben, sich täglich oder wöchentlich persönlich zu sehen, telefonieren Sie wenigstens zehn Minuten täglich.

2. **Themen sammeln:** Sammeln Sie die Rücksprachethemen, um auch bei spontanen Anrufen Ihres Chefs jederzeit alle Fragen parat zu haben, zu denen Sie eine Rückmeldung brauchen.

3. **Digitale Liste:** Stellen Sie eine digitale Liste mit Themen oder Fragen zusammen, die Sie mit Ihrem Chef besprechen müssen. Richten Sie die Liste so ein, dass sowohl Sie als auch Ihr Chef Zugriff darauf haben. So kann er in ruhigen Momenten, in denen er nicht telefonieren kann, aber ein paar Minuten Zeit hat, einige Fragen direkt schriftlich beantworten.

4. **Keine Fragen per E-Mail:** Vermeiden Sie es, ihm Ihre Fragen per E-Mail zu schicken, um sein E-Mail-Postfach nicht unnötig zu belasten. Nutzen Sie lieber ein digitales System, das auch als Notizbuch verwendet werden kann. Microsoft OneNote beispielsweise eignet sich hervorragend dafür.

5. **Planen Sie langfristig:** Besprechen Sie mit Ihrem Chef nicht nur die aktuellen Termine, sondern gehen Sie mit ihm auch regelmäßig die To-dos der nächsten Tage durch. So stellen Sie sicher, dass nichts untergeht, auch wenn Sie einmal für längere Zeit nicht mit ihm sprechen konnten.

aus: „Assistenz & Sekretariat heute"

Autorin: Dunja Schenk

4 gute Gründe für das Homeoffice

1. Es gibt weniger Störfaktoren
Im Büroalltag ist es eine Seltenheit, dass man für mehr als 15 Minuten ungestört arbeiten kann. Um effektiv arbeiten zu können, ist es aber ungeheuer wichtig, ungestört nachdenken zu können und zwar für mindestens 30 Minuten. Das ist im Homeoffice wesentlich einfacher. Es kann Sie niemand von Ihrer Arbeit ablenken, weil Sie nicht vor Ort sind. Die Schwelle Sie per Telefon zu kontaktieren ist wesentlich höher, als wenn die Kollegin sich zum Quatschen nur umdrehen muss. So können Sie viel effektiver arbeiten, da Sie seltener aus der Konzentration gerissen werden und sich so auch in Themen einarbeiten können.

2. Die zeitraubenden Meetings entfallen
Meetings sind oft wichtig, je nach Agenda sind sie jedoch für einige Teammitglieder an manchen Tagen reine Zeitverschwendung. Wenn Sie im Homeoffice arbeiten, dann können Sie an manchen Meetings nicht teilnehmen, weil Sie schlichtweg nicht da sind. Dadurch haben Sie wieder Zeit gewonnen, die Sie in Ihre Arbeit investieren können. Hier gilt es natürlich abzuwägen, ob die Themen auf der Agenda für Sie relevant sind oder nicht. Wenn Sie ab und zu ein Meeting verpassen, dann wird davon die Firma aber nicht zusammenbrechen.

3. Das nervige Pendeln entfällt
Wer einen langen Weg zur Arbeit hat, der weiß dass Pendeln nicht nur Zeit, sondern auch Nerven kostet. Diesen morgendlichen Stress kann man im Homeoffice vermeiden. So haben Sie mehr Energie und Zeit, um gleich mit der Arbeit durchzustarten, ohne erst noch Frust ablassen zu müssen, weil die Bahnen schon wieder ausgefallen sind.

4. Mehr Zeit zu Hause = bessere Work-Life-Balance
Zu Hause können Sie Ihre Pausenzeiten besser nutzen, um noch schnell was zu erledigen. Sei es kurz den Geschirrspüler auszuräumen oder eine Ladung Wäsche zu waschen. Wer mittags lieber ausgiebig kocht und dafür abends nochmal eine Stunde arbeitet, hat im Homeoffice die Möglichkeit dazu. Natürlich ist hier Selbstdisziplin gefragt, dass man die geforderten Stunden auch tatsächlich erbringt. Am Ende beeinflusst das Ihre Arbeitszeit und -leistung nicht und führt doch zu mehr Zufriedenheit, da Sie neben der Arbeit noch anderes geschafft haben.

aus: „Mein Assistentinnen-Coach"
Autorin: Dunja Schenk

STARKE NERVEN. KOMPETENZ. EMPATHIE.

Was die Assistentin besonders an Albert Brömme schätzt, ist die Tatsache, dass er sehr aufmerksam ist und sich für alle Mitarbeiterinnen und Mitarbeiter interessiert und einsetzt. Außerdem sei er ein sehr besonnener Mensch. „Auch in hektischen Phasen bewahrt er immer Ruhe."

Und hektische Phasen gibt es beim Technischen Hilfswerk nun wirklich genug. Naturkatastrophen kommen in aller Regel überraschend, da muss die Hilfe schnell koordiniert werden. Die Arbeit bei der Bundesbehörde unterscheidet sich aber nicht nur dadurch von der eines Unternehmens in der freien Wirtschaft. „Neben unseren 800 festangestellten Mitarbeitern in der Zentrale, in den acht Landesverbänden und in den Geschäftsstellen basiert das Grundgerüst des Technischen Hilfswerkes auf den 80.000 Ehrenamtlichen", erklärt Christiana Lange. Das erfordert eine andere Kommunikation und auch Motivation aus der Zentrale, als es in einem üblichen, hierarchisch strukturierten Unternehmen der Fall wäre. Vor allem müsse die Kommunikation mit den Ehrenamtlichen von Aner-

Das THW

Das Technische Hilfswerk ist die ehrenamtlich getragene Einsatzorganisation des Bundes im Bevölkerungsschutz. Mehr als 80.000 Freiwillige engagieren sich in bundesweit 668 Ortsverbänden, um Menschen in Not zu helfen. Mit moderner Technik und gut ausgebildeten Helferinnen und Helfern unterstützt das THW Feuerwehren, Polizei, Hilfsorganisationen und andere. Die Aufgaben, die die THW-Kräfte dabei übernehmen, sind vielfältig: Sie pumpen bei Überflutungen Wasser ab, sichern einsturzgefährdete Gebäude, bauen Brücken, gewährleisten Strom- und Trinkwasserversorgung oder betreiben bei Großeinsätzen Logistikstützpunkte. Im Auftrag der Bundesregierung wird das THW, zum Beispiel im Rahmen des Katastrophenschutzverfahrens der EU, außerdem weltweit eingesetzt. Nach Naturkatastrophen bereiten die THW-Einheiten Wasser auf, setzen zerstörte Infrastruktur wieder in Stand oder suchen nach Vermissten. Seit seiner Gründung im Jahr 1950 war das THW in mehr als hundert Ländern im Einsatz. Die Struktur des THW ist weltweit einmalig: Als Bundesanstalt gehört es zum Geschäftsbereich des Bundesministeriums des Innern. Hauptamtlich für die Behörde tätig sind aber nur die rund 800 Mitarbeiterinnen und Mitarbeiter in der THW-Leitung, den Landesverbänden und den Geschäftsstellen. Etwa 99 Prozent der THW-Angehörigen engagieren sich ehrenamtlich. Weitere Informationen unter **www.thw.de**.

Bundespräsident Joachim Gauck ließ sich bei seinem Besuch beim THW Arbeitsmittel der Ehrenamtlichen erklären.

kennung geprägt sein, findet Christiana Lange. In so einer Struktur sei es beispielsweise schwierig, auf Fristen zu beharren. „Die Menschen arbeiten für das THW während ihrer Freizeit", erklärt Lange, da brauche man die nötige Empathie in der Kommunikation.

Hoher Besuch

Anerkennung erhalten Ehrenamtliche und auch die Mitarbeiterinnen und Mitarbeiter in der Zentrale auch durch die Bundesregierung. Angela Merkel besuchte vor einigen Jahren die Mitarbeiterinnen und Mitarbeiter in Bonn. Ende August war Bundespräsident Gauck beim Bundesamt für Bevölkerungsschutz und Katastrophenhilfe und auch beim Technischen Hilfswerk, beide Behörden sitzen am gleichen Standort, um sich über die vielen Aufgaben und Leistungen im Bevölkerungsschutz zu informieren. Besonders beeindruckt hat Christiana Lange folgender Satz des Bundespräsidenten: „Ich bin von den technischen Innovationen, die aus dem THW-Ehrenamt erwachsen sind, beeindruckt. Sie zeigen, wie stark sich die Menschen im THW mit den Aufgaben identifizieren." Das sei eine schöne Anerkennung für alle Haupt- und Ehrenamtlichen im THW, findet die Assistentin.

Annette Rompel, Redaktion

Fotos: Peter Nierhoff, Köln

STARKE NERVEN. KOMPETENZ. EMPATHIE.

SONJA GIENCKE, ASSISTENTIN DER GESCHÄFTSFÜHRUNG UND PROJEKTMANAGERIN BEI DER IGA TEC GMBH IN GAUTING BEI MÜNCHEN

„Bei uns geht's immer vorwärts"

Ihre Ausbildung ist klassisch, ihr Berufsalltag höchst aktuell: Neben der Assistenz für ihre Chefin betreut Sonja Giencke wechselnde eigene Projekte und möchte anders auch gar nicht mehr arbeiten. Fließende Übergänge statt hektische Rollenwechsel – was sie dafür braucht, hat sie uns in ihrem neuen Gemeinschaftsbüro erzählt.

Wenn von Normen die Rede ist, schalten die meisten Menschenohren erst mal auf Durchzug: ISO hier, QM dort,: „Versteht man ja doch nicht!" Wichtig sind die Qualitätsstandards aber doch. Schließlich machen sie aus Kanzleien, Praxen, Ingenieurbüros, Agenturen, Produktions- oder Handwerksbetrieben geprüfte und zertifizierte Vorzeige-Unternehmen.

Manchmal sind die Normen sogar gesetzlich vorgeschrieben. Und zum Glück gibt es Dienstleister, die sich genau auf diese Thematik spezialisiert haben und das nüchterne Vokabular nicht nur verstehen, sondern auch noch so erklären können, dass schließlich alle wissen, worum es geht.

Die Firma iga tec ist so ein Dienstleister. 2016 wurde „Zwanzigjähriges" gefeiert, 1996 hat Angela Grabowski ihr Unternehmen gegründet. Als Expertin für Umweltberatung implementierte sie damals für den ersten Kunden, ein deutsches Luftfahrtunternehmen, ein Umweltmanagementsystem. Es lief gut, die Gründungsidee hatte sich bewährt, Schritt für Schritt kamen weitere Bereiche dazu: Qualitätsmanagement, Arbeitsschutzmanagement und -systeme.

STARKE NERVEN. KOMPETENZ. EMPATHIE.

Mit solchen Wortketten bekam es Sonja Giencke also zu tun, als sie vier Jahre nach Firmengründung der erste „Azubi" bei iga tec wurde. Da hatte sie ihre Mittlere Reife in der Tasche und zwei Praktika absolviert: eines bei der Münchner Staatsoper, eines bei einer Sparkasse am Starnberger See nahe München. Bis heute freut sich die 33-Jährige über ihre Entscheidung, in einen eher sachlichen Beruf eingestiegen zu sein. Im Mittelpunkt zu stehen, auf der Bühne sozusagen, da fühlt sie sich nicht in ihrem Element: „Ich bin ein eher ruhiger Mensch und arbeite gern unterstützend. Ich kümmere mich einfach gern!"

Frau über alle Systeme

Zum Beispiel um die vielen, vielen Dokumente, die für die Kunden erstellt werden. Je nach Norm sind das schnell mal 100, manchmal sogar bis zu 300 Dokumente. Was genau dahintersteckt, wenn es „Geprüft nach ISO ..." heißt, erklärt Firmenchefin Angela Grabowski so: „Die Abläufe in einem Unternehmen kann man wie ein Auto vom TÜV prüfen und zertifizieren lassen. Das betrifft eigentlich alle Bereiche einer Firma, von der Auftragsabwicklung über den Umgang mit Energie bis hin zur Arbeitssicherheit." Qualitätsmanagement, Umweltmanagement, Energiemanagement, Arbeitsschutz, Gesundheitsschutz – jeder Bereich hat seine eigenen Normen, die eine Firma freiwillig umsetzen kann oder von Gesetzes wegen sogar umsetzen muss, im Bereich der Arbeitssicherheit zum Beispiel.

Über die iga tec GmbH

Angela Grabkowski, 47, ist ausgebildete Kauffrau; sie gründete das Beratungsunternehmen iga tec GmbH im Jahr 1996. Mit sechs festangestellten Mitarbeiterinnen und Mitarbeitern sowie einem Team freier Beraterinnen und Berater bietet sie kleinen und mittleren Unternehmen Dienstleistung rund um die Implementierung und Auditierung von Managementsystemen an, in den Bereichen Qualität, Umwelt und Arbeitssicherheit. Zum Portfolio zählt mittlerweile auch Business-Coaching, das die Unternehmerin nach einer Fortbildung zum zertifizierten Asgodom-Coach für Führungskräfte und Teams in mittelständischen Firmen durchführt. Ein spezielles Coaching-Angebot, „Think BIG", wendet sich an junge Menschen auf dem Weg ins Berufsleben. Mehr Informationen zur iga tec GmbH unter **www.iga-tec.de** und **www.angela-grabowski.de**.

STARKE NERVEN. KOMPETENZ. EMPATHIE.

Die Regelwerke beschreiben sehr komplexe Abläufe, ihre Umsetzung erfordert Expertenwissen und Erfahrung. Das sechsköpfige Team von iga tec hat beides; es wird deshalb von kleinen und mittleren Unternehmen gern engagiert, wenn es darum geht, die eigenen Arbeitsprozesse so zu optimieren und zu dokumentieren, dass ein anschließendes Audit, so nennt man das offizielle Prüfverfahren, das ersehnte Zertifikat ausstellt. Großunternehmen haben in der Regel eigene Mitarbeiter dafür.

Eine Beraterin und ein Berater arbeiten festangestellt bei iga tec, weitere

Wo alles anfing: Sonja Giencke hat bei iga tec ihre Ausbildung absolviert, nach knapp zehn Jahren kehrte sie als GF-Assistentin zurück: „Ich fühle mich genau richtig hier."

ergänzen das Team freiberuflich. Als Assistentin von Geschäftsführerin Angela Grabowski leitet Sonja Giencke das Sekretariat und ist die Schnittstelle zu allen Beratern: „Ich erstelle die Managementdokumente, organisiere Termine für die Geschäftsführung und unsere Berater, schreibe Briefe und kommuniziere mit unseren Kunden. Ich bearbeite Anfragen, erstelle Angebote, erledige die Rechnungstellung nach Projektabschluss und erledige allgemeine Sekretariatsaufgaben." Und das macht sie hervorragend, lautet das Lob von Geschäftsführerin Angela Grabowski: „Was bei der iga tec alle schätzen, sind ihre Zuverlässigkeit und ihre Genauigkeit. Sie betreut und verwaltet die Dokumente der Managementsysteme für das Berater-Team und ist quasi die Frau über alle Systeme. Wichtige Schriftstücke gehen meist nicht ohne einen letzten Blick von Sonja Giencke raus."

Die Firmenzukunft immer im Blick

Darüber hinaus ist die gelernte Bürokommunikationskauffrau für eigene Projekte zuständig. Eines ist gerade erst abgeschlossen worden. Es hat ihr besonders viel Freude gemacht und ihr, sozusagen, einen „job in the job" beschert. Für die Asgodom Coach Akademie ACA von Sabine Asgodom übernahm Sonja Giencke zeitweilig die Projektabwicklung. Sie beantwortete Interessenten-Anfragen, kümmerte sich um das Erstellen und Versenden der Studienbriefe, organisierte die Trainings-Termine, buchte für Teilnehmer und Ausbilder Hotelzimmer und führte die gesamte E-Mail-Korrespondenz. Messe-Organisation, Abschluss-

---

Projekte: Übersichtlich und strukturiert mit Trello

Trello ist ein Projektmanagement-Tool mit einer einfachen Grundidee: Man zerlegt ein Projekt in die kleinsten Einheiten und organisiert damit einen beliebigen Arbeitsablauf zeitlich und personell. Die einfach gehaltene Software, auf deren Basisversion Sie unter www.trello.com kostenlos Zugriff haben, bleibt über alle verwendeten Geräte (Windows-PC sowie iOS- und Android-Geräte) synchronisiert. Eine Installation ist dabei nicht notwendig. Mit der Funktionsweise können sich die an einem Projekt beteiligten Mitarbeiterinnen und Mitarbeiter sehr schnell zurechtfinden.

Mit diesen 3 Grundelementen nutzen Sie Trello:

1. Boards
Sobald Sie sich in Trello registriert haben, können Sie ein neues Board per Klick anlegen und sofort entscheiden, ob es öffentlich zugänglich oder privat sein soll. Wenn Sie den Status „öffentlich" wählen, kann jeder das Board mit einem Link bearbeiten.

2. Listen
Jedes Board (Projekt) besteht aus Listen. Diese kann man ebenfalls mit einem einfachen Klick anlegen. Es empfehlen sich Listen, die einen Workflow beschreiben: To-dos (Welche Details sind noch offen?), Doings (Was wird gerade bearbeitet?) und Done (Welche Aufgaben sind erledigt?). Diese Listen kann man beliebig erweitern und/oder umbenennen.

Event, Prüfungstermine: ein abwechslungsreiches Projektmanagement, das sie von ihrem Arbeitsplatz bei iga tec aus erledigte. Ergeben hatte sich diese Zusammenarbeit, als Firmenchefin Angela Grabowki sich zu einer Coaching-Ausbildung bei Karriere-Expertin Sabine Asgodom entschlossen hatte, um das eigene Beratungs-Portfolio abzurunden.

Mittlerweile ist der personelle Engpass bei der ACA behoben, die Coach-Akademie wird nun wieder im eigenen Haus organisiert und Sonja Giencke hat Kapazitäten frei: für neue Projekte. Die Schulungen sollen ausgebaut werden, vor allem aber ist da das neue Business-Coaching-Angebot. „Das ist eine wirklich spannende Aufgabe und etwas, das uns noch einmal so richtig voranbringt", schwärmt die Assistentin. Als zertifizierter Asgodom-Coach bietet Angela Grabowski, 47, dem Mittelstand nun auch Führungskräfte- und Team-Coaching

3. Cards

Innerhalb einer Liste arbeitet man mit sogenannten Cards. Auch die lassen sich mit einem einfachen Klick unter der jeweiligen Liste anlegen. Jede dieser Cards steht für eine Einzelaufgabe. Die Cards kann man mit Inhalten füllen und innerhalb der Listen beliebig verschieben.

Cards – die Alleskönner

Die Cards, die für die einzelnen Aufgaben innerhalb eines Projekts stehen, haben vielerlei Funktionen – die wichtigsten hier im Überblick:

- An jede Karte kann man Dokumente oder Medien vom PC, aus Google Drive oder von der Dropbox anhängen.
- Man kann die Cards mit farbigen Labels versehen und sie somit zusätzlich strukturieren.
- Mit der „Assign"-Funktion kann man den Cards einen oder mehrere Bearbeiter zuweisen.
- Mithilfe einer Checkliste kann man eine Card in weitere Einzelaufgaben unterteilen.
- Jede Karte kann mit einem Ablaufdatum (Due Date) versehen werden. Je näher der Termin rückt, desto auffälliger wird die Farbe der Card.

aus: „Assistenz & Sekretariat heute"
Autorin: Dunja Schenk

an. Eine vielversprechende Option, freut sie sich, ein Prozess-Coaching beim ADAC in Augsburg lief so gut, dass weitere Aufträge überregional folgen könnten. Sonja Giencke arbeitet kräftig mit an der Vermarktung dieses neuen Bausteins im Dienstleistungsangebot, und es gibt ihr ein gutes Gefühl für die Zukunft: „Das gefällt mir so an meiner Chefin; sie erkennt genau, was sich verändert im Wirtschaftsleben, was die Firmen brauchen, und sie ist immer bereit, sich entsprechend mit zu verändern."

Das funktioniert natürlich nur dann, wenn alle mitziehen, sagt die Assistentin: „Wir sind ein kleines Team und arbeiten eng zusammen. Dadurch ist mein Aufgabengebiet sehr vielfältig. Normale Sekretariatsarbeit fällt täglich an. Projektmanagement, wie das Planen der Projektführung, Seminarorganisation und so weiter, jeweils nach Bedarf." Dass sie sich entsprechend weiterqualifizieren kann, ist bei einem Dienstleister, der täglich mit Qualitätsstandards umgeht, sozusagen Ehrensache. Sonja Giencke hat eine Fortbildung zur Beauftragten für Qualitätsmanagement absolviert, und sie hat auch die Qualifikation, bei der Ausbildung des Azubis mitzuwirken, der bei der iga tec Kaufmann für Büromanagement lernt. Außerdem hat sie sich zur Ersthelferin fortbilden lassen. Im Falle eines Unfalls weiß sie ganz genau, was zu tun ist. Das scheint wie geschaffen für die engagierte Frau, die von sich sagt, dass sie sich eben einfach gern kümmert und vor allem das Wohl von Angela Grabowski im Fokus hat: „Wer wohl sonst soll sich um die Chefin kümmern, wenn nicht ich?"

Ein Glücksfall ist diese Einstellung für beide – „einmalig" findet Angela Grabowski ihre Assistentin: „Sie hält mir den Rücken frei und denkt an alles Wichtige. Wenn ich außer Haus bin, übernimmt sie Teile meiner Aufgaben und weiß nach mir am besten, wie die iga tec funktioniert."

Perspektivenwechsel ist wichtig

Das ist natürlich eine ganz schöne Verantwortung. Die 33-Jährige bringt dafür Erfahrung auch aus anderen Berufsfeldern mit. Nach der dreijährigen Ausbildung bei iga tec blieb die damals 20-Jährige nicht im Lehrbetrieb, sondern probierte sich beruflich woanders aus. Zeitarbeit, Kundenbetreuung bei einem

Chefin Angela Grabowski hat in Sonja Giencke die ideale Unterstützung gefunden: „Wir verstehen uns richtig gut. Das ist für uns beide ein entscheidendes Kriterium für die Freude am Job."

Web-Domain-Anbieter, anschließend vier Jahre Selbstständigkeit gemeinsam mit dem Lebensgefährten – da kristallisiert sich allmählich heraus, wo die eigenen Stärken und Fähigkeiten liegen: „Und hier wird das auch gesehen: Ich werde entsprechend eingesetzt und gefördert, das finde ich toll."

Das Arbeitsumfeld und das Betriebsklima sind ihr sehr wichtig: „Ich brauche ein harmonisches Miteinander. Wir verbringen einen Großteil unserer Lebenszeit in der Arbeit, deswegen möchte ich mich wohlfühlen mit den Menschen, mit denen ich meinen Beruf ausübe." Das sei im Übrigen auch ein Grund dafür, warum sie sich über das neue Coaching-Projekt ihrer Chefin so freut, erzählt sie: „Ich habe das schon bei der Büroorganisation für die Akademie von Sabine Asgodom festgestellt: Das Thema Coaching bringt fast automatisch eine Zugewandtheit und menschliche Wärme mit sich, die sehr, sehr angenehm ist." Zu der Wohlfühl-Atmosphäre zählt für sie auch, dass das neue Büro, in das man kürzlich umgezogen ist, nicht mitten in der Großstadt München liegt, sondern im fast schon ländlichen Umfeld: mit einem großen Balkon, einem eigenen Garten sowie Wald und Feldern vor der Bürotür.

Die gebürtige Oberbayerin, aufgewachsen am Starnberger See, erholt sich gern in der Natur, joggt oft mit ihrem Freund, schöpft Konzentration aus der Meditation:

STARKE NERVEN. KOMPETENZ. EMPATHIE.

„So mache ich das auch im Büro, wenn es hektisch wird oder wenn ich von einem Projekt zum anderen wechsle. Ich atme tief durch, achte eine Weile auf meinen eigenen Atem und überlege dann in aller Ruhe, was jetzt Priorität hat. Ich brauche das für ein strukturiertes Vorgehen. Und das ist nun mal das A und O für ein gutes Projektmanagement."

Kirsten Wolf, Journalistin

Fotos: Sabine Klem, München

Wie Sie Mitarbeiterinnen und Mitarbeiter erfolgreich coachen

Für Sie als Office-Professional, der auch Führungsherausforderungen annimmt, gehört das Coaching zu Ihren Aufgaben. Sie helfen Mitarbeitern dabei, sich beruflich und persönlich weiterzuentwickeln. Damit erhöhen Sie deren Motivation und tragen zum Erfolg des Unternehmens bei. Die Basis für ein erfolgreiches Coaching ist Vertrauen.

Und so bauen Sie ein Vertrauensverhältnis zu Ihren Mitarbeiterinnen und Mitarbeitern auf:

Seien Sie ehrlich.
Schöne, aber unehrliche Worte entlarvt fast jeder schnell. Versteckte Kritik zwischen den Zeilen, wie Sie von uns Frauen häufig aus Rücksicht geübt wird, verfehlt ihr Ziel, weil sie verunsichert. Sprechen Sie lieber ein paar klare, ehrliche Worte in einem Kritikgespräch unter vier Augen. Greifen Sie den Mitarbeiter nicht persönlich an, und erwähnen Sie auch die positiven Punkte.

Bleiben Sie objektiv.
Nehmen Sie sich nicht selbst zum Maßstab, sondern berücksichtigen Sie, dass jeder Mitarbeiter ein Individuum ist. Auch wenn Sie perfekt organisiert und strukturiert sind, kann ein kreativer Chaot auf seine Art hervorragende Leistung bringen.

Halten Sie eine klare Linie ein.
Bleiben Sie immer ehrlich, erzählen Sie nie Dinge weiter, die nur Ihnen anvertraut wurden, und stehen Sie zu dem, was Sie gesagt haben. Denn erst dauerhaftes vertrauensvolles Coaching führt zum Erfolg.

Zitat:
„Man entdeckt keine neuen Erdteile, ohne den Mut zu haben, alte Küsten aus den Augen zu verlieren." André Gide

aus: „Assistenz & Sekretariat heute"

STARKE NERVEN. KOMPETENZ. EMPATHIE.

ANDREA WALDAU, ASSISTENTIN DES DEUTSCHEN
BOTSCHAFTERS DER REPUBLIK MALAWI, LILONGWE

Von Wladywostok in die Tropen

Andrea Waldau hat es beruflich schon in einige Metropolen verschlagen, nach Moskau, New York oder London zum Beispiel. Mittlerweile arbeitet die Fremdsprachenkorrespondentin in einer Hauptstadt der ganz anderen Art. Gehen Sie mit uns auf die Reise in das warme Herz Afrikas.

An diesen einen Abend im Oktober 1993 wird sich Andrea Waldau ihr Leben lang erinnern: Nach der Arbeit in der deutschen Handelsförderungsstelle in Moskau ist die Wirtschaftskorrespondentin mit Freunden unterwegs, die jungen Leute möchten nach Feierabend noch ausgehen. Da hören sie plötzlich Schüsse. In Moskau kommt es in diesen Tagen, zwei Jahre nach dem Zusammenbruch der Sowjetunion, wiederholt zu Spannungen zwischen dem russischen Präsidenten Boris Jelzin und dem Kongress. „Die Krise dauerte zwar nicht lange", erinnert sich Andrea Waldau, „aber es war ein einschneidendes, sehr beunruhigendes Erlebnis." Panzer rollen durch die Stadt, am 5. Oktober 1993 ist der bewaffnete Widerstand gegen Boris Jelzin beendet.

Heute erzählt die gelernte Wirtschaftskorrespondentin mit Fremdsprachenausbildung gelassen von diesem und vielen anderen Ereignissen, die sie während ihrer Arbeit für das Auswärtige Amt in den unterschiedlichsten Ländern erlebt hat. „Wir erfahren Weltpolitik am eigenen Leib", sagt Andrea Waldau und findet gerade das einen der spannendsten Aspekte in ihrem Beruf. Heute arbeitet die Assistentin an der Deutschen Botschaft in Lilongwe, der Hauptstadt des südostafrikanischen Staates Malawi. Doch zwischen dem Aufenthalt in Moskau und der heutigen Tätigkeit in Malawi liegen viele spannende berufliche Stationen.

STARKE NERVEN. KOMPETENZ. EMPATHIE.

Von Ostfriesland aus in die Welt

Andrea Waldau stammt aus dem beschaulichen Ostfriesland. Sie reist mit ihren Eltern viel, und schon als Kind hat sie den Wunsch, im Ausland zu arbeiten. Nach dem Abitur besucht sie die Eurosprachschule in Oldenburg. Sie bewirbt sich bei Speditionen und anderen international tätigen Unternehmen, als sie von einer Freundin auf die Stellenanzeige des Auswärtigen Amtes aufmerksam gemacht wird. „Das war genau das, was zu mir passte", sagt die Assistentin und bewirbt sich. Die Aufnahmeprüfung und den Gesundheitscheck besteht die junge Frau.

1990 startet sie in Berlin im Referat für internationale Verkehrs- und Tourismuspolitik, natürlich immer mit dem Gedanken, ins Ausland versetzt zu werden. Bei der Wahl des Standortes kann sie Präferenzen angeben, sie nennt Moskau. „Zu der Zeit damals passierte gerade sehr viel. Der August-Putsch war vorbei und ich fand die Entwicklungen wahnsinnig spannend", erzählt die heute 48-Jährige. Knapp ein Jahr später sitzt die junge Frau in einem Flieger in die russische Millionenstadt. Dort beginnt sie zunächst in der Handelsförderungsstelle, die deutsche Firmen dabei unterstützt, in Russland aktiv zu werden.

Die Neugier auf fremde Kulturen und neue Länder war zwar da, aber bald auch Heimweh. „Wir waren damals nicht so vernetzt wie heute. Einen Telefonanruf nach Hause musste ich lange vorher anmelden und dann stundenlang vor dem Apparat auf den Anruf warten." Auch die Reisefreiheit ist eingeschränkt, spon-

Die Deutsche Botschaft in Malawi

Seit der Unabhängigkeit im Jahr 1964 gibt es eine diplomatische Vertretung in dem südostafrikanischen Land. Botschafter in Malawi und somit Chef der Deutschen Botschaft ist Dr. Peter Woeste. Die Aufgaben einer Vertretung sind vielfältig. Dazu gehört es, die politische Entwicklung des Gastlandes aufmerksam zu verfolgen, aber auch Ansprechpartner für deutsche Staatsbürger oder deutsche Unternehmen zu sein, die sich im Land aufhalten. Die deutsche Vertretung in Malawi gehört zu den kleineren Botschaften. Neben dem Botschafter arbeiten dort unter anderem zwei Mitarbeiter des Bundesministeriums für wirtschaftliche Zusammenarbeit und Entwicklung sowie drei Mitarbeiter des Auswärtigen Amtes in Berlin, darunter auch Andrea Waldau (weitere Informationen unter **www.lilongwe.diplo.de**).

STARKE NERVEN. KOMPETENZ. EMPATHIE.

tan war wenig möglich. Dennoch erinnert sie sich an eine wundervolle und aufregende Zeit. Sie unternimmt viel mit Kolleginnen und Kollegen, erkundet das Land, redet mit den Einwohnern.

Aufenthalte des Auswärtigen Amtes sind immer zeitlich begrenzt. Nach drei Jahren erhält die junge Frau ein neues Angebot vom Auswärtigen Amt: Im deutschen Generalkonsulat in New York soll eine Stelle in der Kulturabteilung neu besetzt werden. Keine Frage für Andrea Waldau, sie macht sich auf den Weg zum Big Apple.

Der Binnenstaat Malawi liegt im südöstlichen Afrika und zählt zu den äußeren Tropen. Zuvor führte es Andrea Waldau unter anderem nach Moskau, New York und London.

„Selbstständiges Arbeiten ist mir wichtig"

Auf ihre Zeit in New York blickt die 48-Jährige noch heute fasziniert zurück. Ihr Apartment liegt auf der Westside in der 57. Straße. Die Tätigkeit in der Kulturförderung beschert ihr schnell viele Kontakte zu Kolleginnen und Kollegen vor Ort. Sie unternimmt viel, um die Stadt zu entdecken und die USA kennenzulernen. Am Generalkonsulat organisiert sie gemeinsam mit einer Kollegin Ausstellungen, sie beantwortet Kultur- und Stipendienanfragen. „Es gibt ein sehr, sehr breites Kulturangebot vor Ort", erklärt sie, „man hatte wirklich Angst, etwas zu verpassen."

Nach einem Jahr wechselt Andrea Waldau in die Verwaltung. Im Bereich Human Ressources ist sie für die Anmeldung von neuen Kolleginnen und Kollegen zuständig. Sie regelt Zollangelegenheiten und ist zuständig für die Urlaubsverwaltung. „Auch wenn es vielleicht nicht so spannend klingt, den Job fand ich super. Ich hatte sehr viel Kontakt mit den unterschiedlichsten Menschen, die Aufgaben waren vielseitig, und ich konnte sehr selbstständig arbeiten", erzählt Waldau. „Das war mir schon immer wichtig."

STARKE NERVEN. KOMPETENZ. EMPATHIE.

Malawi – the warm heart of Africa

Malawi ist ein Binnenland und liegt am drittgrößten See Afrikas, dem Lake Malawi. Die ehemalige britische Kolonie gehört mit einer Landfläche von 94.000 Quadratkilometern und einer Bevölkerung von 17,5 Millionen Einwohnern zu den kleineren, relativ dicht besiedelten Staaten im südöstlichen Afrika. Der südliche Teil des Landes ist von Mosambik umgeben, im Westen und Norden grenzt die unabhängige Republik an Sambia und Tansania. 84 Prozent der Bevölkerung Malawis leben auf dem Land, der Rest verteilt sich im Wesentlichen auf vier größere Städte. Lilongwe ist seit 1976 Hauptstadt des Landes, als Wirtschaftsmetropole gilt das südlich gelegene Blantyre. Drittgrößte Stadt ist Mzuzu mit rund 150.000 Einwohnern, gefolgt von der Universitätsstadt Zomba.

Malawi gehört zu den ärmsten Ländern der Welt. Im jährlichen Human Development Index des UNDP für 2015 rangiert das Land auf Rang 173 von 188. Mit Ausnahme von kleineren Uranvorkommen verfügt Malawi über keine nennenswerten Bodenschätze, die meisten Einwohner leben direkt oder indirekt von der Landwirtschaft.

Die Binnenlage – ohne direkten Zugang zum Meer – stellt ein großes Handelshemmnis für das kleine Land dar.

Zurzeit wird Malawi als Geheimtipp unter den Top-Travel-Destinationen im südlichen Afrika gehandelt. Es wird als „the warm heart of africa" bezeichnet, nicht nur wegen des ganzjährigen tropischen Klimas, sondern auch wegen der Gastfreundschaft seiner Einwohner. Das Land war bislang nicht von einschneidenden Kriegen oder großen Naturkatastrophen betroffen, es gilt als ein verhältnismäßig sicheres Reiseziel, auch wenn die Reisen, vor allem für Individualtouristen, mit Unwägbarkeiten verbunden sind und es in den größten Teilen des Landes eine kaum oder nur rudimentär ausgebaute Infrastruktur gibt. Ziel der Reisenden ist neben den geschützten Gebieten Kasungu und Liwonde sowie dem Nyika- oder Zomba-Plateau häufig der Malawisee-Nationalpark. Der See weist den größten Artenreichtum an Fischen weltweit auf, von denen fast alle endemisch sind; er zählt deshalb zum UNESCO-Weltkulturerbe. Weitere Informationen unter www.malawi.gov.mw.

STARKE NERVEN. KOMPETENZ. EMPATHIE.

Mit Dr. Peter Woeste, Botschafter der Bundesrepublik Deutschland in Malawi, arbeitet Andrea Waldau seit 2011 zusammen.

Das Leben in New York ist schnell, laut und hektisch – „manchmal auch oberflächlich", sagt Andrea Waldau. „Nach viereinhalb Jahren war es okay zu gehen." Die junge Frau packt ihre Koffer und macht sich auf den Weg zurück nach Europa. Ihre nächste Stelle tritt die Assistentin in London an – eine nicht minder hektische Stadt: „Aber ich wohnte viel ruhiger." Nicht direkt in der City, sondern südlich der Themse. Die Assistentin beginnt im Pressereferat des Konsulates und entdeckt ihre große Leidenschaft: „Die Pressearbeit hat mir wahnsinnig viel Spaß gemacht", erinnert sich Andrea Waldau – bis heute ist sie dabei geblieben.

Man muss improvisieren können

Nach einem weiteren Aufenthalt in Berlin und New York – Andrea Waldau ist mittlerweile verheiratet – hat sie von dem Leben in Metropolen erst einmal genug. Sie möchte unbedingt nochmal an eine kleine Vertretung wechseln. Die Eheleute schauen sich um und werden in einem kleinen Binnenstaat im südlichen Afrika fündig. Dort sucht das Auswärtige Amt für zwei Stellen an der deutschen Botschaft Nachbesetzungen. Gemeinsam mit ihrem Mann bricht Andrea Waldau 2011 erneut die Zelte in Deutschland vorübergehend ab, um als Assistentin an der deutschen Botschaft in Lilongwe zu arbeiten.

An der deutschen Botschaft ist ihr Aufgabengebiet vielfältig: „ein Bauchladen". Das macht es sehr abwechslungsreich. Sie ist zuständig für die Terminkoordination des deutschen Botschafters Dr. Peter Woeste, erledigt die Korrespondenz und kümmert sich um verschiedene Sachbearbeitertätigkeiten. Neben diesen administrativen Aufgaben bereitet sie Delegationsbesuche vor, beantwortet

Pressegespräch: Mit diesen 5 Tipps sorgen Sie für gute Publicity

1. Setzen Sie den Fokus Ihrer Einladung auf den Informationswert für die Leser – nicht auf Ihr Produkt

Wenn Sie Rasenmäher-Roboter herstellen, achten Sie darauf, dass Sie über die Erleichterungen sprechen, die das Produkt bietet – und nicht darüber, wie technisch neu der Akku aufgebaut ist. Weisen Sie auch auf die Verpflegung hin. Das zieht immer ein paar Journalisten an. Ihre Einladung kann etwa so aussehen:

Bei Ihren Presseeinladungen gilt: Stellen Sie den Produkt-Nutzen für den Kunden in den Vordergrund

Guten Tag, Herr Schreiber,

zu unserem diesjährigen Journalistengespräch am Mittwoch, den 10.08.2018, um 10 Uhr laden wir Sie recht herzlich ein.

Gemeinsam wollen wir darüber sprechen, wie unser neuer Rasenmäher-Roboter Senioren die Gartenarbeit erleichtern kann. Ob Reinigung, Wartung oder Anschluss an das Akku-Ladegerät: Das Gerät beansprucht nur ein Minimum an körperlichem Einsatz. Lassen Sie sich überraschen!

Im Anschluss an das Gespräch warten kulinarische Köstlichkeiten auf Sie.

In der nächsten Woche rufen wir Sie an, um Ihre Teilnahme zu erfragen.

Viele Grüße nach München

2. Schreiben Sie so gut wie möglich vor
Auch Journalisten sind viel beschäftigt. Je leichter es für sie ist, eine Pressemitteilung zu nutzen, ohne sie mit viel Aufwand umzuschreiben, desto wahrscheinlich werden sie das tun. Bereiten Sie Presseberichte möglichst druckreif vor, und geben Sie sie sowohl in Papier- als auch in Dateiform nach der Veranstaltung mit.

3. Stellen Sie Zusatzinformationen zur Verfügung
Selbstverständlich gibt es aber auch Journalisten, die noch etwas ändern möchten. Achten Sie darauf, dass dafür genügend Informationen vorhanden sind. Legen Sie in Ihre Pressemappen Informationen zu Ihrem Produkt bei.

4. Behandeln Sie die Journalisten wie Ihre Kunden
Sorgen Sie dafür, dass die Journalisten sich während des Pressetermins wohlfühlen. Bieten Sie, wie bei einer Kundenveranstaltung, Getränke und etwas zu essen an.

5. Bedanken Sie sich nach der Veröffentlichung bei den Journalisten
Schreiben Sie einen Dankesbrief, eine E-Mail oder verschicken Sie ein kleines originelles Give-away. Das sollte allerdings eher im unteren Preisbereich liegen, damit es nicht wie eine Bestechung wirkt.

aus: „Moderne Geschäfts-Korrespondenz"
Autorin: Claudia Marbach

STARKE NERVEN. KOMPETENZ. EMPATHIE.

Wirtschaftsanfragen und holt Überfluggenehmigungen ein. Auch die Pressearbeit fällt in ihren Bereich, beispielsweise das Schreiben von Pressemitteilungen und das Pflegen der Internetseite. Und weil das Team in der Vertretung nur klein ist, ist sie auch Ansprechpartnerin für IT-Fragen, beispielsweise wenn ein Drucker nicht funktioniert oder wenn die Server-Verbindung wegen eines der häufigen Stromausfälle in dem afrikanischen Staat gestört ist. „Hier wird es nie langweilig, denn selten läuft irgendetwas gleich ab", sagt Andrea Waldau. „Man muss improvisieren können."

Mit Botschafter Dr. Peter Woeste arbeitet Andrea Waldau von Beginn ihres Aufenthaltes an zusammen und schätzt das berufliche Miteinander sehr: „Er lässt mir die Freiheiten, meine Aufgaben so einzuteilen, wie es die Vielfalt der Bereiche erfordert." Auch der Botschafter schätzt das Organisationstalent seiner Assistentin: „Wir müssen uns gar nicht erst umständlich absprechen. Der Tag ist bereits perfekt organisiert, wenn ich ins Büro komme. Termine geregelt, Briefe entworfen, Fahrer bestellt."

Eine von Andrea Waldaus vielfältigen Aufgaben ist es, die Fahrer der Botschaft einzuteilen.

Die Arbeit in einem der ärmsten Länder der Welt ist nicht immer einfach. „Die Armut und die lebenswidrigen Umstände hier können schon sehr frustrierend sein." Auch darüber kann Andrea Waldau mit ihrem Chef sprechen – und darüber, dass mal wieder ein Behördengang ganz anders verlief, als er es gestern noch tat, und niemand den Grund weiß und sich deshalb die Dinge unnötig in die Länge ziehen. „Ich habe gelernt, dass es wenig nutzt und nichts beschleunigt, wenn man an falscher Stelle Druck aufbaut", sagt Waldau. Mit einem Lächeln funktioniert es meist doch einfacher. Aber es gibt auch unglaublich schöne und wertvolle Momente in einem der ärmsten Länder der Welt. Andrea Waldau nennt als Erstes ihr „unglaublich tolles Team bei der Arbeit": „Ich bin selbst eine gute Teamplayerin und brauche solche Leute um mich herum." Und nicht nur bei der Arbeit versteht sich Andrea Waldau mit ihren malawischen Kolleginnen und Kollegen. Kürzlich war sie bei einem Fahrer der Botschaft auf der Hochzeit eingeladen. „Ein rauschendes, herzliches und beeindruckendes Fest", schwärmt Andrea Waldau. „Ich finde es nicht selbstverständlich, dass ich das erleben und daran teilhaben durfte." Wenn das mal kein Lächeln wert ist …

Annette Rompel, Redaktion

Fotos: Johannes Scharlau, Malawi

3 Tipps für ein effektives E-Mail-Management, wenn Ihr Chef abwesend ist

Wenn Ihr Chef häufig nicht im Büro ist, sollten Sie mit ihm unmissverständlich vereinbaren, wie Sie beide mit den E-Mails umgehen, die er während seiner Abwesenheit erhält. Je klarer Ihre Absprache ist, desto besser funktioniert die Chefentlastung.

Tipp 1: Sortieren Sie die E-Mails nach „bearbeitet", „unbearbeitet" und „zur Info"
Verschieben Sie die E-Mails, die Sie selbst bearbeitet oder an Kolleginnen und Kollegen weitergeleitet haben, in einen Ordner, den Sie „Bearbeitet" nennen. In einem zweiten Ordner „Unbearbeitet" speichern Sie die E-Mails, um die sich Ihr Chef nach seiner Rückkehr selbst kümmern muss. In den dritten Ordner „Zur Info" verschieben Sie alle E-Mails, bei denen nichts zu tun ist. Ihr Chef hat so alles im Blick, was zu erledigen ist, wenn er wieder im Büro ist.

Tipp 2: Ordnen Sie die unbearbeiteten E-Mails nach Priorität
Arbeiten Sie mit den roten „Fahnen" in Outlook oder alternativ mit den Farbkategorien. Damit markieren Sie zum Beispiel dringende E-Mails rot und weniger dringende grün. Auch haben Sie die Möglichkeit, den Farbkategorien Namen zu geben, etwa „dringend" oder „Terminanfrage". So kann Ihr Chef sofort erkennen, welche E-Mails er zuerst bearbeiten muss.

Tipp 3: Formulieren Sie Antwortschreiben vor und speichern Sie sie in den Entwürfen
Wenn es E-Mails gibt, die Ihr Chef selbst verschicken oder in denen er noch Informationen ergänzen muss, können Sie diese Schreiben schon vorbereiten. Speichern Sie die E-Mails in seinen Entwürfen und markieren Sie die dazugehörige E-Mail in seinem Posteingang entsprechend (zum Beispiel mit der Farbkategorie blau, die Sie mit „Antwortschreiben" benennen). So erkennt er, dass Sie das Antwortschreiben bereits verfasst haben und er es sofort bearbeiten kann.

aus: „Assistenz & Sekretariat heute"
Autorin: Dunja Schenk

STARKE NERVEN. KOMPETENZ. EMPATHIE.

ANDREA ALBRECHT UND NADINE LINDNER, ASSISTENTINNEN DES VORSITZENDEN DER GESCHÄFTSFÜHRUNG DER MESSE MÜNCHEN GMBH, MÜNCHEN

Ein starkes Duo für globales Business

Wo sich die Welt zum Präsentieren, Kaufen und Verkaufen trifft, ist immer was los – ein Messeplatz ist eine höchst turbulente Arbeitsstelle. Fast unsichtbar bleibt, dass hinter dem geschäftigen Trubel eine straffe Organisation steckt, die professionelle Teamplayer braucht. Andrea Albrecht und Nadine Lindner gehören dazu.

Drei, die sich verstehen: Auf Anhieb ist die gute Stimmung in dem Spitzenteam zu spüren, hoch über dem künstlichen See auf dem riesigen Münchner Messegelände. Es wird gelacht, beim Fototermin sind alle ein bisschen aufgeregt und das Trio freut sich gleichermaßen über das Interesse an der Arbeit. Klaus Dittrich und seine beiden Assistentinnen Andrea Albrecht und Nadine Lindner lieben ihre Aufgaben. Sie mögen die Dynamik, die durch die Büros geht, wenn sich die Wirtschaftswelt in München trifft, sie mögen die Internationalität der Top-Messen, die – seit Neuestem – sogar bis nach Moskau exportiert werden, und sie schätzen die Begegnungen mit den vielen, vielen Menschen, die das Messegeschäft mit sich bringt. Man fühlt sich wohl in diesem Team. „Bei uns geht es ständig um Kommunikation", sagt Klaus Dittrich. Als Vorsitzender der Geschäftsführung der Messe München ist er maßgeblich verantwortlich für den Erfolg des Messestandorts in der Isarmetropole. Mit mehr als 40 Messen, einige davon im Ausland, haben die 700 Mitarbeiterinnen und Mitarbeiter am Standort München (weltweit: 900) ein gewaltiges Event-Aufkommen zu organisieren. Das tun sie im Osten der Landeshauptstadt auf einer Freifläche von rund 425.000 Quadratmetern sowie demnächst 18 Hallen und 200.000 Quadratmetern

STARKE NERVEN. KOMPETENZ. EMPATHIE.

„Jede Messe hat eine ganz andere Klientel", erzählt Nadine Lindner, die sich gerade für die kommende bauma „warmläuft".

Ausstellungsfläche – das zusammen ist Rekord in Deutschland. Die Branchen, die sich hier treffen, kommen aus den Bereichen Investitionsgüter, Konsumgüter und Neue Technologien. Die dazugehörigen Messen heißen bauma und EXPO REAL, Internationale Handwerksmesse, ISPO, electronica oder IFAT, um nur einige zu nennen, die weit über Deutschland hinaus einen Namen haben. Wenn Nadine Lindner von ihrem Job bei der Messe München erzählt, erlebt sie oft eine

Messe München GmbH

Die Münchner Messe- und Ausstellungsgesellschaft (MMG) wurde am 1. April 1964 gegründet. Gesellschafter sind die Stadt München, der Freistaat Bayern, die Industrie- und Handelskammer für München und Oberbayern sowie die Handwerkskammer für München und Oberbayern. Heute ist die Messe München eine weltweit agierende Messegesellschaft mit mehr als 40 Fachmessen am Standort München und im Ausland, darunter zehn internationale Leitmessen. Sie veranstaltet Fachmessen in China, Indien, der Türkei, Südafrika und Russland. Mit Beteiligungsgesellschaften in Europa, Asien und Afrika sowie über 60 Auslandsvertretungen, die mehr als 100 Länder betreuen, ist die Messe München weltweit präsent. Aussteller und Besucher der Messeveranstaltungen generieren pro Jahr einen bundesweiten Gesamtumsatz von 2,63 Milliarden Euro und erzeugen ein Gesamtsteueraufkommen in Höhe von 490 Millionen Euro.

STARKE NERVEN. KOMPETENZ. EMPATHIE.

Andrea Albrecht kümmert sich um die Sportmesse ISPO und um die Inhorgenta, bei der es um Schmuck und Uhren geht.

Begeisterung bei ihrem Gegenüber; die meisten Menschen können sich gut vorstellen, wie spannend es sein muss, in solch einem Umfeld zu arbeiten.

Und ihre Kollegin Andrea Albrecht erzählt, dass sie aus der Reaktion häufig auf den Beruf oder das Hobby ihres Gegenübers schließen kann: „Meist kommt sofort der Name einer unserer Messen, ‚Ach ja, die ISPO' zum Beispiel, dann weiß ich schon, aha, der macht was mit Sport."

Richtig viel zu tun – zum Glück für zwei

Die Doppelbesetzung des Sekretariats ist, natürlich, dem großen Arbeitsaufwand geschuldet. Klaus Dittrich ist in der Funktion als Vorsitzender der Geschäftsführung auch für die Gesamtleitung und Koordination des Konzerns Messe München zuständig. Er leitet die Zentralbereiche Unternehmensstrategie und Personal sowie die Abteilungen Unternehmensmarketing und Unternehmens-PR; „seine" Messen sind die bauma, die ISPO München, die ISPO Beijing, die ISPO Shanghai, die Inhorgenta und die EXPO REAL. Wenn gerade eine Messe stattfindet, erfordert das im Grunde einen Rund-um-die-Uhr-Einsatz, denn solche großen Events mit bis zu 3.400 Ausstellern und über 500.000 Besuchern aus mehr als 200 Ländern wie bei der bauma, der größten Messe der Welt, lassen sich nun mal nicht von „Nine to Five" bewältigen. Ständige Erreichbarkeit gehört für den Top-Manager zum Job. Nicht selten bedeutet das auch für seine Assistenz noch Einsätze nach Feierabend. Und zwei Mitarbeiterinnen fangen eine solche Anforderung nun mal deutlich besser ab als nur eine.

Jede hat „ihre" eigenen Messen
Mit klaren Zuständigkeiten, fair verteilten Aufgabenbereichen und der Bereitschaft, jederzeit für die andere einzuspringen, behalten Andrea Albrecht (38) und Nadine Lindner (36) das große Arbeitsvolumen im Griff. Neben der klassischen

---

3 Tipps, wie Sie die Herausforderung Doppelsekretariat meistern

1. **Sorgen Sie für eine gute Aufgabenteilung**
   In der Praxis gibt es Doppelsekretariate mit klaren Aufgabenteilungen, in anderen Büros macht jeder alles, so wie es kommt. Beides hat Vor- und Nachteile. Ich empfehle Ihnen eine klare Aufgabenteilung. So können einzelne To-dos effektiver bearbeitet werden, weil geklärt ist, wer der Ansprechpartner ist und somit auch in der Verantwortung steht. Zudem gibt es sicherlich auch in Ihrem Doppelsekretariat Tätigkeiten, die Ihre Kollegin oder Ihr Kollege lieber macht als Sie und andersherum. Wenn Sie die Aufgaben nach den jeweiligen Stärken verteilen, kommt jeder in den Genuss, diese Tätigkeiten, die man besonders mag, auch allein zu verantworten. Nicht alle To-dos im Office sind dazu geeignet, klar verteilt zu werden: Wenn Sie gerne die Post bearbeiten, die Frühdienste aber mit Ihrer Kollegin oder Ihrem Kollegen abwechseln, würde sich eine späte Postbearbeitung negativ auf das Unternehmen auswirken. Beachten Sie außerdem, dass Ihre Kollegin oder Ihr Kollege auch dann, wenn Sie krank oder im Urlaub sind, wissen muss, wie welche Aufgaben erledigt werden müssen.

2. **Organisieren Sie Ihre Übergabe**
   In einem Doppelsekretariat bietet es sich an, versetzt zu arbeiten. Gerade bei längeren Bürozeiten ist so sichergestellt, dass jederzeit eine Kollegin anwesend ist und sich die Überstunden in Grenzen halten. Wichtig ist, dass Sie die Überschneidungszeiten täglich für eine kurze Übergabe nutzen. Sprechen Sie folgende Dinge ab:
   - Welche Aufgaben sind derzeit noch offen?
   - Welche Rückmeldungen des Chefs stehen noch aus?
   - Welche Feedbacks von internen Kollegen oder externen Kunden sind noch offen?

Sekretariatsaufgabe, den Chef zu managen, haben beide ihre eigenen Messen als Projekte. Die Kollegin betreut die bauma, eine Weltleitmesse für alles rund um Baumaschinen, und die EXPO REAL, eine Fachmesse für Immobilien. Bei schönem Wetter genüge ein Blick in die Biergärten zwischen den Hallen, um die jeweiligen Zielgruppen der Messen schon äußerlich leicht zuordnen zu können. Jung und bunt, das ist das sportliche ISPO-Publikum, elegante dunkle Anzüge, das sind die EXPO REAL-Aussteller. Wer sich für Baugeräte und Bergbau interessiert, ist auch leicht zu erkennen, die Schmuck- und Uhren-Liebhaber sind ebenfalls schnell ausgemacht. Diese Vielfalt der Zielgruppen sowie die Internationalität

- Welche Termine oder Besprechungen stehen an? Wie weit ist alles schon vorbereitet?
- Welche neuen Themen kamen auf und an welcher Stelle könnte es Fragen geben?

3. Kommunizieren Sie mit Ihrer Kollegin oder Ihrem Kollegen, um peinliche Situationen gar nicht erst entstehen zu lassen

Gerade wenn sich Ihre und die Arbeitszeit Ihrer Kollegin nur wenig überschneiden, müssen Sie viel schriftlich kommunizieren, um auf den gleichen Wissensstand zu kommen. Denken Sie immer daran: Ihr Chef sollte am besten gar nicht merken, dass Sie gewechselt haben. Beachten Sie dabei Folgendes:

- Machen Sie Randnotizen in Akten und Geschäftsvorgängen.
- Informieren Sie sich gegenseitig, welche Aufgaben Sie gerade bearbeiten. Selbst wenn die Kollegin die Aufgabe nicht weiterbearbeiten muss, sollte sie im Bedarfsfall über den Bearbeitungsstand Auskunft geben können.
- Richten Sie ein System ein, in dem Sie schon tagsüber Informationen oder Aufgaben an die Kollegin weitergeben. Die Aufgabenfunktion in Outlook eignet sich hierfür zum Beispiel sehr gut. Erstellen Sie Aufgaben für Ihre Kollegin und gestatten Sie ihr Zugriff auf Ihre Aufgabenliste, damit sie sieht, wo Sie gerade stehen, auch wenn Sie nicht anwesend sind.
- Deponieren Sie Akten an vereinbarten Plätzen. Verschieben Sie E-Mails in Unterordner nach einem gemeinsam festgelegten Prinzip. Das gilt auch für die Papier-Ablage. Eine gute Absprache verhindert lange Suchzeiten und genervt wartende Chefs oder Kollegen.

aus: „Assistenz & Sekretariat heute"

Autorin: Dunja Schenk

von Ausstellern und Publikum sind ein großer Reiz der spannenden Projektarbeit. Andererseits verlangt der Job auch eine besondere Konzentration und die Fähigkeit, sich ganz und gar auf spezielle Anforderungen einzustellen. Damit das gewährleistet ist, haben die beiden Geschäftsführungsassistentinnen gemeinsam eine Arbeitsstruktur entwickelt, die ihnen genau diese Konzentration ermöglicht.

„Wir wechseln uns wöchentlich mit dem Backoffice-Management für Herrn Dittrich ab, damit die andere sich hauptsächlich um die eigenen Projekte kümmern kann." Das funktioniere hervorragend, sagen beide und betonen zugleich, dass das nur mit einer gewissen Flexibilität machbar sei: „Natürlich weiß die andere immer, was gerade Sache ist, mit einem Ohr bekommt man das ja mit. Und kann auch jederzeit einspringen oder dazukommen, wenn das doch mal erforderlich ist." Für die Post und die gesamte Unterlagenverwaltung haben sie ein System entwickelt, das beide stets auf dem Laufenden hält, auch wenn nicht beide gerade aktiv an der Sache dran sind. Urlaubsvertretung oder auch mal Krankheitstage sind auf diese Weise problemloser zu managen, und für Klaus Dittrich ist es höchst angenehm, nach Zuständigkeiten gar nicht erst fragen zu müssen: „Ich lege die Unterlagen in die Mitte und kann sicher sein, dass Frau Lindner und Frau Albrecht das bestens miteinander organisieren." Selbstständiges Arbeiten ist unabdingbar für einen Tagesablauf, bei dem die Zeit des Chefs fast schon minütlich in Termine, Besprechungen und Geschäftsreisen eingeteilt ist. Rund ein Drittel der Arbeitszeit sei er wohl in der Welt unterwegs, schätzen alle drei. Schließlich findet zum Beispiel die bauma nicht nur alle drei Jahre in München, sondern auch noch in Shanghai, Delhi und Johannesburg statt – und in diesem Jahr Ende Mai erstmals sogar die Neuerwerbung CTT in Moskau: „Sie ist der bedeutendste Zukauf in unserer Messegeschichte", freut sich Klaus Dittrich. Die Top-Veranstaltungen der Messe München sind Global Player, sie wandern regelmäßig aus: nach China, Indien, nach Südafrika, in die Türkei und demnächst nach Russland. Da sind Besuche, Gespräche, Verhandlungen vor Ort notwendig, und während Klaus Dittrich unterwegs ist, regeln Andrea Albrecht und Nadine Lindner das ganze Drumherum von der Messestadt aus. Der Arbeitstag der beiden beginnt um 8 Uhr, eine Stunde früher etwa, als der Chef ins Büro kommt. Das bedeutet eine Stunde relativer Ruhe, für die beide sehr dankbar sind, denn das ist doch ein eher seltener Modus im Messe-Management. Klaus Dittrich kommt um 9 Uhr ins Büro, dann sind seine Unterlagen für den Tag schon vorbereitet und die Termine überprüft. Schnelle Absprachen finden ständig statt, von Chefbüro zu Vorzimmer und umgekehrt. Strategischer wird es einmal die Woche, wenn sich das Trio zusammensetzt. „Wir sind schon sehr eingespielt", sagt das Team.

„Wir funktionieren einfach gut zusammen." Das sagen alle drei, Geschäftsführer Klaus Dittrich und seine beiden Mitarbeiterinnen, von ihrer Zusammenarbeit.

„Jede Messe hat eine ganz andere Klientel", ergänzt Nadine Lindner, die sich gerade für die kommende bauma „warmläuft". Andrea Albrecht kümmert sich um die Sportmesse ISPO und um die Inhorgenta, bei der es um Schmuck und Uhren geht. Wenn der Kalender so richtig dicht ist, wird das Dreier-Meeting auch mal verschoben, die große Übersicht geht dennoch nie verloren. Auf die Professionalität seiner beiden Mitarbeiterinnen in der Assistenz kann Klaus Dittrich sich voll und ganz verlassen.

Die richtige Berufserfahrung – und die richtige Ausstrahlung

Schon die Lebensläufe von Andrea Albrecht und Nadine Lindner verraten, dass hier zwei zielstrebige, lernbereite und sehr flexible „Teamplayer" für das Top-Management-Büro engagiert wurden. Jeweils die gleiche Headhunting-Agentur hat die beiden Assistentinnen für die Vorstellungstermine ausgewählt und damit genau richtig gelegen. Andrea Albrecht hat nach der Mittleren Reife zunächst eine dreijährige Ausbildung zur Verwaltungsfachangestellten im bayerischen Weilheim-Schongau absolviert, dann Fortbildungen in den Bereichen Bürokommunikation, Vertrieb und Marketing gemacht, um sich schließlich für eine Assistenz-Karriere zu entscheiden. Nach Positionen als Einzel- und als Teamassistenz wurde sie Vorstandsassistentin bei einer Bank, bevor sie Anfang 2011 von der Messe München als Assistentin des Vorsitzenden der Geschäftsführung engagiert wurde. Ihre Kollegin Nadine Lindner kam im September 2014 in gleicher Position hinzu.

Bei dem Mode-Label Louis Vuitton war die 36-Jährige zuvor Assistentin der Geschäftsführung, davor arbeitete sie selbstständig als Event- und Marketing-Managerin. Ihr beruflicher Ausgangspunkt war nach dem Realschulabschluss eine Ausbildung zur Hotelfachfrau und eine Fortbildung zur Event-Managerin, verschiedene Assistenzpositionen folgten. Berufserfahrung in allen jetzt relevanten Aufgabenbereichen liegt bei dem eingespielten Duo also reichlich vor, selbstverständlich ist das Voraussetzung für einen so verantwortungsvollen Job. Für den Vorgesetzten Klaus Dittrich ist aber noch etwas anderes entscheidend: „Meine beiden Mitarbeiterinnen haben ein sehr freundliches, fröhliches Naturell, und trotzdem können sie auch mal Nein sagen, das ist bei unserer Arbeitsbelastung durchaus öfter mal notwendig. Ich bekomme hausintern und von außen über ihr Auftreten nur positive Rückmeldungen. Darauf lege ich großen Wert, denn das Vorzimmer ist schließlich auch die Visitenkarte des Chefs." Natürlich habe er zu Beginn seine Erwartungshaltung formuliert, aber dann lief eigentlich alles sehr schnell sehr reibungslos. „Wir funktionieren einfach richtig gut zusammen", finden alle drei. „Unser Chef ist ein wirklich sehr, sehr umgänglicher Mensch, Unfreundlichkeit gibt es bei ihm nicht. Und selbstständiges Arbeiten ist nicht nur uns, sondern auch ihm sehr wichtig", ergänzt das Duo. Die Ausgeglichenheit verdanken alle drei womöglich auch einer sehr sportlichen Freizeit. Nadine Lindner engagiert sich als begeisterte Schwimmerin ehrenamtlich bei der Wasserwacht, Andrea Albrecht kann beim Reiten so richtig abschalten, und Klaus Dittrich liebt nicht nur die Literatur, die er neben Politikwissenschaften studiert hat, sondern findet auch immer noch Zeit fürs Bergsteigen und Skifahren. Trotz der großen Verantwortung rund um das millionenschwere Messegeschäft hat sich das Trio eine Leichtigkeit und Freude an der Zusammenarbeit bewahrt, die auch von gegenseitiger Aufmerksamkeit lebt. Als Nadine Lindner sich im August 2014 bei Klaus Dittrich zum Vorstellungsgespräch einfand, begrüßte der sie mit einem Blumenstrauß – es war ihr Geburtstag. Ein paar Stunden später kam der erlösende Anruf, dass sie den Job bekommen sollte, denn nicht nur Klaus Dittrich hatte sie überzeugt, sondern auch Andrea Albrecht war sich hundertprozentig sicher, („Das ist die Richtige") – einen besseren Start in ein Team gibt es wohl kaum.

Kirsten Wolf, Journalistin

Fotos: Simone Naumann

STARKE NERVEN. KOMPETENZ. EMPATHIE.

LISA-KATHERINA SCHUTTER, ASSISTANT TO DR. ING.
BERNHARD KLUMPP, CONTINENTAL TEVES AG, FRANKFURT

Ordnung ist das ganze Leben

Die frühe Bewunderung für eine Sekretärin zeichnete ihren Berufsweg vor: Lisa Schutter hatte eine Karriere im Büromanagement immer vor Augen. Mittlerweile ist sie erste zertifizierte Kaizen Service Managerin beim Automobilzulieferer Continental. Ein Besuch in einer perfekt organisierten Office-Welt.

Ein kurzer Blick in Lisa Schutters Büro genügt, um zu wissen, hier hat alles seinen Platz. Der ergonomische Schreibtisch auf Brusthöhe glänzt mit viel Freifläche. Einzig der Rechner, ein Telefon und drei Wiedervorlagemappen sind darauf zu finden, eine rote, eine gelbe und eine grüne. In riesigen Buchstaben ist darauf eine Prioritäten-Stufe zu lesen: Rot für eilig, gelb für weniger eilig. Und alles, was in der grünen Mappe liegt, hat etwas mehr Zeit. „Eine Kollegin, die hier neu beginnt, könnte mich ohne eine langwierige Übergabe vertreten", sagt die junge Frau am Schreibtisch. In den Schränken ist das Büromaterial präzise gestapelt und geordnet. Ein kleines Fähnchen zwischen dem Stapel an Haftnotizen markiert, wann eine Bestellung für neue Haftnotizen ausgelöst werden muss.

Auch die Rückenschilder von den wenigen Ordnern, die in dem Büro zu finden sind, haben eine farbige Markierung, Blau für Personal, Grün für Finance. Alle Fächer sind beschriftet, selbst einem Büro-Fremden ist glasklar, wo welche Materialien zu finden sind. Willkommen in der Welt des Kaizen, willkommen in der Welt von Lisa Schutter. Die 34-Jährige arbeitet bei dem Automobilzulieferer Continental in Frankfurt. Dort organisiert sie nicht nur ihren Chef, Dr. Bernhard Klumpp. Ihre Aufgabe als Lean Admin Coach ist es auch, Prozesse zu optimieren. Und das geht am Besten mit Analyse und Struktur.

Kaizen im Office – in 5 Schritten zur Vereinfachung

Kaizen (aus dem Japanischen übersetzt „Wandel zum Besseren") bezeichnet sowohl eine japanische Arbeits- und Lebensphilosophie als auch ein methodisches Konzept, mit dem Ziel der kontinuierlichen Verbesserung. Die ständige Optimierung der Arbeitsabläufe und Informationsflüsse im Büro sowie die Vermeidung bzw. Reduzierung von Durchlaufzeiten soll zur Effizienzsteigerung im Unternehmen führen. Die Methode kommt ursprünglich aus der Produktion, ist aber ohne Weiteres auch auf das Büroumfeld übertragbar. Sie wird mittlerweile von vielen Unternehmen erfolgreich angewendet.

Kaizen erfolgt in 5 Schritten
Bei dem bekanntesten Kaizen-Tool, der sogenannten 5SMethode, handelt es sich um eine 5-stufige Vorgehensweise zur Neuplanung von sauberen, sicheren und standardisierten Arbeitsplätzen.

- Schritt 1: Seiri Ordnung schaffen
- Schritt 2: Seiton Ordnung halten
- Schritt 3: Seiso Sauberkeit
- Schritt 4: Seiketsu Standardisieren
- Schritt 5: Shitsuke Disziplin

So können Sie die Schritte auch in Ihrem Büro anwenden:

Schritt 1: Ordnung schaffen
Entfernen Sie alles, was nicht mehr gebraucht wird. Gehen Sie alle Schränke und Regale durch. Dort finden sich sicher einige Ordner und Dokumente, die nicht mehr benötigt werden. Alles, was Sie seit Längerem nicht benutzt haben, kann weg. Wenn Sie sich nicht sicher sind, ob die Unterlagen direkt weggeworfen werden können, packen Sie sie in eine Kiste im Archiv und beschriften Sie sie mit dem heutigen Datum. Wenn Sie im kommenden Jahr nichts davon benötigt haben, können Sie die komplette Kiste auch entsorgen. Kleiner Tipp wie Sie die jeweiligen Aufbewahrungsfristen im Blick behalten: Reisekostenabrechnungen müssen beispielsweise 10 Jahre aufbewahrt werden. Beschriften Sie den Reisekostenordner aus dem Jahr 2015 direkt mit dem Hinweis „zu vernichten nach dem 31.12.2025". Damit ist klar, wann der Ordner wirklich entsorgt werden kann, und es muss dann nicht erneut geprüft werden.

Schritt 2: Ordnung halten
Wenn Sie Ordnung geschaffen haben, gilt es nun, diese Ordnung auch grundsätzlich beizubehalten. Dazu hilft es, wenn Sie sinnvolle Strukturen an Ihrem Arbeitsplatz schaffen: Alles was Sie täglich zum Arbeiten brauchen, sollte in der unmittelbaren Nähe Ihres

Arbeitsplatzes verbleiben, aber nicht stören. Alles, was Sie nur ein paar Mal pro Woche brauchen, kann in Schränke oder Regale geräumt werden. Arbeitsgeräte wie Locher und Tacker sollten nicht auf dem Schreibtisch stehen, sondern in einer Schreibtischschublade verstaut werden. Sollten Sie eine Wiedervorlagemappe haben, lagern Sie auch diese in einen Schrank, denn Sie müssen nur einmal täglich Ihre Unterlagen dort herausholen.

Schritt 3: Sauberkeit

Dieser Schritt ist im Büroumfeld wohl der einfachste: Hier geht es darum, dass Ihr Arbeitsplatz sauber gehalten werden sollte. Die meisten Büros haben hierfür Reinigungsservices, die diese Aufgabe übernehmen. Achten Sie darauf, dass Ihr Schreibtisch abends aufgeräumt ist. In vielen Unternehmen dürfen Reinigungskräfte aus versicherungsrechtlichen Gründen nichts anfassen und können somit nur an den zugänglichen Stellen putzen. Übrigens: Für die tägliche Sauberkeit und Ordnung in den Gemeinschaftsräumen, wie z. B. Teeküche, hat sich in vielen Büros das Konzept des „Ordnungsdienstes" bewährt: Unter den Kolleginnen und Kollegen wird dabei reihum wechselnd die Zuständigkeit für die gemeinsam genutzten Räume aufgeteilt.

Schritt 4: Legen Sie Standards fest

Machen Sie Standards zur Gewohnheit. Legen Sie Standards für Arbeitsmittel und für das Aufgabenmanagement fest. Jedes Arbeitsmittel sollte einen Platz haben und dort auch permanent aufbewahrt werden. Feste Plätze reduzieren Suchzeiten und Aufräumzeiten. Bei Büromaterialschränken, Equipment von Besprechungsräumen etwa, können Sie die geschaffenen Strukturen mit Fotos dokumentieren und an der Stelle zur Orientierung aufhängen. Das bietet sich vor allem dann an, wenn diese Dinge von mehreren Personen benutzt werden. Übrigens: Auch jeweils ein Bestuhlungsplan für Sitzungsräume kann Wunder wirken. Dann kann niemand mehr sagen, er habe nicht mehr gewusst, wie die Tische stehen sollen. Auch für das Aufgabenmanagement können Sie Spielregeln festlegen. Definieren Sie zum Beispiel an welche Stelle Ihre Kollegen Aufträge für Sie deponieren sollen oder wie oft das Telefon Ihres Chefs klingeln darf, bevor Sie den Anruf übernehmen.

Schritt 5: Disziplin

Der letzte Schritt ist der schwierigste und im eigentlichen Sinne eher ein anhaltender Prozess. Die etablierten Strukturen sollten nun stetig eingehalten werden und im Sinne von Kaizen auch immer wieder angepasst und verbessert werden. Legen Sie fest, wann Sie die gesamte Abfolge der einzelnen Schritte wiederholen möchten und holen Sie sich auch das Feedback von Ihren Kolleginnen und Kollegen oder Ihren Chefs ein, wie sie mit Ihren Abläufen zurechtkommen.

aus: „Mein Assistentinnen-Coach"
Autorin: Dunja Schenk

STARKE NERVEN. KOMPETENZ. EMPATHIE.

Ein Kindheitstraum wird wahr

Schon nach wenigen Sätzen wird deutlich, dass im Leben von Lisa Schutter Ziele eine wichtige Rolle spielen. Das war schon in der Schule so. Sie wächst im Badischen auf, Vater und Großvater sind in der Automobilbranche tätig. Lisa bewundert die Sekretärin ihres Vaters: „Als ich ihn einmal an seinem Arbeitsplatz besuchte, sprach seine Sekretärin gerade am Telefon mit einem Geschäftspartner Englisch, zwei Sekunden später wechselte sie mühelos ins Französische". Was für eine tolle Frau, dachte sich die Schülerin. Nach ihrem Abitur beginnt sie an der Heidelberg International Business Academy ein Studium im Bereich International Office Management. Das Ziel steht fest, ein internationaler Konzern soll ihr Arbeitgeber werden. Lisa Schutter versendet nur wenige Bewerbungen, doch schon bald erhält sie eine Zusage von einer namhaften Unternehmensberatung in Düsseldorf. Ein Automobilzulieferer im badischen Örtchen Wald hat ebenfalls Interesse an ihrer Bewerbung, doch die Berufsanfängerin schlägt das Angebot zunächst aus. Kaum gestartet, merkt die junge Frau schnell: „In diese Welt pas-

Die Continental AG

Als „Continental-Caoutchouc- und Gutta-Percha Compagnie" wird der Konzern 1871 in Hannover als Aktiengesellschaft gegründet. Zunächst konzentriert man sich auf die Herstellung von Gummiwaren und Automobil-Luftreifen, die das Unternehmen allmählich perfektioniert. Ab den 1990er Jahren beginnt der Aufbau des Bereichs Automotive Systems. Im Jahr 1997 präsentiert der Konzern die Schlüsseltechnologie als Voraussetzung für Hybrid-Antriebssysteme. Heute ist die Continental AG weltweit unter den ersten Fünf der Automobilzulieferer mit 208.000 Mitarbeiterinnen und Mitarbeitern in 55 Ländern, mit einem Umsatz von 39,2 Milliarden Euro. Die Continental AG ist Anbieter von Bremssystemen, Systemen und Komponenten für Antriebe und Fahrwerk, Instrumentierung, Infotainment-Lösungen, Fahrzeugelektronik, Reifen und technischen Elastomerprodukten. Der Konzern gliedert sich in die Automotive und die Rubber Group bzw. in fünf Divisionen. In der Division Chassis & Safety, die sich auf moderne Technologien der aktiven und passiven Sicherheit sowie der Fahrdynamik konzentriert, liegt auch die Business Unit Passive Safety & Sensorics, der Verantwortungsbereich von Dr. Bernhard Klumpp. Mit 12.000 Mitarbeiterinnen und Mitarbeitern weltweit ist dieser Bereich einer der größten innerhalb der Division Chassis & Safety. Mehr unter **www.continental-corporation.com**

se ich nicht." Als sogenannte Springer Assistentin wird sie alle zwei Wochen an einer anderen Stelle eingesetzt. Ihre Sprachkenntnisse Englisch, Französisch und Spanisch kann sie nur zum Teil nutzen. „Ich wusste nach wenigen Wochen, dass ich hier nicht lange bleibe." Der Personalleiter des Automobilzulieferers hat Lisa Schutter positiv im Gedächtnis behalten und meldet sich nach wenigen Monaten mit einem neuen Angebot. 2006 beginnt sie als Assistentin des Directors Global Program Management bei der TRW Automotive GmbH. Dort kann sie sich „freischwimmen", so empfindet sie es heute. Ihr Vorgesetzter Bastian Bomme ist für 250 Mitarbeiterinnen und Mitarbeiter verantwortlich, ihre Sprachkenntnisse kann die Jung-Assistentin endlich einsetzen. Das ist ihr auch heute noch sehr wichtig: „Ich liebe Internationalität um mich herum."

Lisa-Katherina Schutter arbeitet gern in einem internationalen Umfeld.

Probleme sind zum Lösen da

Das Jahr 2009 ist kein gutes für die Weltwirtschaft, auch die Automobilbranche leidet. Viele Konzerne bauen Personal ab, bei TRW wird ebenfalls umstrukturiert. Der Arbeitgeber möchte die junge Frau aber nicht verlieren und bietet ihr eine Stelle als Assistenz des Werkleiters in Aschaffenburg an. Lisa Schutter lässt sich auf das Angebot ein, denn auch dort arbeitet sie in einem internationalen Kontext. Der neue Vorgesetzte soll ein Werk in Indien aufbauen und ihre Aufgabe ist es, sein Backoffice in Aschaffenburg zu managen. Eine spannende Zeit, denn nach ihren Erfahrungen in der Zentrale lernt sie nun die Abläufe des operativen Geschäfts kennen. Hier kommt sie auch das erste Mal mit dem Thema Prozessoptimierung in Berührung. „Weil mein Chef nicht da war und es Unstimmigkeiten bei einem Ablauf in der Herstellung gab, habe ich mich selbst auf den Weg in die Produktion gemacht um herauszufinden, an welcher Stelle

STARKE NERVEN. KOMPETENZ. EMPATHIE.

es hakt. Ich sprach mit den beteiligten Ingenieuren und kanalisierte die Informationen an meinen Chef, der in Indien war." Die japanische Fertigungstechnik Kaizen, die die westliche Welt später zur Managementmethode erhoben hat, spielt in der Automobilbranche seit jeher eine große Rolle, ebenso wie das Lean Management. Beides begleitet Lisa Schutter bis heute.

KAIZEN und Lean Management

KAIZEN setzt sich aus den japanischen Worten Kai (Veränderung/Wandel) und Zen (zum Besseren) zusammen und ist ein Verfahren der japanischen Fertigungstechnik. Es stellt einen permanenten Verbesserungsprozess dar, der heute nicht mehr nur in der Produktion von Gütern, sondern auch in der Verbesserung verschiedener Prozesse eingesetzt wird. Grundlage sind dabei die genaue Definition von Arbeitsabläufen und deren Einhaltung und die eigenverantwortliche Vermeidung von verschiedenen Verschwendungsarten (Zeit, Material etc.).

Lean Management lässt sich mit „schlankes Management" übersetzen und ist ein Managementgrundsatz, der die gesamte Wertschöpfungskette von Gütern und Dienstleistungen untersucht, um eine stärkere Kundenorientierung bei konsequenter Kostensenkung zu erreichen.

Weiterbildung als Schlüssel für die Karriere

Ihre Wissbegier zu den Themen Prozessoptimierung und Effizienzsteigerung ist geweckt. Schon immer bildet sich Lisa Schutter auch auf eigene Kosten weiter: „Pro Jahr habe ich mir immer 2000 Euro für Weiterbildung zurückgelegt," erklärt die junge Frau, „das macht sich heute noch bezahlt." Und weil sie neugierig ist und mehr erfahren möchte, begibt sich die Assistentin nach fünfeinhalb Jahren beim Automobilzulieferer auf die Suche nach neuen Herausforderungen. Nach einem kurzen Intermezzo bei einem deutschen mittelständischen Konzern nimmt sie die Unterstützung eines Headhunters in Anspruch. Nur wenige Monate nach der ersten Kontaktaufnahme kann sich Lisa Schutter in Frankfurt vorstellen. Der Automobilkonzern Continental sucht eine Assistentin für ein Mitglied aus dem Management Board. Nach dem Vorstellungsgespräch mit Dr. Bernhard Klumpp ist für beide klar: „Das passt!" 2011 startet sie für den Geschäftsführer Passive Safety & Sensorics. Bis heute sind die beiden ein tolles Team, auch weil sie ähnlich denken und arbeiten: „Wir sind beide sehr effizienzgetrieben und strukturorientiert", erklärt Dr. Bernhard Klumpp, „und es passt auch vom

STARKE NERVEN. KOMPETENZ. EMPATHIE.

Lisa-Katherina Schutter arbeitet seit 2011 mit Dr.-Ing. Bernhard Klumpp bei Continental zusammen.

Bauchgefühl". Wenige Wochen, nachdem die Jungassistentin in Frankfurt gestartet ist, machen beide eine Weiterbildung im Bereich Lean Management. Ihren Chef bewundert die Assistentin für seinen Blick für das große Ganze, „und trotzdem entdeckt er in jeder Präsentation den kleinsten Fehler." Das Miteinander mit dem Chef empfindet sie unterstützend und fordernd zugleich, Lisa Schutter gefällt diese Kombination.

Bernhard Klumpp ist Chef der Business Unit Passive Safety & Sensorics mit weltweit 12.000 Mitarbeitern. Im Continental Konzern kümmert sich die Einheit zum Beispiel um das Thema automatisiertes Fahren. Die Mitglieder des Management-Teams der Business Unit, mit dem auch die Assistentin eng zusammen arbeitet, kommen aus elf verschiedenen Ländern. Darunter sind neben Deutschland, Frankreich, Ungarn und Rumänien auch Korea, Japan, Indien, China, Mexico, die USA und die Philippinen vertreten. Kommuniziert wird ausschließlich auf Englisch. Auch wenn die Assistentin und ihr Vorgesetzter sich Mails schreiben, geschieht das in englischer Sprache, „damit ich keine Zeit für eine eventuell notwendige Übersetzung verliere, wenn ich etwas delegieren muss." Verschwendung jeglicher Art soll schließlich ausgeschlossen sein.

Die Aufgabe, ihren Chef rund um den Globus zu organisieren, ist nicht immer einfach. Der Vorgesetzte verbringt rund 75 Prozent seiner Arbeitszeit außerhalb von Frankfurt bzw. oft außerhalb von Europa. Zweimal pro Jahr trifft sich das Management-Team von Bernhard Klumpp zu einem Meeting. Die 200-köpfige Veranstaltung wird von Lisa Schutter in Eigenregie betreut. Auch das Anmoderieren gehört zu ihrem Job. Wenn die internationalen Kolleginnen und Kollegen sich nicht in Frankfurt treffen, dann kommt es auch vor, dass die Assistentin in den Flieger steigt. Und das ist immer häufiger der Fall. Ihre letzte Dienstreise führte in den Osten Chinas, „nach Liangyungang". Dort moderierte sie ein Training über Process Mapping, denn mittlerweile ist Lean Management ihr Steckenpferd geworden. „Ich schaue mir gern Prozesse an und überlege, wo gibt es Verschwendungsarten und wie können wir den Prozess so aufsetzen, dass er für alle Beteiligten möglichst effizient läuft."

Die digitale Ablage von Dokumenten beispielsweise läuft in allen Sekretariaten der Business Unit weltweit gleich. „Niemand muss mehr lange auf Suche nach Dokumenten gehen, an allen Standorten werden die Dokumente nach der gleichen Struktur verwaltet und abgelegt und alle haben Zugriff", berichtet Lisa Schutter stolz. Kein Wunder, das ist ihr Verdienst. Ihre Fortbildungen in diesem Bereich sind mittlerweile so weit, dass Lisa Schutter die erste zertifizierte Kaizen Service Managerin bei Continental weltweit ist. „Oft kommen die Kollegen auch zu mir und sagen mir, wenn ein Prozess nicht rund läuft," erklärt sie. Dann schaut sie sich den Prozess als Ist- und Soll-Zustand an und überprüft, an welcher Stelle die Lücke klafft.

Nächste Schritte klar vor Augen
Die Moderation und das Weitergeben von Wissen macht der jungen Frau viel Spaß. Daher hat sie vor kurzem ihre Prüfung zum Business Coach an der Fachhochschule in Wiesbaden absolviert. Langfristig möchte sie Jungassistentinnen coachen und ihr Wissen weitergeben. „Ich habe gelernt, dass man weitaus mehr davon hat, wenn man sein Wissen teilt", sagt Lisa Schutter. Und das muss sie auch, denn schließlich möchte sie für ihren Arbeitgeber künftig häufiger auf Reisen gehen und benötigt dann selbst eine Vertretung, die ihren Chef organisiert. Dann wird sie wohl weitere tolle Erfahrungen machen wie die, als sie 2014 im schwedischen Arvidsjaur mit Kollegen ihrer Businessunit Probefahrten auf einem zugefrorenen See machte. „Nur 60 Kilometer vom Polarkreis entfernt, das wird mir ewig im Gedächtnis bleiben." Sicher werden noch viele schöne Erlebnisse wie dieses folgen.

Annette Rompel, Redaktion

Fotos: Peter Nierhoff, Köln

STARKE NERVEN. KOMPETENZ. EMPATHIE.

BAHAR EDES, OFFICE- UND EVENTMANAGERIN BEI DER SMG STANDORTMARKETING-GESELLSCHAFT LANDKREIS MIESBACH MBH, MIESBACH

Job-Start ins Glück

Mitten in einer malerischen Alpenregion leben und arbeiten, das klingt traumhaft schön. Ist es auch, freut sich die junge Office-Managerin, die sich das Gestalten und Bewerben ihrer Region zur beruflichen Aufgabe gemacht hat. Gelernt hat sie das Standortmarketing von der Pike auf, mittlerweile geht es immer mehr in Richtung Event-Management.

Mit 23 Jahren „Dienstälteste" in der Firma – wie geht das denn? Bahar Edes freut sich jedes Mal über die erstaunten Reaktionen, wenn sie dieses Detail aus ihrem Berufsleben erzählt. „Die SMG hat nächstes Jahr ihr Zehnjähriges, ich im übernächsten", erklärt sie. Von Anfang an war die gebürtige Tegernseerin dabei, 15-jährig und frisch von der Schule. Sie hat hier ihre Ausbildung zur Kauffrau für Bürokommunikation absolviert und ist heute selbst mit zuständig für die Azubis bei der SMG – und natürlich für vieles, vieles mehr.

Geboren wurde Bahar Edes am oberbayerischen Tegernsee, in einer der schönsten Regionen Deutschlands. Ein Lieblingsziel für Touristen aus aller Welt, am Fuße der Alpen, die winters zum Skifahren einladen und sommers zum Wandern – mit Wald, Wasser und Wiesen, wohin man schaut. Genau diese Region beschäftigt das Unternehmen, für das Bahar Edes arbeitet, rund um die Uhr. Standortmarketing, das bedeutet in erster Linie, die Wirtschaftskraft des Landkreises Miesbach mit seinen 17 Gemeinden zu fördern. Unternehmen, Arbeitnehmer und Selbstständige sollen hier gute Bedingungen für Wachstum, Beschäftigung und Entrepreneurship vorfinden, dafür vermittelt man bei der SMG zwischen politischen und unternehmerischen Interessen. Mit Netzwerken, Gesprächsforen, (Internet-)Plattformen für eine (gemeinsame) Präsentation, mit Aktionen, die auch die Bürgerinnen und Bürger ansprechen und einbeziehen wollen.

STARKE NERVEN. KOMPETENZ. EMPATHIE.

Nie mehr demotivierte Auszubildende: Das können Sie tun

Immer wieder bekomme ich in meinen Trainings die Frage gestellt, wie man Azubis am besten führt. Viele Office-Professionals haben weder eine Ausbildereignungsprüfung noch Erfahrung mit den sehr jungen Kolleginnen und Kollegen und stehen nun vor der Herausforderung, diese neben der fachlichen und schulischen Ausbildung im Betrieb zu betreuen und zu motivieren. Nicht immer ist es leicht, den Spagat zwischen Fordern und Fördern zu meistern. Schließlich möchte man als Ausbilder authentisch wirken und Kompetenz zeigen, aber gleichzeitig die persönliche Nähe beibehalten. Vielleicht haben Sie auch eine Führungsaufgabe und fragen sich manchmal, wie Sie Ihren Azubi aus der Reserve locken können. Selbst wenn Sie möglicherweise nicht der direkte disziplinarische Vorgesetzte sind, sind Sie eventuell weisungsbefugt und verantwortlich für dessen Aufgaben.

So motivieren Sie Ihren Auszubildenden:

- **Binden Sie Ihren Azubi in die Prozesse ein**

  Ihr Azubi hat sich Ihr Unternehmen ausgesucht, das heißt, er möchte dieses auch mit allen Facetten kennenlernen. Binden Sie ihn in alle Prozesse ein, zeigen Sie ihm die Strukturen, Richtlinien und Abläufe in Ihrem Betrieb. Lassen Sie ihn aktiv an Ihrem Arbeitsalltag teilhaben und delegieren Sie Vorgänge direkt an ihn. Wenn er das Gefühl hat, auch ein entscheidender Teil des Unternehmens zu sein, indem er erste Aufgaben eigenverantwortlich und selbstständig meistert, stärkt dies seine Motivation. Das hilft auch Ihnen, Vertrauen und eine gute Arbeitsbeziehung aufzubauen.

- **Verbinden Sie Theorie und Praxis**

  Neben der praktischen Arbeit sollten Sie keinesfalls den theoretischen Aspekt der Ausbildung vernachlässigen, schließlich muss am Ende die schriftliche Prüfung bestanden werden. Am einfachsten lässt sich die Theorie vermitteln, indem Sie einen Bezug zur Praxis herstellen. Wenn Sie gerade dabei sind, das Buchführungsprogramm zu erklären, bietet es sich beispielsweise an, die einzelnen Abläufe nebenher auf einem T-Konten-Blatt einzuzeichnen. So bekommt Ihr Azubi einen Bezug zu seinem Berufsschulunterricht.

- **Variieren Sie seine Aufgaben**

  Eintönigkeit und Unterforderung sind Motivationskiller. Versuchen Sie, die Aufgaben des Azubis zu variieren und ihm bei einer Problemstellung verschiedene Lösungsmöglichkeiten anzubieten. Trauen Sie ihm ab und an auch kompliziertere Vorgänge zu. So geben Sie ihm die Chance, an den Herausforderungen zu wachsen.

- **Erkennen Sie seine Individualität und seine Leistungen an**

  Jeder Mensch hat unterschiedliche Stärken und Schwächen. Achten Sie auf Ihren Azubi: Welche Aufgaben fallen ihm leicht? Wo liegen seine besonderen Fertigkeiten

Bahar Edes ist gleich nach der Schule als Auszubildende in das Standortmarketing für ihren Landkreis eingestiegen – und nun längst ein Vollprofi.

oder Fähigkeiten? Was fällt ihm eher schwer? Unterstützen Sie ihn bei den Tätigkeiten, die ihm Schwierigkeiten bereiten, und loben Sie ihn, wenn er den Vorgang richtig und gut erledigt hat. Lassen Sie ihn sich in den Bereichen „austoben", in denen er besonders talentiert ist. Unter Umständen ergeben sich hierbei während oder nach der Ausbildung ganz individuelle Aufgaben.

- **Geben Sie ein Etappenziel vor**

    Ein gemeinsam gesetztes Ziel, das auch erreichbar ist, wirkt ebenfalls als Motivationsstütze. Wichtig ist, dass das Ziel realistisch ist – sowohl Unter- als auch Überforderung führen bei dem Azubi schnell zur Enttäuschung. Erreichte Etappenziele geben Azubis das Selbstbewusstsein, als vollwertige Mitarbeiter bei Kollegen und Vorgesetzten anerkannt zu sein.

- **Stärken Sie sein Selbstvertrauen**

    Ebenso wichtig wie konstruktive Kritik ist gezielt eingesetztes Lob. Wenn Ihr Azubi seine Arbeit gut macht oder auch mal eine außergewöhnliche Aufgabe gemeistert hat, lassen Sie ihn das wissen. Nichts motiviert so sehr wie ein ehrlich ausgesprochenes Lob, das Sie natürlich in seiner Beurteilung erwähnen sollten. Dies zeigt dem Azubi, dass er auf dem richtigen Weg ist.

Fazit: Übernehmen Sie Verantwortung für den Nachwuchs

Ich wünsche Ihnen viel Erfolg bei Ihrer Führungsaufgabe. Machen Sie sich bewusst, dass Sie im beruflichen Leben Ihres Azubis eine entscheidende Rolle spielen. Sie werden immer die erste Person sein, die ihn sowohl auf seine berufliche Zukunft als auch auf die damit verbundenen Herausforderungen vorbereitet und somit auch geprägt hat. Vielleicht haben Sie sogar gerade einen Ihrer künftigen Kollegen eingearbeitet.

aus: „Assistenz & Sekretariat heute"
Autorin: Dunja Schenk

Denn natürlich ist auch die Lebensqualität ein wichtiger Standortfaktor – und Bahar Edes ist jemand, der das bestens präsentiert: „Dass ich die Region, in der ich lebe, mitgestalten darf, freut mich besonders. Eigentlich habe ich sie durch meine Ausbildung und meine Arbeit hier quasi zum zweiten Mal entdeckt. Meine Verbundenheit zur Heimat ist dadurch jedenfalls noch viel stärker geworden."

Mit den Bewerbungen ganz schön spät dran – und dann ein Volltreffer

Das klingt nach vielen spannenden Projekten, und tatsächlich bewegt sich der Aufgabenbereich der jungen Office-Assistentin mehr und mehr in Richtung Projekt- und Event-Planung. Immer öfter ist sie auch unterwegs, zum Beispiel bei abendlichen Wirtschaftsempfängen, die sie organisiert hat, oder sie besucht Hotels, die sie für das Bürger-Projekt „Zu Gast in der Heimat" begeistern konnte. Einen Schreibtisch-Koller kann es also gar nicht geben für die 23-Jährige – schon deshalb nicht, weil das Büro als Arbeitsplatz immer ihr Traum war. Ihre Eltern sind im Osten der Türkei geboren, in Kigi; in dem kleinen Ort Tegernsee im Landkreis Miesbach haben sie ein neues Zuhause gefunden. Bahar Edes hat noch eine

Die Standortmarketing-Gesellschaft Landkreis Miesbach mbH

Der Landkreis Miesbach grenzt im Osten an den Landkreis Rosenheim, im Westen an den Landkreis Bad Tölz/Wolfratshausen und im Süden an Tirol. Der Landkreis weist eine Fläche von insgesamt 836,50 Quadratkilometern auf. Das Regionalmanagement der SMG prüft die Verfügbarkeit von Gewerbeflächen und -immobilien in den einzelnen Gemeinden des Landkreises und erarbeitet Exposés, die in der Datenbank der SMG abrufbar sind. Außerdem vermitteln die Regionalexperten als Schnittstelle zwischen Wirtschaft und Verwaltung bei Genehmigungsverfahren. Der südlich von München gelegene Landkreis Miesbach biete ideale Voraussetzungen für unternehmerisches Handeln, wirbt die SMG: „Ob Kleingewerbe, mittelständischer Betrieb oder Global Player, die Vielzahl bereits angesiedelter Unternehmen ist ein aussagekräftiger Beleg dafür." Dass die Region zwischen Tegernsee, Schliersee und Wendelstein neben zahlreichen Freizeitaktivitäten eine zu jeder Jahreszeit faszinierende Bergwelt bietet, macht sie für Touristen zu einem ganzjährigen Reiseziel. Das mittlerweile achtköpfige Team um Geschäftsführer Alexander Schmid hat ein Büro in der Kreisstadt Miesbach und präsentiert sich und seine Aktivitäten auf der Website **www.smg-mb.de**.

Bahar Edes und ihr Chef, Geschäftsführer Alexander Schmid. Für ihn ist es wichtig, dass sich alle im Team wohlfühlen und ihre Talente entwickeln können.

drei Jahre ältere Schwester, beide sind in Miesbach zur Schule gegangen. München ist nahe, nur 50 Kilometer sind es bis in die bayerische Hauptstadt, doch Bahar möchte da arbeiten, wo sie lebt und sich wohlfühlt. Deshalb war es für die damals 15-Jährige ein „ganz großer Glücksfall", dass die SMG, im Juli 2007 gegründet, im Herbst 2008 einen Ausbildungsplatz zu vergeben hatte. „Ich war spät dran mit meinen Bewerbungen, für die SMG passte es aber zeitlich gerade richtig gut", strahlt die Assistentin, und so ergänzte sie das Team aus dem Geschäftsführer und damals einer Werksstudentin bald. Es ging auch gleich richtig los, denn die Aufgaben für die kleine Truppe wurden schnell umfangreicher. „Ich habe von Anfang an intensiv mitgearbeitet", erinnert sie sich an ihren Start als Azubi. „Auf diese Weise bin ich sehr schnell reingewachsen in meinen Job, trotz oder eher wegen der großen Herausforderungen." Sicher auch, weil das Arbeitsklima gestimmt hat. Das ist wichtig für sie: „Ich bin ein sehr persönlicher Mensch, ich möchte mich wohlfühlen, wo ich bin, das gilt für meinen Job genauso wie fürs Private."

Die erste eigene Event-Planung – „eine Mega-Erfahrung!"

Von ihrer Wohnung ins Büro am Rathausplatz sind es nur ein paar Minuten zu Fuß, vorbei an Bäcker, Boutiquen und Blumenladen, wo sie gern gleich einen Strauß einkauft für den Schreibtisch. Um 8 Uhr beginnt ihr Arbeitstag, klassisch mit dem Bearbeiten der E-Mails, auch für den Kooperationspartner „Unternehmerverband Landkreis Miesbach e. V.", dessen Aktivitäten sie mitbetreut. Je nach Prioritäten und anstehenden Themen geht es weiter durch den Tag, meist so bis halb fünf, fünf. Jeden Dienstag um 9 Uhr 30 setzt sich das mittlerweile achtköpfige SMG-Team zu einem Jour fixe zusammen. Dann berichtet jeder aus seinem Bereich, damit alle auf dem Laufenden sind: über den Landkreis als Öko- und Bildungsregion, über Ansiedlungsmanagement, über Standortfaktoren wie

Energiegewinnung und Mobilität, über Neuerungen am Standort, beispielsweise Co-Working, oder über den geplanten Wirtschaftsempfang einmal im Jahr. Im Juni findet der nächste statt, die Vorbereitungen laufen auf Hochtouren, letzte Anmeldungen kommen über das Online-Tool herein, rund 500 Gäste werden erwartet. Das erste Mal hat Bahar Edes den Empfang 2013 weitgehend selbstständig organisiert. „Eine Mega-Erfahrung", sagt sie; man hört den Respekt vor dieser Aufgabe heraus und kann sich gut vorstellen, was das für die damals 20-Jährige bedeutet haben muss. Terminabsprachen, die VIP-Liste, Gastredner, eine Preisverleihung, die passende Location, gute Musik ... „Die Projektliste kann gar nicht lang und ausführlich genug sein", sagt sie. Solche Aufgaben machen ihr riesigen Spaß: „Jede Kleinigkeit ist mir wichtig, weil sie zum Gesamteindruck beiträgt." Neben diesem großen Ereignis warten noch eine Menge kleinere, aber nicht weniger wichtige übers Jahr auf Planung und Organisation: von den regelmäßigen Unternehmertreffen über Aufsichtsratsitzungen, Metropolkonferenz bis hin zu Unternehmerreisen in andere beispielhafte Regionen. „Letztes Jahr haben wir mit rund 40 Teilnehmern Bozen besucht und dort den neuen Fahrradweg nach Kaltern erkundet. Mobilität ist ein wichtiger Standortfaktor, vor allem für Touristik-Regionen."

Ohne Jour fixe läuft nix: Probieren Sie es aus!

Wie oft sprechen Sie mit Ihrem Chef?
Täglich? Herzlichen Glückwunsch! Einmal pro Woche, weil er ständig unter Zeitdruck steht? Zu wenig! Je weniger Sie mit ihm sprechen und je weniger Informationen Sie von ihm erhalten, desto schwerer tun Sie sich mit der Chefentlastung. Ohne ausreichende Kommunikation wissen Sie nicht, was seine Prioritäten sind.

Wie oft sollten Sie ein Abstimmungsgespräch führen?
Führen Sie Abstimmungsgespräche jeden Morgen. Denn jeden Morgen fallen neue Termine an, die sich vielleicht ohne Ihr Wissen überholt haben, und jeden Tag gibt es neue Prioritäten. Diese Inhalte sollten Sie besprechen. Es reicht nicht aus, Ihren Vorgesetzten zu fragen, ob es irgendetwas Neues gibt. Fragen Sie ganz gezielt nach den Informationen, die Sie benötigen, um ihn qualifiziert zu entlasten und für einen reibungslosen Tagesablauf zu sorgen:

- Welche Termine hat Ihr Chef noch gemacht, als Sie schon zu Hause waren? Denn nicht für alle Vorgesetzten ist es selbstverständlich, Ihnen die vereinbarten Termine mitzuteilen – weniger aus böser Absicht, mehr aus Vergesslichkeit.

- Fragen Sie ihn, was am Vorabend noch passiert oder gewesen ist, das Sie wissen müssten. Waren noch Gäste da? Hat noch jemand angerufen?
- Wie sehen seine Prioritäten aus? Was ist ihm an diesem Tag besonders wichtig? Welche Aufgaben müssen unbedingt erledigt werden? Das Gespräch darüber erleichtert Ihnen Ihre Arbeit. Stimmen Sie Ihre Prioritäten mit seinen ab, so gehen Sie sicher, dass Sie beide immer am gleichen Strang ziehen und Aufgaben gemeinsam fertigstellen.

Beachten Sie: Die Fragen, die Sie während dieser Unterhaltung mit Ihrem Chef klären, hängen stark von Ihrem Aufgabengebiet ab und sind damit sehr individuell. Die oben genannten Beispiele sind sicherlich Themen, die jede Sekretärin für eine wirksame Chefentlastung mit ihrem Chef erörtern sollte.

Sprechen Sie unbedingt auch von Ihrer Arbeit
Lassen Sie Ihren Chef nicht im Ungewissen über Ihre Prioritäten. Berichten Sie ihm, was Sie an diesem Tag erledigen möchten. Nur so können Sie beide feststellen, ob Sie an den gleichen Projekten arbeiten und ob die Prioritäten von gestern noch die von heute sind.

Stellen Sie die Vorteile eines täglichen Jour fixe für Ihren Chef in den Vordergrund
Machen Sie Ihrem Chef klar, dass das Gespräch nicht nur Ihnen hilft, sondern primär dazu dient, ihn zu entlasten. Stellen Sie seine daraus resultierenden Vorteile in den Vordergrund – denn die interessieren ihn, nicht Ihre eigenen.

Ihr Chef verweigert den täglichen Austausch?
So können Sie argumentieren: „Ich würde mich morgens gern mit Ihnen kurz abstimmen, weil/damit
- ... wir so Missverständnisse ausschließen können."
- ... ich meine Arbeit entsprechend Ihren Prioritäten erledigen kann. So stellen wir sicher, dass alle Aufgaben rechtzeitig erledigt werden."
- ... ich Sie noch besser entlasten kann. Je mehr Informationen ich von Ihnen über das Tagesgeschäft erhalte, desto mehr kann ich Ihnen abnehmen."
- ... ich Sie noch besser entlasten kann. Wenn ich Ihre Prioritäten kenne, weiß ich, welche Anrufe wichtig sind, weiß sofort, worum es sich bei Anrufen handelt, wenn jemand mit der Sprache nicht rausrücken will. Ich kann viel mehr selbst erledigen."
- ... ich Sie mehr von Kleinigkeiten entlasten kann. Je mehr Informationen ich habe, desto besser funktioniert das."

Mein Tipp: Schlagen Sie Ihrem Chef zur Eingewöhnung einen 2-Wochen-Test vor und tragen Sie ihm Ihre Abstimmungstermine in seinen Kalender ein.

aus: „Das Assistentinnen-Handbuch"
Autorin: Claudia Marbach

Im Rahmen der Office-Assistenz arbeitet sie am engsten mit Geschäftsführer Alexander Schmid zusammen, der richtig froh ist über das bestens funktionierende Back-Office und die „sehr, sehr gute Zusammenarbeit". 2013 hat er die Geschäftsführung der SMG übernommen: Damals war das Team zu viert, mittlerweile sind es doppelt so viele Mitarbeiterinnen und Mitarbeiter. „Trotzdem haben wir hier immer noch so ein Start-up-Feeling, wir arbeiten alle sehr eng zusammen, wir entwickeln viele gute Ideen, da müssen alle mitdenken." Auf seine Assistentin ist er stolz: „Sie hat sich einfach super entwickelt hier und kann genau das, was ich nicht so gut kann. Ich habe ständig Termine, bin viel unterwegs, da ist es wichtig, dass sie die Abläufe ordentlich im Griff hat." Neben der Assistenz für den Geschäftsführer sind mittlerweile einige weitere Aufgaben hinzugekommen. Bahar Edes ist für die gesamte Büroleitung verantwortlich, das umfasst die Bereiche Finanzen, Personal, Büroorganisation und Eventmanagement. Ein umfangreiches Programm, das die Office-Assistentin stets gut gelaunt anpackt. Für ihren Chef ist auch das ein wichtiger Aspekt. Studiert hat der 47-Jährige Wirtschaftsgeografie und Volkswirtschaft. Beim Privat-TV-Sender Premiere hatte er als Student im City- und Regionalmanagement gejobbt, später war er eine Zeit lang Sendeleiter dort, dann in der Wirtschaftsförderung für das benachbarte Bad Tölz tätig. Die Interaktion von Mensch und Raum, wirtschaftliche und regionale Besonderheiten und Entwicklungen sind seine Themen. „Wir wollen einen Wissenspool hier schaffen", erzählt er, „einen regionalen Think Tank." Die Aufbruchstimmung ist unüberhörbar, das Aufgabenspektrum in viele Richtungen dehn- und denkbar. Das freundschaftliche und kreative Klima macht mutig, findet seine Assistentin, sie schätzt das Vertrauen ihres Chefs in ihre Eigenständigkeit: „Er nimmt seine Mitarbeiter wahr, wir reden miteinander, auch mal persönlich, das finde ich wichtig." Die Office-Assistenz möchte sie mehr und mehr delegieren, das Projekt- und Eventmanagement dafür ausbauen. Alexander Schmid gewährt diesen Freiraum gern, gute Leute muss man motivieren: „Ich überlege mir immer, was wir machen können, damit es interessant bleibt für sie." Bei Bahar Edes kommt das richtig gut an, für dieses Jahr hat sie wieder mehr Weiterbildung eingeplant: „Es spielt für das Wohlfühlen am Arbeitsplatz doch auch eine große Rolle, wie man sich selber entwickeln kann. Ich traue mich was."

Kirsten Wolf, Journalistin

Fotos: Simone Naumann

STARKE NERVEN. KOMPETENZ. EMPATHIE.

LIANE FELDHUS-HOPP, PERSÖNLICHE ASSISTENTIN VON ULRICH MANN, INHABER DER MODEHÄUSER LEFFERS OLDENBURG

Eine Karriere wie auf den Leib geschneidert

Das führende Modehaus in Oldenburg hatte sie schon als Kind fasziniert, heute arbeitet sie an der Spitze mit: Liane Feldhus-Hopp managt zwei Geschäftsführer und ist die persönliche Assistentin von Inhaber Ulrich Mann. Wie sie ihren Weg dorthin gestaltete, erzählt sie hier.

Modebegeisterte Besucher, die auf dem Weg ins Büro von Liane Feldhus-Hopp sind, brauchen schon ein wenig Disziplin, um nicht ständig rechts oder links Halt zu machen. Vorbei geht es an trendigen Accessoires, chicen Schuhen, eleganter Abendgarderobe und sonst noch vielem, was ein Fashion-Herz höher schlagen lässt. Die Rolltreppen befördern uns lautlos durch die 13.000 Quadratmeter, mitten ins Familienunternehmen Leffers in Oldenburg. Die Räume in der Geschäftsführungsetage im fünften Stock sind Liane Feldhus-Hopps berufliches Zuhause: „Es herrscht eine sehr offene und wertschätzende Atmosphäre", sagt die gebürtige Walliserin, „das genieße ich."

Start als Rechtsanwaltsgehilfin

„Hier möchte ich einmal arbeiten", das hatte sie schon als Mädchen geträumt. Als sie in den 1980er Jahren eine berufsbegleitende Ausbildung zur staatlich geprüften Sekretärin (IHK) absolvierte, rückte dieses Ziel immerhin etwas näher. Dennoch sollte es bis zu ihrer Position als persönliche Assistentin des Inhabers noch ein paar Jahre dauern.

Geboren im walisischen Neath, zieht sie mit den Eltern noch im Kindesalter nach Deutschland. In der Nähe von Oldenburg schließt das Mädchen die Schule ab und beginnt eine Ausbildung zur Rechtsanwalts- und Notargehilfin. „Dass ich gern organisiere, habe ich schon früh entdeckt", sagt die heute 50-Jährige. Nach ihrer Ausbildung arbeitet sie zunächst als Sekretärin und Übersetzerin bei einem chemisch-pharmazeutischen Industriebetrieb in Niedersachsen. Der Job füllt sie nicht aus, sie beginnt eine nebenberufliche Ausbildung zur staatlich geprüften Sekretärin. „Mehr als zwei Jahre lang habe ich jeden Wochentag nach Feierabend

Das Familienunternehmen Leffers

Mitte des 19. Jahrhunderts gründet der Kaufmann Wilhelm Leffers Textil- und Einzelhandelsgeschäfte. Über fünf Familienzweige erstreckt sich der Handel mit Textilien, mehr als 28 Einzelhandelsgeschäfte gehen daraus hervor, die meisten werden später von großen Handelshäusern und Konzernen gekauft. Die Brüder Georg und August Leffers gründen am 18. Oktober 1928 in Oldenburg das Geschäft Leffers an der Langen Straße, das bis heute ein reines Familienunternehmen ist. 1934 übernimmt Jakob Mann, der Schwiegersohn von Georg Leffers, die Geschäfte und baut das Modehaus beständig aus. Er leitet das Geschäft mehr als 50 Jahre lang. Gemeinsam mit seinem Sohn gründet er zwei weitere Häuser: eines im nahegelegenen Lippstadt und eines in Leer.

Im Modehaus Leffers finden Kunden Mode und Accessoires auf 13.000 Quadratmetern.

Heute ist Leffers Oldenburg mit mehr als 13.000 Quadratmetern das größte Modehaus der Region. Inhaber Ulrich Mann führt das Unternehmen in vierter Generation, gemeinsam mit den Geschäftsführern der einzelnen Häuser. Insgesamt sind bei Leffers heute rund 650 Mitarbeiterinnen und Mitarbeiter beschäftigt. Ulrich Mann ist Stiftungsvorsitzender der Georg Leffers Stiftung, die geistig und körperlich behinderte Kinder und Jugendliche aus sozial schwachen Familien unterstützt, sowie der Jakob Mann Stiftung, die hochbegabte Kinder, Jugendliche und junge Erwachsene aus sozial schwachen Familien beim Erlangen eines Abschlusses fördert (weitere Informationen unter **www.leffers.de**).

Liane Feldhus-Hopp hat gleich zwei Chefs: Inhaber Ulrich Mann (Bild links) und Geschäftsführer Sebo Kramer (rechts).

weitergelernt und jeden Samstag", erinnert sie sich an diese anstrengende Zeit, „aber es hat sich gelohnt." Denn mit dem weiteren Abschluss standen ihr beruflich viel mehr Türen offen.

Kleinere Zwischenstationen bis zum Ziel

Zunächst beginnt sie als Chefsekretärin des Krankenhausdirektors in Oldenburg. 1990 heiratet sie, und als die Kinder kommen, eine Tochter und ein Sohn, steigt sie jeweils nach ein paar Wochen gleich wieder Teilzeit in ihren Beruf ein. „Mir sind berufliche und private Erfüllung wichtig", sagt die Waliserin, „nur Hausfrau zu sein, das hätte mir nicht genügt." Nach einem kurzen Zwischenstopp in einem Softwareunternehmen und als Sachbearbeiterin bei der Konrad-Adenauer-Stiftung in Oldenburg entdeckt sie schließlich eine Zeitungsannonce vom Modehaus Leffers – eine Geschäftsführungssekretärin wird gesucht. „Genau meine Stelle", denkt sie sich und bewirbt sich.

Ulrich Mann hatte nach dem plötzlichen Tod seines Vaters im Jahr 2006 das Familienunternehmen Leffers übernommen und brauchte jemanden, der seine Zeit organisiert. Noch heute muss er bei der Erinnerung an das Vorstellungsgespräch mit Liane Feldhus-Hopp schmunzeln: „Das Erste, was sie mir sagte, war ‚Herr Mann, das ist genau meine Stelle'." Sie sollte Recht behalten. Seitdem organisiert Liane Feldhus-Hopp nicht nur die beiden Geschäftsführer des Oldenburger Modehauses, Ulrich Mann und Sebo Kramer, sondern auch die drei Teammitglieder des Geschäftsführungsempfangs. Sie ist nicht nur verantwortlich für Stiftungsanfragen der Georg Leffers und der Jakob Mann Stiftung, sondern organisiert auch Veranstaltungen für den Vertrieb und ist darüber hinaus die private Sekretärin von Ulrich Mann.

Angekommen im Traumjob

„Ich habe mich schon immer für Mode und Trends interessiert", sagt die Wahl-Oldenburgerin. In der Mittagspause bleibt zum Glück auch mal Zeit für einen kurzen Bummel durch die Etagen unterhalb ihres Büros. Doch das ist es nicht wirklich, was den Reiz des Jobs für sie ausmacht: „Es ist die Vielfältigkeit meiner Aufgaben – und die wertschätzende Atmosphäre." Vielfältig sind die

Das Wichtigste zuerst erledigen? Die Eisenhower-Matrix zeigt Ihnen, was am wichtigsten ist

Die Eisenhower-Matrix unterteilt Aufgaben nach ihrer Wichtigkeit und Dringlichkeit. Aufgaben, die ...

- wichtig und dringend sind (= A-Aufgaben), haben allerhöchste Priorität. Diese sollten Sie sofort selbst erledigen.
- wichtig, aber nicht dringend sind (= B-Aufgaben), müssen Sie nicht sofort erledigen. Setzen Sie sich einen Termin und erledigen Sie das To-do dann.
- nicht wichtig, aber dringend sind (= C-Aufgaben), sollten Sie nicht selbst erledigen, sondern idealerweise an eine andere Person delegieren.
- weder wichtig noch dringend sind (= D-Aufgaben), sollten eingeschränkt werden. Hierunter fallen Arbeitsschritte, die keinen Mehrwert bringen oder einen schlichtweg von den wesentlichen Dingen abhalten.

Mit der Eisenhower-Matrix priorisieren Sie Ihre Aufgaben.

So bekommen Sie den Überblick:
Klara ist persönliche Assistentin eines Abteilungsleiters und arbeitet gemeinsam mit einer Auszubildenden in einem Doppelsekretariat.

STARKE NERVEN. KOMPETENZ. EMPATHIE.

Aufgaben von Liane Feldhus-Hopp tatsächlich. Allein zwei Geschäftsführer, doch an das Pensum hat sie sich gewöhnt: „Ich kann gut priorisieren. Und die beiden Herren wissen, dass ich die wichtigsten Aufgaben zuerst abarbeite und nichts vergesse." Neben der Korrespondenz und dem Terminmanagement für Ulrich Mann und Sebo Kramer plant, organisiert und rechnet die Assistentin auch die Reisen aller Einkäufer des Unternehmens ab.

Beim morgendlichen Rücksprachetermin mit ihrem Chef erhielt sie folgende Aufgaben:

- Sie soll eine schriftliche Einladung an den Vorstand eines Unternehmens verfassen, den er bei der Jubiläumsveranstaltung im August dabeihaben möchte.
- Des Weiteren bat der Chef sie, die Reisekosten der Abteilung schnellstmöglich in einer Übersicht zusammenzufassen.
- Als sie das Büro des Chefs verlassen wollte, drückte er ihr noch eine Broschüre in die Hand, die er gerne als Kopie mit in eine Besprechung in 20 Minuten nehmen möchte.
- Zurück am Platz, findet Klara eine neue E-Mail von einem unbekannten Absender mit dem Betreff „Newsletter" vor.

Klara sortiert nun die neuen Aufgaben anhand der Eisenhower-Matrix:
- Die Reisekostenübersicht ist sowohl wichtig als auch dringend und somit eine A-Aufgabe. Klara wird diese Aufgabe sofort selbst erledigen.
- Das Einladungsschreiben an den Vorstand ist zwar wichtig, aber nicht dringend. Sie verschiebt diese B-Aufgabe auf den nächsten Morgen.
- Die Kopien der Broschüre für die Besprechung benötigt ihr Chef dringend. Da es aber keine wichtige Aufgabe ist, delegiert sie diese C-Aufgabe an die Auszubildende.
- Die neue E-Mail betrachtet sie weder als wichtig noch dringend. Klara entscheidet, diese E-Mail direkt zu löschen.

aus: „Assistenz & Sekretariat heute"
Autorin: Dunja Schenk

STARKE NERVEN. KOMPETENZ. EMPATHIE.

Die Reisen sind oft interkontinental, denn die Trends, die die Einkäufer beobachten, kommen häufig aus den USA. Darüber hinaus organisiert die Sekretärin zweimal im Jahr das interne Treffen der Einkäufer und des Vertriebs. „Wir arbeiten nicht gegen das Internet", sagt Inhaber Ulrich Mann, vielmehr versuche man sich ganz nach den Bedürfnissen der Kunden zu richten: „Wer im Internet bestellen möchte, der kann das bei uns tun." Im Modehaus haben die Kunden den Vorteil, dass sich das Warensortiment genau an ihren Bedürfnissen orientiert: „Es gibt keinen zentralen Einkauf, sondern jeder Einkäufer entscheidet

---

Top 13: Die besten Reise-Apps für iPhone, iPad und Android

Reisen ohne Smartphone ist heutzutage fast undenkbar. Hier finden Sie die 13 nützlichsten Reise-Apps, die Sie beziehungsweise Ihren Chef bei Dienstreisen unterstützen.

1. **Sicher reisen:** Diese App vom Auswärtigen Amt verhilft Ihnen zu einem reibungslosen Aufenthalt im Ausland. Neben Tipps zur Reisevorbereitung enthält sie Informationen zum Reiseland sowie Kontaktadressen für den Notfall.

2. **DB Navigator:** Mit der App der Deutschen Bahn können Sie Zugverbindungen suchen und direkt Tickets buchen, die Sie auf dem Smartphone speichern.

3. **Idealo Flugsuche:** Diese App durchforstet die Angebote von über 900 Fluggesellschaften sowie 70.000 Flugrouten und sucht die für Sie günstigste Flugverbindung von A nach B.

4. **ADAC Autovermietung:** Über die ADAC-Mietwagen-App können Sie ganz bequem per Smartphone weltweit Mietwagen buchen. ADAC-Mitglieder profitieren zudem von diversen Angeboten.

5. **CityMaps2Go:** Sie oder Ihr Chef können auf dem Smartphone Karten von über 7.800 Ländern, Regionen und Städten weltweit speichern und sind damit bestens für die Orientierung gerüstet.

6. **Google Maps:** Der bekannte Routenplaner Google Maps bringt Sie oder Ihren Chef auch im Ausland per Sprachnavigation ans Ziel. Allerdings funktioniert das nur mit einer Internetverbindung (hier können Roaming-Kosten anfallen).

7. **Google Übersetzer:** Nicht in allen Ländern kommt man mit Englisch weiter. In manchen Staaten können wir noch nicht einmal die Schrift entziffern. Hier hilft der Google Übersetzer. Die Sprachwiedergabe sowie die Option, Texte auf Fotos zu erkennen und zu übersetzen, machen die App zu einem unerlässlichen Begleiter.

selbst, welche Waren er für seine Kunden aufnimmt. Schließlich kennen unsere Verkäufer ihre Kunden am besten." Außerdem wird das Einkaufen in den Modehäusern mehr und mehr zu einem Erlebnis: mit Modenschauen, Personal Shopping und vielen anderen individuellen Angeboten.

Stiftung und weitere Aufgaben

Die Arbeit für die beiden Stiftungen, die Georg Leffers- und die Jakob-Mann-Stiftung, ist für Liane Feldhus-Hopp etwas ganz Besonderes. Sie organisiert nicht

---

8. **Qixxit:** Qixxit ist eine App der Deutschen Bahn, die bei einem Zugausfall andere Verkehrsmittel (außer alternativen Zugverbindungen auch Mietwagen, Bus, Taxi ...) empfiehlt.

9. **Währungsrechner Finanzen:** Ihr Chef oder auch Sie können diese App nutzen, wenn Sie außerhalb der Euro-Zone auf Shopping-Tour gehen und mit dem Währungsrechner im Blick haben möchten, was Ihr jeweiliges Kaufobjekt in Euro umgerechnet kostet.

10. **Google Trips:** Die App Google Trips versorgt Nutzer vor und während der Reise mit wertvollen Informationen rund um das Reiseziel. Wenn gleichzeitig der Google-Kalender genutzt wird und dort auch Buchungsbestätigungen gespeichert sind, zieht sich die App diese Informationen.

11. **Skype:** Wenn Sie im Ausland sind und in Ihrem Hotel über WLAN verfügen, können Sie mit Skype kostenlos nach Hause telefonieren. Geben Sie Ihrem Chef auch diesen Tipp.

12. **WiFi Finder:** Der WiFi Finder findet an fremden Orten schnell WLAN-Hotspots in der Nähe.

13. **PackPoint:** Die intelligente Packlisten-App sorgt dafür, dass alles im Koffer landet, was auf der Reise gebraucht wird. Nach Eingabe der Reisekriterien (Geschäftsreise oder Urlaub, Aufenthaltsdauer, Aktivitäten, Wetter am Zielort) stellt PackPoint eine praktische Packliste zusammen, die direkt abgehakt werden kann.

aus: „Das Assistentinnen-Handbuch"
Autorin: Dunja Schenk

nur die regelmäßigen Sitzungen des Stiftungsvorstands, sondern bearbeitet auch die Anträge der Bewerberinnen und Bewerber und übernimmt die komplette Korrespondenz mit Bewerbern und Geförderten, bis hin zur Freigabe des Fördergeldes. Das ist „eine Aufgabe, die sehr befriedigend ist, weil man erlebt, dass man Menschen tatsächlich helfen kann."

„Das ist genau meine Stelle", sagte Liane Feldhus-Hopp, als sie die Zeitungsannonce des Modehauses las.

Ulrich Mann schätzt an Liane Feldhus-Hopp besonders ihre unaufgeregte Art, „aber auch, weil sie einfach jeden noch so kleinen Fehler entdeckt". Sie arbeite sehr präzise und absolut verlässlich, zudem sei sie sehr schnell und flexibel. Hin und wieder mal nach Feierabend oder am Wochenende im Einsatz zu sein, ist für die Assistentin kein Problem: „Wenn es notwendig ist oder wenn eine große Veranstaltung ansteht, ist es für mich selbstverständlich, dass ich auch außerhalb der Bürozeiten immer erreichbar bin."

Ihren Chef bewundert Liane Feldhus-Hopp für seine ruhige Art sowie für seinen Willen, Dinge zu bewegen und visionär zu bleiben.

Die Chemie zwischen den beiden stimmt, das ist spürbar. Eine wichtige Voraussetzung, denn zu Liane Feldhus-Hopps Aufgaben gehört es auch, Ulrich Mann und seine Familie privat zu organisieren, „beispielsweise bei seinem Engagement im Lions Club". Oder wenn es darum geht, den nächsten Urlaub zu planen. Das erfordert gegenseitiges Vertrauen, Diskretion und Loyalität. „Kompetenzen, die Frau Feldhus-Hopp seit vielen Jahren unter Beweis stellt", ergänzt Ulrich Mann. Wenn das mal kein wertschätzendes Lob ist …

Annette Rompel, Redaktion

Fotos: Karin Ullrich, Oldenburg

STARKE NERVEN. KOMPETENZ. EMPATHIE.

ANGELA LAUTER, ASSISTENTIN DES GESCHÄFTSFÜHRENDEN VORSITZENDEN ALEXANDER OTTO BEI DER ECE PROJEKTMANAGEMENT GMBH, HAMBURG

Weltfirma mit Wohlfühlfaktor

Für sie stimmt einfach alles: Großes Unternehmen, große Stadt – und eine spannende Aufgabenbreite. Angela Lauter managt ihren Chef mit Ruhe und Gelassenheit und ist stolz auf ihren Arbeitgeber, der in der Wirtschaftswelt einen Namen hat. Eine Erfolgsgeschichte für zwei.

Wenn Angela Lauter auf Reisen geht, macht sie gern auch mal einen Abstecher in ein schönes Shoppingcenter. So weit, so normal. Doch für sie ist der Ausflug mehr oder weniger „Chefsache": „Wenn das Center unserer Firma gehört, dann will ich einfach wissen, wie es aussieht, wie es dort läuft, wie es angenommen wird." Schnell noch ein Foto; so viel berufliches Interesse gehört für die 49-Jährige einfach dazu.

Wie es für ihren Arbeitgeber dazu gehört, sich für den eigenen Standort zu engagieren, mit Stiftungen, für die Kunst, für den Sport, für die Stadt. Das Unternehmen, das europaweit in Shoppingcenter investiert, ist Teil einer Holding-Gesellschaft der Familie Otto. Bei diesem Namen klingelt es bei den meisten. Richtig, der Otto Versand, 1949 von Werner Otto gegründet, in Hamburg-Schnelsen, mit drei Mitarbeitern und 28 Schuhmodellen. Zehn Jahre später sind es schon tausend Mitarbeiterinnen und Mitarbeiter, die einen gigantischen jährlichen Umsatz von 100 Millionen D-Mark mit dem Versandhandel erzielen – der Beginn einer sagenhaften Unternehmensgeschichte.

Wie fühlt es sich an, Teil eines Familienunternehmens zu sein, das wie kaum ein anderes die deutsche Nachkriegsgeschichte geprägt hat?
„Ich freue mich, dass ich bei so einem innovativen Unternehmen mitarbeite", lautet die etwas überraschende Antwort, aber dann kommt er doch noch, der

Satz, den man eigentlich erwartet hatte: „... und ich empfinde einen gewissen Stolz, für Herrn Otto zu arbeiten." Klingt da so etwas wie hanseatische Zurückhaltung durch? Es ist sicher ein bisschen gefährlich, bei dem Traditionsunternehmen im Hohen Norden allzu schnell gängige Klischees zu bemühen, zumal Angelika Lauter in Bielefeld geboren ist. Doch tatsächlich sind die Ottos eine Kaufmannsfamilie wie aus dem Bilderbuch und die unternehmerischen Aktivitäten weiterhin in Familienbesitz. Aus dem Versandhandel von einst wurden die heutige Otto Group, geleitet von Michael Otto, und die ECE Projektmanagement mit CEO Alexander Otto, jüngster Sohn des Firmengründers.

Schreibmaschinenkurs mit 13

In Poppenbüttel, ein Stadtteil im Norden, arbeiten rund 1.800 Mitarbeiterinnen und Mitarbeiter für das Unternehmen, das Gewerbeimmobilien entwickelt, realisiert und vermietet, mit einem Schwerpunkt auf Einkaufszentren, aber nicht

Die ECE Projektmanagement GmbH & Co. KG

Die Hamburger ECE entwickelt, plant, realisiert, vermietet und managt seit 1965 große Gewerbeimmobilien in den Sparten Shopping, Office, Traffic und Industries. Mit 196 Einkaufszentren im Management und Aktivitäten in 14 Ländern ist das Unternehmen europäische Marktführerin im Bereich der innerstädtischen Shopping-Center. In allen ECE-Centern zusammen erwirtschaften rund 21.000 Einzelhandelsmieter auf einer Verkaufsfläche von insgesamt über 7,2 Millionen Quadratmetern einen Jahresumsatz von 23 Milliarden Euro. Außer Einkaufszentren realisiert die ECE Konzernzentralen, Bürohochhäuser, Verkehrsimmobilien, Industriebauten und Logistikzentren sowie andere hochspezielle Gebäudetypen wie beispielsweise Hotels. Mehr als 4,5 Millionen Kunden besuchen täglich Einkaufsgalerien der ECE. Zu diesen Centern zählen u. a. das Aquis Plaza in Aachen, das Alstertal-Einkaufszentrum in Hamburg, die Schloss-Arkaden in Braunschweig, der Marmara Park in Istanbul, die Galeria Krakowska in Krakau und Vremena Goda in Moskau. Zahlreiche weitere Einkaufscenter sind europaweit in Bau oder Planung, darunter das Verona Adige in Verona und das Refurbishment-Projekt Loom in Bielefeld. Das aktuelle Bau- und Projektvolumen in allen ECE-Sparten zusammen beträgt ca. 3,2 Milliarden Euro. Das Marktwertvolumen („assets under management") der von ihr derzeit betreuten Objekte beläuft sich auf insgesamt rund 30 Milliarden Euro. Weitere Informationen unter **www.ece.de**.

STARKE NERVEN. KOMPETENZ. EMPATHIE.

„Ich freue mich, dass ich bei so einem innovativen Unternehmen arbeite", sagt Angela Lauter.

nur. „Wir funken auf einer Wellenlänge", sagt Angela Lauter über ihren Chef, und das nicht nur, weil sie im gleichen Jahrgang, 1967, geboren sind: „Wir haben ein ähnliches Wesen, eher ruhig und strukturiert. Das finde ich wichtig, dass die Arbeitsstile zusammenpassen, schließlich verbringt man viel Zeit miteinander." Seit 2000 arbeitet sie für den Gewerbebau-Spezialisten ECE, seit 12 Jahren als alleinige Sekretärin für ihren jetzigen Chef. Seitdem hat sie das Gefühl, in ihrem „Traumberuf" genau an der richtigen Stelle angekommen zu sein: „Es ist ein unheimlich nettes Klima hier, ich bin wirklich glücklich über meinen Arbeitsplatz." Das Büro war schon früh ihr Ziel, „ich habe schon immer gern geschrieben, sogar eigene Geschichten". Mit 13 machte sie einen Schreibmaschinenkurs, später kam noch Steno hinzu, im Stenografenverein gewann sie einen Landeswettbewerb. Nach der Mittleren Reife war denn auch klar, was es sein sollte, sie begann bei Miele in Gütersloh eine Ausbildung zur Bürogehilfin, heute ist das der Beruf der Bürokauffrau. Eine Weiterbildung zur staatlich geprüften Sekretärin kam dazu, sie wurde übernommen und arbeitete viele Jahre in der Bauabteilung des Weltkonzerns mit – sicher auch das ein Grund, warum sie bei ECE Projektmanagement einen so guten Einstieg fand.

Der Chef ist morgens der Erste

Dass ihr Aufgabenbereich dort eine so große Spannweite hat, ist für sie das Besondere an ihrem Job. Alexander Otto ist nicht nur für die ECE Projektmanagement verantwortlich, er nimmt zudem zahlreiche Aufgaben im weit verzweigten Familienunternehmen wahr, ist auf Beirats- und Aufsichtsratssitzungen dabei. Immer wieder neue Aufgaben ergeben sich aus der Arbeit für die Alexander Otto Sportstiftung, die Stiftung Lebendige Stadt und die Dorit & Alexander Otto Stiftung („Helfen auf Hamburgerisch"). Die Organisation der vielen Projekte bestimmt das tägliche Aufgabenpensum von Alexander Otto, in der Hamburger Unternehmenszentrale, oft auch an internationalen Standorten. Angela Lauter managt aus zweiter Reihe mit, übernimmt die klassischen Sekretariatsaufgaben – Schriftwechsel, Protokoll, Internet-Recherche, Reise-Management – und bereitet Beiratssitzungen, Strategiebesprechungen und Board-Meetings vor. Seit mehr als drei Jahrzehnten kennt sie diesen Beruf nun schon, den sie bei dem Elektrokonzern Miele gelernt und dort fast zwanzig Jahre ausgeübt hat.

Die gewaltige Modernisierung des Berufsbildes empfindet sie als Bereicherung, so bleibt ihr mehr Zeit für die Projektassistenz. Alexander Otto erledigt manches von dem, was früher klassisches Sekretariat war, mittlerweile selbst, wie so viele Manager. Fürs Diktat greift er zum iPad, Angela Lauter bearbeitet die Texte versandfertig. Den ersten Schwung seiner Mails checkt der Chef gern selbst, morgens zwischen acht und neun, die erste Stunde im Büro hat er ganz für sich und genießt das. „In den meisten Büros ist das wohl eher umgekehrt", schmunzelt seine Assistentin. Allerdings hat sie auch schon so einiges erledigt, wenn sie um Neun dazu stößt. „Ich gucke morgens in mein Blackberry und auch am Wochenende bin ich einfach neugierig, ob was gekommen ist für uns. Und dann antworte ich natürlich oder schiebe was an, organisiere schon mal. Wenn ich dann ins Büro komme, habe ich nicht schon zwanzig Aufgaben, die auf mich warten."

Werte leben, privat und im Job

Mit Hilfe von Outlook strukturiert sie ihren Tag, die Deadlines, die Terminabsprachen, zum Beispiel für die Beiratssitzungen. Acht Wochen vor dem eigentlichen Termin fragt sie die Themen aus den verschiedenen Geschäftsführerbereichen ab,

Die 3 größten Herausforderungen beim Terminmanagement und wie Sie sie lösen

Herausforderung 1: Ihr Chef will kurzfristig Termine haben

Wenn auch Ihr Chef häufig auf die Schnelle Termine ausmacht, sprechen Sie ihn darauf an und suchen Sie nach einer grundlegenden Lösung. So könnten Sie formulieren: „Chef, es kommt schon einmal vor, dass Sie mich bitten, sehr kurzfristig einen Termin für Sie zu vereinbaren. Ich mache sehr oft die Erfahrung, dass die Personen, die Sie sprechen möchten, nur schwer zu erreichen sind und der Termin so, wie Sie ihn sich wünschen, sich nicht arrangieren lässt. Ich würde die Termine aber gern nach Ihrem Wunsch zustande bringen. Dafür brauche ich nur mehr Vorlauf."

Herausforderung 2: Ihr Chef überzieht Termine häufig

Statt Ihrem Chef zu sagen, was er zu tun hat, fragen Sie ihn, ob Sie etwas für ihn tun können. Sie bieten lediglich Hilfe an: „Chef, gibt es irgendetwas, was ich für Sie tun kann, damit Sie ausreichend Zeit für die Gespräche und weniger Zeitdruck bei den nächsten Gesprächen haben?" Wenn Ihr Chef selbst keine Vorschläge hat, fragen Sie ihn, ob er Ihre hören möchte: „Ich habe ein paar Ideen dazu. Möchten Sie die hören?"

Ihre Vorschläge können so aussehen:

- Sie holen ihn aus dem Meeting, wenn er überzieht.

- Sie rufen ihn unter einem Vorwand an, damit er vorgeben kann, gleich dringend zurückrufen zu müssen.

- Sie sagen dem Besucher vorab, wann das Gespräch zu Ende ist: „Herr Besucher, noch ein wichtiger Hinweis: Das Meeting ist bis 15 Uhr angesetzt. Herr Chef muss ganz pünktlich raus, um seinen nächsten Termin wahrnehmen zu können."

- Sie „beenden" das Meeting, indem Sie kurz anklopfen und darauf aufmerksam machen, dass der nächste Termin wartet. Falls es aber in Wirklichkeit keinen weiteren Termin gibt, erfinden Sie Notlügen: „Chef, Sie müssen los, wenn Sie Ihren Zug noch bekommen wollen."

Herausforderung 3: Ihr Chef sagt Termine kurzfristig wieder ab

Fragen Sie Ihren Chef, ob Sie ihn darauf aufmerksam machen dürfen, wenn Sie das Gefühl haben, dass er sich zu viel in den Kalender packt. Es ist wichtig, dass Sie seine „Erlaubnis" einholen. Nur so können Sie sicher sein, dass Ihre Meinung erwünscht ist.

Wenn Sie dann den Eindruck haben, dass er sich zu viel zumutet, oder glauben, dass er diesen Termin sowieso wieder kurzfristig stornieren wird, sprechen Sie ihn darauf an und machen ihm alternative Vorschläge.

> Fragen Sie ihn, ob
> - er selbst teilnehmen muss oder eine Vertretung schicken kann,
> - ihm das Protokoll des Meetings reicht,
> - ein Telefonat eine Alternative ist.
>
> aus: „Jahres-Update Office-Management"
> Autorin: Claudia Marbach

sammelt Anträge ein, Statusberichte. Sie entwickelt die Tagesordnung und bespricht Details mit einem Kollegen, der allein für die Beiratssitzungen zuständig ist. Die Präsentationen kommen aus der Abteilung Communications dazu. Angela Lauter bucht die Inhouse-Räume, und wenn sie alle Unterlagen zusammen hat, verschickt sie die Einladungen. Das Catering für die Mittagspause liefert das unternehmenseigene Otto Kochwerk an, frische Säfte und frisches Obst kommen vom Alstertal-Einkaufszentrum gegenüber, es gehört der ECE. „Alles, was ich brauche, finde ich dort", schwärmt die Assistentin, die täglich eine knappe Stunde Autofahrt in die City auf sich nimmt. Sie lebt in einer Kleinstadt in Schleswig-Holstein, weil sie das Leben da draußen, „im Grünen" mag. Auch wenn Hamburg nach wie vor ihre Traumstadt ist – „aber von der Haustür gleich auf den Gehweg, das kann ich mir nicht vorstellen." Ausgleich vom verantwortungsvollen Job verschafft ihr auch ihre Leidenschaft für die Musik, seit dem 9. Lebensjahr spielt sie Klarinette, im Orchester. Jeden Freitagabend ist Probe, „da freue ich mich immer schon drauf." Ausgeglichenheit sei eine ihrer Stärken, sagt sie von sich selbst, und so ist es für sie auch kein Widerspruch, der City jeden Abend den Rücken zu kehren, um nach Hause in ihre kleine Stadt zu fahren. „Ich arbeite einfach gern in einer Weltfirma, das war schon bei Miele so." Tradition und Kontinuität, das sind Werte, die sie auch mit ihrem zweiten längjährigen Arbeitgeber teilt, das Hamburger Unternehmen hat dabei den Wandel, den Aufbruch in immer neue Geschäftswelten perfektioniert. Mit dem Firmengründer Werner Otto, der erst im Jahr 2011, mit 102 Jahren, verstarb, hat sie noch an einem Tisch gesessen, „er war mit fast 90 Jahren noch als Ehrenvorsitzender dabei, ein sehr höflicher, sympathischer Mann." Dass die hanseatische Verankerung nicht bedeuten muss, in starren Mustern zu denken, erlebt sie bei ihrem Arbeit-

STARKE NERVEN. KOMPETENZ. EMPATHIE.

Eine sagenhafte Firmengeschichte als Ausgangspunkt für immer neue Geschäftswelten: Angela Lauter mit ihrem Chef, CEO Alexander Otto.

geber ECE immer wieder aufs Neue. „Wir arbeiten hier alle weitgehend elektronisch", erzählt Angela Lauter. Nachdem die Geschäftsleitung einen Wettbewerb ausgerufen hatte, damit weniger ausgedruckt wird, habe sich der Papierverbrauch um mehr als die Hälfte reduziert, schätzt sie. Rechnungen werden gleich beim Posteingang eingescannt, die quartalsmäßigen Umsatzstatistiken aus den verschiedenen Geschäftsbereichen gibt es nicht mehr in dicken Ordnern, sondern nur noch als PDF-Dateien. Mit ihrem Chef teilt die Assistentin die Freude an neuen elektronischen Entwicklungen, beide sind immer auf dem neuesten Stand. Alexander Otto schätzt das an seiner Mitarbeiterin: „Die Arbeitswelt hat sich in den letzten zehn Jahren enorm verändert, ebenso die Rolle der Assistentin. Angela Lauter zeichnet sich durch Selbstständigkeit und Proaktivität aus. Sie hat viele erforderliche Aufgaben erledigt, bevor ich sie überhaupt um Unterstützung gebeten habe. Sie ist gut im Unternehmen vernetzt und nutzt dabei die digitalen Medien für eine sehr effektive Kommunikation. Und sie macht das auf eine sehr sympathische Weise."

In einem jährlichen Mitarbeitergespräch, das Alexander Otto sehr wichtig ist, wie seine Assistentin berichtet, darf denn auch wirklich alles zur Sprache kommen. Dieser Offenheit verdankt sich auch das sehr herzliche Miteinander überall im Unternehmen, meint die Assistentin, „seit anderthalb Jahren duzen wir uns zum Beispiel alle." Das klingt so gar nicht hanseatisch, könnte man meinen. Doch der Abschied vom eher steifen „Sie" ging auf ganz besondere Weise über die Bühne, erzählt Angela Lauter: „Wir hatten 2015 unser 50-jähriges Jubiläum und haben das mit der ganzen Firma gefeiert. Alle Mitarbeiter und Mitarbeiterinnen bekamen ein Namensschild mit ihrem Nachnamen zum Anheften. In seiner Rede zum Jubiläum verkündete Alexander Otto dann ganz offiziell den Wechsel zum kollegialen Du und forderte uns auf, die Namensschilder umzudrehen. Da standen dann unsere Vornamen drauf." Wenn das nicht Stil hat.

Kirsten Wolf, Journalistin

Fotos: Tom Krausz

12 Druck-Tipps, mit denen Sie Umwelt und Budget schonen

Kennen Sie die Prognose aus dem vorigen Jahrhundert, unsere Büros würden bald papierlos sein? Tatsächlich ist diese Vision noch in weiter Ferne. Es werden immer noch gewaltige Mengen Papier in unseren Büros verbraucht. Dabei können Sie einiges tun, um den Papierverbrauch zumindest zu reduzieren. Damit tragen Sie zum Umweltschutz bei, und Kosten sparen Sie außerdem.

Mit diesen kreativen Möglichkeiten macht die Papierreduzierung Spaß
1. Drucken und kopieren Sie doppelseitig.
2. Verkleinern Sie Ausdrucke: Zwei DIN-A4-Seiten passen quer auf ein Blatt. Das geht auch beim Kopieren.
3. Sehen Sie sich immer die Druckvorschau an. So erkennen Sie schnell, ob eine Druckereinstellung für unnötigen Papierverbrauch sorgen würde.
4. Prüfen Sie, ob Sie wirklich das gesamte Dokument ausdrucken müssen. Oft reicht es, nur einen Teil davon zu drucken.
5. Achten Sie insbesondere auf die erste und die letzte Seite! Auf diese Seiten können Sie meist verzichten.
6. Können Sie die Schrift des Dokuments verkleinern?
7. Achten Sie auf die Schriftart: Wussten Sie, dass „Garamond" deutlich weniger Druckertinte verbraucht als zum Beispiel „Arial"? Das liegt an der geringeren Strichstärke.
8. Enthält Ihr Dokument Grafiken oder Bilder, die Sie für den Ausdruck entfernen können?
9. Werfen Sie einen Blick auf die Seitenränder: Lassen sich diese verkleinern, um mehr Text unterzubringen?
10. Wenn's doch passiert ist: Nehmen Sie die Fehlausdrucke für Testdrucke oder als Notizzettel.
11. Falls erlaubt, versehen Sie Ihre E-Mails mit einem Hinweis in Ihrer Signatur: „Bitte prüfen Sie, ob der Ausdruck dieser E-Mail wirklich notwendig ist."
12. Setzen Sie Recycling-Papier ein.

aus: „Assistenz & Sekretariat heute"

Autorin: Dunja Schenk

STARKE NERVEN. KOMPETENZ. EMPATHIE.

STEFANIE ZANKER, ASSISTENZ VON ANDREAS THIEL, GESCHÄFTSFÜHRER DER REGIO AUGSBURG WIRTSCHAFT GMBH, WIRTSCHAFTSRAUM A³

Auf allen Kanälen für Augsburgs Wirtschaft

Ihr Herz schlägt für ihre Heimatstadt: Die junge Augsburgerin Stefanie Zanker ist ein Profi im Standortmarketing und kennt sich in ihrer Region bestens aus. Ihr Arbeitgeber ist die A³ Regio, die Wirtschaftsförderung vor Ort betreibt. Dort mischt die Assistentin der Geschäftsführung ordentlich mit – und freut sich über die Vielseitigkeit ihres Jobs.

„A hoch 3, was heißt das denn?" Stefanie Zanker bekommt die Frage oft zu hören – und freut sich drüber: „Unser Name ist ein guter Türöffner für ein erstes Gespräch." Sie erklärt dann, dass es sich bei A³ um die Wirtschaftsförderungsgesellschaft der Region Augsburg handelt: „Die Drei steht für unsere drei Gesellschafter: Stadt und Landkreis Augsburg sowie den Landkreis Aichach-Friedberg."

Der Großraum Augsburg bietet enormes wirtschaftliches Potenzial. Wichtige Branchen und Unternehmen sind hier vertreten, zum Beispiel Kuka (Industrieroboter), MAN (Schiffsdiesel, Aggregate, Lkw), Ledvance/ Osram (Leuchtmittel), Premium Aerotec und Airbus Helicopter (Flugzeuge und Hubschrauber), Fujitsu (Computer), Segmüller (Möbel) oder den Papierhersteller UPM. Viele kleine und mittlere Unternehmen in der Region und namhafte Forschungseinrichtungen wie das Fraunhofer Institut kommen hinzu. Die Regio arbeitet daran, dass die Region um die Schwabenmetropole Augsburg, drittgrößte Stadt in Bayern, ihre einstige Strahlkraft zurückgewinnt. Denn einst war die Stadt führend in der Textilherstellung. Heute setzt man regionale Alleinstellungsmerkmale wie Umwelt, Mechatronik und Automation, Aerospace und Faserverbundstoffe und IT-Dienstleistungen.

Stefanie Zanker ist in Augsburg geboren, und sie ist – beruflich und privat – ihrer Heimatstadt eng verbunden: „Augsburg hat eine gute Größe. Es ist nicht zu klein, aber doch noch persönlich und hat viel Kreativität und Lebensqualität zu bieten."

Eine starke Region ist das Ziel

Wir treffen die Assistentin in ihrem Büro bei der A³ Regio, in einem Bürogebäude an der Karlstraße, nur wenige Gehminuten vom Augsburger Rathaus entfernt. Die Nähe zur Politik ist wichtig, der kurze Draht zu den Gesellschaftern, darunter Eva Weber, Augsburgs einflussreicher Wirtschafts- und Finanzreferentin sowie zweiter Bürgermeisterin, ist für das Team der Wirtschaftsförderungsgesellschaft Gold wert.

Seit der Gründung ist der Geograph Andreas Thiel Geschäftsführer der Regio. Er ist Stefanie Zankers Chef. Unter seiner Ägide konnte Augsburg, das lange im Schatten Münchens stand, in den vergangenen Jahren sein Profil als Wirtschaftsstandort schärfen. In der praktischen Arbeit will man Kräfte in der Region bündeln, Netzwerke gründen, externe Mittel akquirieren, Unternehmen einbinden und Projekte in Zusammenarbeit mit Partnern vorantreiben. Außerdem soll der Wirtschaftsstandort nach außen hin sichtbarer werden, etwa durch Aussendungen auch in ganz Deutschland. „65.000 Adressen haben wir dazu in unserer Datenbank", sagt Stefanie Zanker, die als Administratorin für das Customer-Relationship-Management der Firma verantwortlich ist.

Über die A³ Regio Augsburg Wirtschaft GmbH

„Wir engagieren uns für Ihre Zukunft. Im Wirtschaftsraum Augsburg." So lautet das Motto der A³ Regio Augsburg, die 2009 gegründet wurde. In der Wirtschaftsfördergesellschaft haben sich die Stadt Augsburg, der Landkreis Augsburg und der Landkreis Aichach-Friedberg zusammengeschlossen. Die Regio unter der Leitung von Geschäftsführer Andreas Thiel verfügt über knapp zwei Millionen Euro Jahresetat, für Regionalmarketing und Regionalmanagement. Dabei geht es um die Umsetzung konkreter Projekte gemeinsam mit Wirtschaftsakteuren der Region. Wesentliche Handlungsfelder sind das Standortmarketing, der Technologietransfer, die Innovationsförderung, die Sicherung von Fachkräften, nachhaltiges Wirtschaften und die Betreuung von Unternehmer-Netzwerken.

STARKE NERVEN. KOMPETENZ. EMPATHIE.

Stefanie Zanker behält Projekte und Prozesse im Blick, motiviert die Mitarbeiter und ist ein wichtiges Bindeglied zum vielbeschäftigten Chef.

Daneben wirbt die Regio gezielt auf Jobmessen wie der akademika und der Fit For Job. Auch auf der Expo Real in München, der größten Fachmesse für Gewerbeimmobilien und Investitionen Europas, ist sie jedes Jahr mit einem Stand vertreten. „Kleine Firmen oder Architekturbüros, die sich die teure Standmiete nicht leisten könnten, haben die Möglichkeit, bei uns einen Counter zu mieten und sich auf internationalem Parkett zu präsentieren", erklärt Stefanie Zanker.

Eine andere Aktion ist die Fachkräfte-Kampagne, die die Regio zusammen mit 27 Partnern durchführt. Ziel ist, den Wirtschaftsraum Augsburg überregional als attraktive Region zum Leben, Wohnen und Arbeiten darzustellen. Die Kampagne läuft noch bis zum Frühjahr 2017, an einem Folgekonzept wird bereits gearbeitet. Das ist insgesamt ein großes Arbeitspensum für das derzeit 15-köpfige Team. Vor rund vier Jahren holte der Geschäftsführer Stefanie Zanker ins Boot. Dass er jemanden zu seiner Verstärkung und Entlastung brauchte, war schon länger klar. Mit der jungen Geographiestudentin, die bei einem Praktikum bei der Regio bewies, dass sie zupacken kann, hat er die richtige Wahl getroffen. Sie begann zunächst als Werkstudentin und gestaltete als erste Aufgabe die Website. Nach einem halben Jahr stand der Internetauftritt. Und pünktlich zu ihrem Geburtstag im

August hatte Stefanie Zanker den Bachelor der Geographie mit dem Schwerpunkt Standortmarketing in der Tasche. Nun musste sie sich entscheiden: Weiterstudieren und den Master machen? Oder den Vertrag als Assistenz des Geschäftsführers bei der Regio unterzeichnen und erst mal Berufserfahrung sammeln? Sie entschied sich für Option Nummer Zwei und hat es bislang noch keinen Tag bereut.

Mit Herz und Verstand beim Unternehmen

Gründe dafür gibt es einige. Zum Beispiel die gute Zusammenarbeit mit dem Chef: „Er ist immer bestens informiert, er hat viel Humor, und er besitzt Menschenkenntnis." Die Chemie zwischen Stefanie Zanker und ihrem Chef Andreas Thiel stimmt einfach, freut sich die Assistentin. Der Geschäftsführer schätzt die Zuverlässigkeit und Sorgfalt seiner Assistentin, ihr Gefühl für Prioritäten und Verhältnismäßigkeit. „Außerdem schafft es Frau Zanker charmant, mir manchmal mehr Pünktlichkeit beizubringen", erklärt er mit einem Schmunzeln.

Grund Zwei ist die Vielseitigkeit ihrer Tätigkeit, erzählt die 27-Jährige: „Wenn ich morgens ins Auto steige und zur Arbeit fahre, weiß ich eigentlich noch nicht, was der Tag bringen wird. Rund ein Drittel des Tages kann ich planen, der große Rest kommt auf Zuruf." Neben eigenen kleinen Projekten gehört es zu ihrer Tätigkeit unter anderem, die Termine für den Chef mit Firmenkunden und potentiellen Kooperationspartnern vorzubereiten, Präsentationen anzufertigen und Marketingkonzepte zu erstellen.

Bei einigen Terminen begleitet sie den Geschäftsführer Andreas Thiel auch. Besprechungen nachbereiten, Gremien- und Ausschusssitzungen vorbereiten, Sitzungen protokollieren, das Social-Media-Marketing der Firma betreuen und die Verwaltung des CRM-Systems sind weitere Assistenzaufgaben. Stefanie Zanker behält Projekte und Prozesse im Blick, motiviert die Mitarbeiterinnen und Mitarbeiter und ist ein wichtiges Bindeglied zum vielbeschäftigten Chef. Außerdem ist sie Brandschutzbeauftragte im Unternehmen. Einmal im Jahr weist sie die Kolleginnen und Kollegen in diese Thematik ein und erklärt beispielsweise, wo Feuerlöscher, Sammelplatz und Fluchtwege sind.

STARKE NERVEN. KOMPETENZ. EMPATHIE.

So beweisen Sie auf allen 6 Shitstorm-Stufen Ihre Social-Media-Kompetenz

Praxisbeispiel: Zu den Aufgaben von Damaris gehört auch die Betreuung der Facebook-Seite des Unternehmens. Die Unternehmensleitung hat lange gezögert, sich in den sozialen Netzwerken zu präsentieren. Insbesondere Damaris' Chef fragt fast jeden Tag nach, ob denn der Shitstorm schon begonnen habe. Die Angst vor einem Shitstorm ist in vielen Köpfen sehr präsent. Was genau ist das eigentlich? Bei einem Shitstorm werden so viele negative Kommentare lawinenartig gepostet, dass ein normales Antworten darauf nicht mehr möglich ist. Wenn ein Unternehmen dagegen „nur" mit kritischen Fragen oder Vorwürfen konfrontiert wird, ist das noch kein Shitstorm. Vertrauen Sie darauf, dass auch der schlimmste Sturm irgendwann abebbt. Dann können Sie mit den Social-Media-Profis Ihres Unternehmens überlegen, wie Sie die angerichteten Verwüstungen in den Griff bekommen. Auch das klingt schlimmer, als es ist.

Was Sie brauchen, um das Wetter zu beherrschen
Um das schöne Wetter angemessen zu pflegen, brauchen Sie die Befugnis, kritische und emotionale Äußerungen direkt und auf Augenhöhe beantworten zu dürfen. Ein Verweis an andere Stellen sollte nur erfolgen, wenn Sie sich selbst nicht weiterhelfen können (es also zum Beispiel um ein Problem mit der Buchhaltung geht). Leiten Sie diese Fragen schnell und nachvollziehbar an die richtige Stelle im Unternehmen weiter. Wenn möglich, reichen Sie die Antwort sowohl direkt an den Fragesteller als auch öffentlich im jeweiligen sozialen Netzwerk weiter.

Fazit: Der Shitstorm ist ein seltener Gast
Echte Shitstorms sind äußerst selten. Reagieren Sie schnell, kundenfreundlich und kompetent auf vereinzelte kritische Äußerungen, dann wird höchstwahrscheinlich auch kein Shitstorm entstehen.

Die 6-Stufen-Skala des Shitstorms

Die schweizerische Agentur Feinheit hat einen „Social-Media-Wetterbericht" vorgeschlagen, der den Shitstorm analog zur Windstärke bewertet. Vielleicht kann Damaris damit zukünftig ihrem Chef einfach die aktuelle Wetterlage melden und ihn so beruhigen ...

Stufe 0 – Windstille
Es gibt keinerlei kritische Rückmeldungen in den sozialen Netzwerken. Umgangssprachlich könnte man sagen: alles Friede-Freude-Eierkuchen. Sie werden überrascht sein, wie häufig genau diese Großwetterlage auf Ihren sozialen Kanälen herrscht!

Stufe 1 – leiser Zug
Es kommen vereinzelt negative Kommentare von wenigen Personen. Andere Personen oder Fans reagieren nicht darauf. Indem Sie auf den Post schnell und kompetent reagieren, bauen Sie langfristig Ihre Reputation als kundenfreundliches und gesprächsbereites Unternehmen auf.

Stufe 2 – schwache Brise
Einzelpersonen äußern wiederholt negative Kritik, es gibt vereinzelte Reaktionen von anderen Fans im selben Netzwerk. Wenn Sie die geäußerte Kritik ernst nehmen und angemessen darauf reagieren, haben Sie hervorragende Aussichten, dass die Brise wieder abflaut.

Stufe 3 – frische Brise
Die Kritik einzelner Personen wird zum Dauerton. Es reagieren mehr Personen im selben Netzwerk darauf. Das ursprüngliche Thema wird auch in den ersten Onlinemedien und Blogs aufgegriffen. Sehen können Sie das zum Beispiel an Verlinkungen auf entsprechende Seiten oder Google-Ergebnissen bei einer Suche nach Ihrem Firmennamen. Spätestens jetzt müssen Sie reagieren, denn ein echter Shitstorm bahnt sich an. Entschuldigen Sie sich öffentlich (egal, ob Sie etwas falsch gemacht haben oder nicht), um die Situation zu deeskalieren. Erklären Sie, was Sie tun werden, um Abhilfe zu schaffen. Wenn Sie loyale Fans haben, dann ist es in dieser Phase noch gut möglich, dass die Windstärke wieder abnimmt.

Stufe 4 – starker Wind
Es bildet sich ein harter Kern von Kritikern. Der Ton wird lauter und beleidigend, die Angriffe erfolgen auf allen Kanälen des sozialen Netzes. Es berichten mittlerweile viele Onlinemedien, erste Artikel in Printmedien erscheinen. Ab Stufe 4 brauchen Sie unbedingt Unterstützung, sowohl unternehmensinterne als auch externe. Holen Sie sich einen Social-Media-Profi ins Boot, um die schlimmsten Folgen noch rechtzeitig zu verhindern.

Stufe 5 – Sturm
Der Protest entwickelt sich zu einer Kampagne. Die Anschuldigungen sind jetzt pauschal und stark emotional. Die Medien (sowohl online als auch offline) sind stark involviert. Bewahren Sie die Nerven. Reagieren Sie auf keinen Fall emotional, egal, auf welchem Kanal. Erläutern Sie immer wieder, welche Maßnahmen Sie eingeleitet haben.

Stufe 6 – Orkan
Sie haben es in die Tagesthemen geschafft! In den sozialen Medien tobt jetzt der Shitstorm in voller Stärke, der Tonfall ist aggressiv, hoch emotional und eindeutig unter der Gürtellinie. Überlassen Sie die Krisenkommunikation den Profis. Wenn möglich, konsumieren Sie keine Nachrichten, Ihr Nervenkostüm wird es Ihnen danken. Beobachten Sie, welche „normalen" Aktivitäten auf Ihren Profilen sonst noch so passieren, und reagieren Sie dort ganz normal.

aus: „Assistenz & Sekretariat heute"
Autorin: Dunja Schenk

Stefanie Zanker und ihr Chef Andreas Thiel: Beide verbindet das gemeinsame Studienfach Geographie und die Freude daran, sich für die Region zu engagieren.

Mädchen für alles? Völlig ok!

„Ich muss immer wissen, was in unserem Laden läuft. Ich kenne jedes Projekt zumindest oberflächlich, damit ich einspringen kann, falls es mal eng wird, weil jemand krank geworden ist oder in Urlaub geht", erklärt die Assistentin. Auch im Sekretariat hat sie schon einmal ein halbes Jahr lang gemeinsam mit einem Kollegen ausgeholfen. Kein Problem für die junge Frau, die sich selbst als gut organisiert, ehrgeizig und flexibel beschreibt.

„Stillstand wäre schlimm für mich", erklärt sie. Deshalb hat sie, nach zweijähriger Pause, das Studieren wieder aufgenommen. Spätestens im Dezember will sie mit ihrem Master fertig sein. Um zum Masterstudiengang in Wirtschaftspsychologie zugelassen zu werden, hat Stefanie Zanker eine Zeitlang abends nach der Arbeit einen Brückenkurs in Betriebswirtschaftslehre absolviert. Auch im Studienverlauf machten die Präsenzzeiten an der Uni drei Tage der Woche ziemlich lang. „Das war, ehrlich gesagt, anstrengender, als ich gedacht hatte. Aber ich habe viel über Motivation gelernt dabei", erzählt sie.

STARKE NERVEN. KOMPETENZ. EMPATHIE.

Nebenberuflich studiert Stefanie Zanker noch Wirtschaftspsychologie.

Ihr Vorgesetzter unterstützt ihr Vorhaben, indem er sie für einen Zeitraum von zwei Jahren freistellte. Faktisch ist ihre Arbeitszeit damit auf 32 Stunden pro Woche reduziert. Im Gegenzug hat sich die Assistentin für weitere zwei Jahre bei Regio verpflichtet und liegt damit genau in ihrem Zehn-Jahres-Plan, den sie während der Abiturzeit erstellt hat. Pläne schmieden, berufliche Ziele setzen, das findet sie wichtig. Mal sehen, was danach kommt. Vielleicht eine neue Sprache perfekt erlernen, wie ihre Schwester, die nach Andalusien ausgewandert ist? „Das wäre auch mal ein Projekt", sagt Stefanie Zanker voller Bewunderung. Keine so schlechte Option für den nächsten Zehn-Jahres-Plan. Dass sie das Zeug hat, diesen auch in die Tat umzusetzen, hat sie schon mehr als einmal bewiesen.

Andrea Schmidt-Forth, Journalistin

Fotos: Regine Laas

STARKE NERVEN. KOMPETENZ. EMPATHIE.

MONIKA WAGNER, LEITERIN GESCHÄFTSLEITUNGSPROJEKTE
BEI DER FIRMA SCHÖFFEL IN SCHWABMÜNCHEN

Job mit Weitblick

Vom Hotel zum Sportausrüster: Der Weg zum Traumjob war kurvenreich. Heute kann die Assistentin von Firmenmitinhaber Peter Schöffel ihre Erfahrung und ihre Talente so einbringen, wie sie es immer wollte: Mitarbeiter motivieren, Projekte voranbringen, die Natur erleben – privat und beruflich.

Berge, so weit das Auge reicht: 400 Gipfel soll der Betrachter von der Bergstation am Nebelhorn aus entdecken können, heißt es. „So ein Panorama haben Sie nur hier oben. Das macht den Kopf frei, die Gedanken weit", schwärmt Monika Wagner. Genau das wollte die Assistentin, als sie den „Chancentag" nach Oberstdorf und auf rund 2.200 Meter Höhe verlegte. Jedes Jahr Ende Juni tagt die Führungsspitze von Schöffel an einem besonderen Ort, um Visionen für das Unternehmen zu entwickeln. Diesmal also in doppeltem Sinne mit Weitblick. Die persönliche Assistentin liebt es, ihren Chef Peter Schöffel und die Kolleginnen und Kollegen mit ausgefallenen Aktionen zu überraschen.

Karobluse statt Kostüm

Wer Monika Wagner treffen möchte, fährt eine Weile über Land. Die Schöffel Sportbekleidung GmbH liegt in Schwabmünchen, zwischen Landsberg und Augsburg. Rund 200 Menschen arbeiten im Stammhaus, 2012 wurde es um einen modernen Neubau erweitert. Hier werden die neuen Kollektionen für Skifahrer und Wanderer erdacht. Schöffel stattet die österreichische Skinationalmannschaft aus. Auch Arbeits- und Schutzbekleidung gehören zum Programm, unter anderem für die Polizei Nordrhein-Westfalen. Genäht wird von Schneiderinnen und Schneidern, die die Firma größtenteils selbst ausgebildet hat. Aktuell geht es um die Frage, welches Outfit die Mannschaft im Februar 2017 tragen soll, wenn die Weltmeisterschaft startet. „Sie kriegen was Eigenes", gibt Monika Wagner den zuständigen Designern und Produktmanagern Order.

Dann sagt sie ihrer Assistentin Bettina Rauch, dass wir in den Garten gehen. Dort erzählt die zierliche blonde Mittvierzigerin, die von Kopf bis Fuß in sportliche und farbenfrohe Schöffel-Freizeitmode gekleidet ist, von ihrem Werdegang.

Laufstall im Büro

Schon während ihrer Schulzeit am Gymnasium hatte Monika Wagner eine klare Vorstellung von ihrem Berufswunsch: möglichst viel mit Menschen aus verschiedenen Kulturen arbeiten. Andere für eine Vision begeistern, etwas bewirken. Direkt nach der Ausbildung zur Hotelfachfrau zog sie in die Schweiz. Vormittags stand sie als Skilehrerin auf der Piste, abends hinterm Tresen am Hotelempfang. Der Liebe wegen kehrte sie dem Beruf irgendwann den Rücken und ging nach Schwaben zurück. Dort jobbte sie zunächst an der Supermarkt-Kasse und lernte währenddessen an der IHK kaufmännisches Wissen für die Sekretärinnenprüfung. Weitere Job-Stationen waren ein Sanitätshaus und zwei Bauträger.

Die Schöffel Sportbekleidung GmbH

Die Firma Schöffel zählt zu den ältesten Familienunternehmen in Bayern. 1804 erhielt sie die erste Konzession. Mit Strümpfen, Socken, Nachthauben und schwäbischen Zipfelmützen machte Georg Schöffel seinen Heimatort unter dem Namen „Schwabmünchner Blau" zu einer Hochburg der Stricker.

Später erweitern Lederhosen, Bundhosen und die so genannte Jethose, die über dem Skistiefel befestigt wird, das Repertoire. In den 70er Jahren des vergangenen Jahrhunderts entwickelte Schöffel gemeinsam mit der Firma Gore (USA) eine neue wind- und wasserdichte strapazierfähige Membrane. Das strapazierfähige Material wird die Grundlage für den wirtschaftlichen Aufschwung der Firma.

Unter Peter Schöffels Geschäftsleitung entwickelt sich das Unternehmen zu einem der führenden Hersteller funktioneller Ski- und Outdoorbekleidung im deutschsprachigen Raum und spielt auch in weiten Teilen Europas eine maßgebliche Rolle als Premiummarke. Heute ist Schöffel eine moderne international agierende Multichannel-Marke. Einerseits als verlässlicher Fachhandelspartner mit eigenem Shop-in-Shop-System und Merchandising-Service, andererseits als Anbieter mit Own Retail Stores. Außerdem werden fortlaufend neue Märkte im europäischen Raum erschlossen. Entwickelt wird im schwäbischen Stammhaus, gefertigt in Osteuropa und Asien. (Infos unter **www.schoeffel.de**).

STARKE NERVEN. KOMPETENZ. EMPATHIE.

Ein Aufsteller auf dem Schreibtisch von Monika Wagner verrät, wo ihre Stärken liegen: eine Macherin, die andere motivieren kann.

Bei einem brachte sie das Office auf Vordermann, beim anderen arbeitete sie im Vertrieb und im Marketing mit. An der Verwaltungsakademie absolvierte sie ein Abendstudium und schließlich die Prüfung zur Betriebswirtin. Ein kurvenreicher Berufsweg, immer von der Bereitschaft geprägt dazuzulernen: „Jede Station hatte ihren Sinn und hat mich etwas gelehrt."

Sie heiratete früh und bekam drei Kinder, die mittlerweile 16, 18 und 23 Jahre alt sind. Das Familienleben mit dem Beruf zu vereinbaren, war nicht immer einfach. Daniel, den Erstgeborenen, nahm die Assistentin noch im Kindersitz und Laufstall in die Baufirma mit. Als er in den Kindergarten kam, arbeitete Monika Wagner nur noch Teilzeit. Da spielte weder ihr damaliger Vorgesetzter mit, noch fand sich ein neuer Arbeitgeber bereit, der jungen Mutter eine Chance zu geben. Schließlich gründete sie eine Werbeagentur, um mit der Arbeitszeit flexibel auf die Bedürfnisse der Kinder eingehen zu können. Sie textete und gestaltete fürs Internet, erstellte Drucksachen. Parallel machte sie sich als Elternbeiratsvorsitzende für die Grundschule Graben stark, die von ihren drei Kindern der Reihe nach besucht wurde.

Regelmäßig hatte sie mit der Schulrektorin zu tun, das war damals Andrea Schöffel. Die ist mit einem der Firmeninhaber verheiratet, und über sie erfuhr Monika Wagner, dass der Unternehmer eventuell eine Assistentin suche. Schnell schickte sie eine Bewerbung. Es klappte: Als sie Peter Schöffel zum Gespräch traf, fand man sich auf Anhieb sympathisch, und die Stelle ging an sie.

Wandel zum Projektmanagement

Nach zwölf Jahren Selbstständigkeit eine Festanstellung zu erhalten, ist keine Selbstverständlichkeit. „Wer engagiert schon eine Mutter mit drei Kindern, die

---

Work-Life-Balance: Sind Sie ausgeglichen im Büro?

Leider klagen viele Office-Professionals über das gleiche Problem: Sie haben das Gefühl, ständig unter Zeitdruck zu stehen, von einer Sache zur nächsten zu hetzen – beruflich und privat. Sie haben keine Zeit mehr für sich selbst. Ist das bei Ihnen ähnlich? Dann sollten Sie den Ursachen auf den Grund gehen, denn sonst droht auf Dauer die Gefahr eines Burnouts.

So bekommen Sie den Überblick:
Verdeutlichen Sie sich, wofür Sie Ihre Zeit tatsächlich verwenden und wo Sie etwas ändern müssen, damit nicht nur Ihre Arbeitseffizienz, sondern auch Ihre Lebensqualität und -freude nicht auf der Strecke bleiben. Denn beides muss miteinander im Einklang stehen, damit Ihnen die Energie für beide Lebensbereiche weiterhin erhalten bleibt.

Das empfiehlt die Autorin, Evelin L. Rosenfeld:

Notieren Sie in einer dreispaltigen Liste ...

Spalte 1: 5 bis 7 Aktivitäten, die Ihnen Spaß machen und Lebensfreude bringen – etwa eine herausfordernde Aufgabe in Ihrem Beruf als Office-Professional oder ein Besuch bei Freunden.

Spalte 2: Welche Aufgaben sind derzeit für Sie persönlich vorrangig, ausgehend von Ihren kurz- bis mittelfristigen Zielen – etwa der Abschluss einer wichtigen Weiterbildung oder ein entspannteres Familienleben?

Spalte 3: Mit welchen sechs bis sieben Tätigkeiten haben Sie in der vergangenen Woche die meiste Zeit verbracht, mit welchem Ziel und Ergebnis? Waren es Dinge, die Sie von sich aus gerne taten, oder waren Sie vor allem fremdbestimmt? Hatten Sie unliebsame Aufgaben im Beruf oder Pflichten und Anforderungen in der Familie?

STARKE NERVEN. KOMPETENZ. EMPATHIE.

sich so lange nicht mehr in eine Firma eingefügt hat?", hat Monika Wagner damals gebangt. Oft genug hatte sie auf ihre Bewerbungen Absagen erhalten. Doch Peter Schöffel erkannte das Potenzial der dynamischen Schwäbin sofort.

Eine Rolle spielte vielleicht auch Monika Wagners ausgeprägter Wille zum Service. „Einen Kaffee zu servieren, ist für mich eine Selbstverständlichkeit, selbst wenn ich keine Assistentin in klassischem Sinne mehr bin", sagt sie. Sicher war es auch ihre authentische Art, die besonders gut zu einem Unternehmen wie Schöffel passt.

So kommen Sie zu einem Ergebnis:
Vergleichen Sie die Aktivitäten der ersten beiden Spalten mit denen, in die Sie Ihre meiste Zeit und Energie gesteckt haben. Stimmen sie überein? Abweichungen sind durchaus okay. Wenn Sie jedoch gar keine Übereinstimmung mehr feststellen können, ist Ihre Work-Life-Balance aus dem Tritt.

Nehmen Sie sich Zeit, mögliche Konsequenzen zu überdenken. Was können Sie ändern, um zu mehr Ausgeglichenheit zu kommen?

Mögliche Ansatzpunkte:
- Knüpfen Sie ein stabiles Netzwerk aus Freunden, Bekannten und Kollegen, also beruflich und privat. Das bringt Sie weiter im Job und tut der Seele gut. Ein gelegentlich versandter Gruß per E-Mail oder Postkarte hält Sie in Erinnerung. Aber das allein reicht nicht aus, damit der Kontakt – beruflich beziehungsweise privat – auf lange Sicht lebendig bleibt. Versuchen Sie, mehrmals im Jahr ein persönliches Treffen mit Ihren wichtigen Kontaktpersonen zu arrangieren: ein gemeinsames Mittagessen, ein Espresso im Café. Das lässt sich auch mit dem Arbeitsalltag unter einen Hut bringen.

- Sagen Sie auch einmal Nein zu Ihrem Chef, wenn er Unmögliches von Ihnen verlangt. Einen unrealistischen oder unpassenden Wunsch dürfen Sie ihm getrost abschlagen. Sie überzeugen Ihren Chef aber nur, wenn er einsieht, dass Wichtigeres und Dringenderes auf Sie warten. Beispiel: „Wenn ich diese A-Aufgabe jetzt für Ihre C-Aufgabe unterbreche, kann ich das XY-Projekt nicht wie geplant fertig stellen." Damit liegt die Verantwortung bei Ihrem Chef.

aus: „Assistenz & Sekretariat heute"

STARKE NERVEN. KOMPETENZ. EMPATHIE.

Den Schöffel-Slogan „Ich bin raus!", für die neue TV-Kampagne 2012 erdacht, hatte man im Führungskreis kontrovers diskutiert. Auch Monika Wagner war skeptisch gewesen. Doch mittlerweile ist sie genauso überzeugt wie die Kolleginnen und Kollegen, dass der Slogan bei den Verbrauchern wie erhofft ankommt. „Unsere Devise ist nicht ‚höher, schneller, weiter'. Bei uns steht der Kunde im Mittelpunkt, der die Natur genießen, erleben, erwandern und spüren möchte", erklärt Monika Wagner die Botschaft. Sie selbst liebt das Draußensein über alles: beim Wandern, beim Skifahren oder mit Familienhund Luna. Zweimal im Jahr fährt sie zu großen Sportmessen, zur Ispo nach München und zur Outdoor nach Friedrichshafen. Dort pflegt sie Kontakte, spricht mit Mitbewerbern und hält nicht zuletzt nach Markenpiraten Ausschau.

„Wie kann ich in den dunkleren Monaten positiv denken?"

Uta G. aus Herbrechtingen: *„Gerade im Herbst fällt es vielen Menschen schwerer, positiver zu sein als im Sommer. Ich selbst merke auch, dass ich mich jetzt an den dunkleren Tagen schwerer motivieren kann. Haben Sie einen Tipp für mich?"*

Moderne Geschäfts-Korrespondenz: Ja, das kenne ich. Nutzen Sie die folgende Technik, die Sie sofort in eine positive Stimmung versetzt.

Wenn Sie über Ihre Misserfolge nachdenken, geht es Ihnen dann auch so? Sie können auf Anhieb drei in höchstem Maße peinliche Szenen aus Ihrem Leben als Assistentin schildern? Dann geht es Ihnen wie vielen Kolleginnen und Kollegen.

Kurz: Wir tendieren dazu, Misserfolge hochzuhängen – ihnen emotional großes Gewicht zu geben. Und Erfolge schnell abzuhaken – weil ja „alles in Ordnung war". Das ist schade, weil wir uns damit die Chance nehmen, mit unseren Erfolgen zu wachsen.

Auch für Ihre Korrespondenz-Kompetenz gilt: Sammeln Sie Erfolgsbelege. Tun Sie etwas gegen dieses Ungleichgewicht: Legen Sie sich einen Motivationsordner an, in dem Sie Belege Ihrer größten Erfolge abheften – oder richten Sie sich auf Ihrem Smartphone ein Motivationsalbum ein: mit Fotos und eingescannten Dokumenten.

Wenn Sie gestresst oder niedergeschlagen sind, können Sie sich mit dieser kleinen Sammlung schnell wieder in eine positive Stimmung versetzen.

aus: „Moderne Geschäfts-Korrespondenz"

Autorin: Claudia Marbach

STARKE NERVEN. KOMPETENZ. EMPATHIE.

Vertrauen, Klarheit und Sinnhaftigkeit, das schätzen beide ganz besonders: Geschäftsführer Peter Schöffel mit Monika Wagner.

Denn die Konkurrenz schläft nicht. Die Wachstumsspannen im Markt für Sportbekleidung sind ausgereizt. Es herrscht ein harter Verdrängungswettbewerb. Wer da als mittelständisches Familienunternehmen bestehen will, muss mit Qualität und einem überzeugenden Profil punkten. Bei Schöffel sind das Themen wie Nachhaltigkeit, lange Lebensdauer, Klima- und Tierschutz („Bei uns wird kein echtes Fell verwendet!") sowie langfristig der Verzicht auf schädliche Chemikalien auch bei Funktionsbekleidung. „Teil einer solchen Strategie zu sein, macht große Freude, ebenso wie die Vielfältigkeit meiner Tätigkeit", erklärt Monika Wagner. Briefe schreibt die Assistentin heute nur noch selten für ihren Chef. Seine E-Mails verfasst er selbst, Briefe diktiert er ins Handy und schickt ihr eine MP4-Datei. „Leiterin Geschäftsleitungsprojekte" steht mittlerweile auf ihrem Türschild. Schwerpunkte sind organisatorische und konzeptionelle Aufgaben. „Sie greift meine Ideen auf, macht sie noch besser und sorgt dafür, dass sie zeitnah umgesetzt werden", lobt Peter Schöffel seine Mitarbeiterin.

Immer eine offene Tür

Das Büro liegt im ersten Stock, auf der Etage der Geschäftsleitung. An den Wänden hängt echte Kunst. Das ist die Handschrift des kunstsinnigen Seniorchefs Hubert Schöffel, er ist 86 Jahre alt. Neben den Geschäftsführern Peter Schöffel und Felix Geiger hat außerdem Andrea Schöffel ein Büro hier. Monika Wagner arbeitet mit ihr eng in Sachen Schöffel-Stiftung zusammen.

Die Stiftung unterstützt Projekte in den Bereichen Soziales, Kinder- und Jugendförderung sowie Umweltschutz. „Nicht mit der Gießkanne, sondern ganz gezielt und bevorzugt in der Region", erläutert die Assistentin. Sie sucht die Projekte mit aus, betreut sie und organisiert Veranstaltungen, wie zum Beispiel einen Ausflug in die Berge. „Zum Schluss fahren wir mit der Sommerrodelbahn wieder hinunter", erzählt sie. Selbstredend ist sie mit von der Partie, ebenso wie 13 Auszubildende. Monika Wagner ist Ausbildungsleiterin und Prüferin bei der IHK. Den jungen Leuten fordert sie einiges ab: „Wir haben genauso hohe Ansprüche an unsere Mitarbeiter wie an unsere Produkte. Aber ich fordere von ihnen nicht mehr, als ich nicht selbst zu leisten bereit wäre." Dafür steht ihre Tür immer für alle offen, sie ist jederzeit ansprechbar. Den Beschäftigten bei Schöffel wird so manches geboten, darunter ein Ski-Tag oder der Schöffel-Kids-Day am Buß- und Bettag, an dem die Azubis unter Leitung von Monika Wagner mit den Kindern der Mitarbeiter wandern gehen. Damit hat sie das Betreuungsproblem der Eltern an diesem Tag gelöst – und abends treffen sich alle zum Grillen.

Daneben kümmert sich Monika Wagner um die Reiseplanung der Geschäftsführer und des rüstigen Seniorchefs. Sie erdenkt und realisiert Mitarbeiterveranstaltungen, darunter Workshops, bei denen allen Mitarbeiterinnen und Mitarbeitern die jeweilige Jahres-Strategie nahegebracht werden soll. Sie organisiert die 14-tägigen Geschäftsleitungstreffen, die Sitzungen der erweiterten Führungsriege, die Quartalstreffen des Firmenbeirats und das DACH-Meeting, zu dem sich die Geschäftsleitung einmal im Jahr mit Vertretern der Schweizer und Österreicher Tochtergesellschaften zusammensetzt.

Sie erstellt Präsentationen und Protokolle, bereitet Sitzungen vor und nach. Der Jahresbericht der Schöffel-Stiftung liegt ebenso in ihrer Hand wie eine Broschüre, in der die HR-Abteilung das Leitbild, die Mitarbeiterkompetenzen und die Führungsrichtlinien vorstellt. Als eine der ersten hat sich Monika Wagner ein Kompetenz-Profil erstellen lassen. Ein Aufsteller auf ihrem Schreibtisch verrät, wo ihre Stärken liegen: eine Macherin, die andere motivieren kann.

Andrea Schmidt-Forth, Journalistin

Fotos: Alexander Rochau

STARKE NERVEN. KOMPETENZ. EMPATHIE.

CLAUDIA KELLERMAYER, REDAKTIONSASSISTENTIN BEI DER WELTN24-GRUPPE, REGIONALREDAKTION BAYERN, MÜNCHEN

Immer bestens informiert

Mit ihrem Wechsel aus der eher nüchternen Finanzwelt in das kreative Arbeitsumfeld von Redaktionen startete die gebürtige Münchnerin eine spannende Backoffice-Karriere. Nach gut 25 Jahren Berufserfahrung und mitten in einem massiven Medienwandel freut sie sich über einen Job, „der ganz sicher aufregend bleibt".

Nicht erst Willy Brandt wusste: „In Bayern gehen die Uhren anders." Claudia Kellermayer erlebt das an ihrem Arbeitsplatz in doppelter Hinsicht. Ihr Büro liegt im dritten Stock eines Glasbaus direkt am geschichtsträchtigen Isartorplatz, wo im 14. Jahrhundert die zweite Stadtmauer um das ausufernde München entstand. An den beiden flankierenden Türmen des Tores hängt jeweils eine große blaue Uhr – die eine geht mit der Zeit, die andere genau entgegengesetzt. Seit 2005 will man damit an Bayerns tragikkomisches Original Karl Valentin (1882 bis 1948) erinnern, im Innern der Toranlage gibt es ein Valentin-Museum.

Und dass das Bundesland im Süden Deutschlands ohnehin ganz gern etwas Besonderes ist, verrät nicht nur das historisch bedingte Wort „Freistaat" vor „Bayern". Viele kleine und größere Sonderwege in der Politik sind oft ein Thema auf den Seiten „ihrer" Redaktion: Hier, am Isartorplatz, entsteht Woche für Woche der Bayern-Teil der Sonntagszeitung *Welt am Sonntag*.

Seit Herbst 2000 ist Claudia Kellermayer als Assistentin dabei, „immerhin auch schon wieder 16 Jahre", staunt sie beim Erzählen. Den Redaktionsleiter, Stefan Felbinger, und dessen Stellvertreter Peter Issig kennt sie sogar noch länger: „Wir haben schon bei der *Münchner Abendzeitung* zusammengearbeitet".

Vom Finanzamt in die Redaktion

Dass sie einmal bei den Medien landen würde, war zu Beginn ihrer beruflichen Laufbahn nicht abzusehen. Mit 15 begann sie bei der – damals noch – Bayerischen Vereinsbank und absolvierte eine Ausbildung, die mittlerweile „Kauffrau für Büromanagement" heißt. Dann wechselte sie zum Finanzamt München in die Betriebsprüfungsstelle und blieb dort fünf Jahre. „Das war eine arbeitsintensive Zeit", erinnert sie sich, „ich konnte mir dort aber auch viel Verantwortung erarbeiten." Schließlich kündigte sie, um eine Ausbildung zur Geprüften Sekretärin IHK an der Sabel Akademie zu absolvieren. Die Absolventinnen waren auf dem Arbeitsmarkt begehrt, schon die Schule bekam Anfragen. Als sie daheim von der Anfrage einer Redaktion nach einer Sekretärin berichtete, bestärkten sie die Mutter und die Schwester: „Redaktionssekretärin – das wär doch was für dich!" Claudia Kellermayer bewarb sich und wechselte an die Adresse Arabellapark in München zum Burda Verlag, als Sekretärin eines der stellvertretenden Chefredakteure der deutschen *Forbes*-Ausgabe. Ein kleiner Kulturschock war das schon für die damals 24-Jährige. In den Redaktionen waren die ersten Computer im Einsatz, neben Gründlichkeit waren hier jede Menge Flexibilität und Kreativität gefragt, das aktuelle Wirtschaftsgeschehen gab den Arbeitsrhythmus vor, von der Themenvielfalt bis zum Redaktionsschluss. Das war schon etwas

Die Zeitung

Die *Welt* und die *Welt am Sonntag* wurden in den Jahren 1946 bzw. 1948 von den Siegermächten des Zweiten Weltkriegs in der britischen Besatzungszone gegründet. 1953 erhielt der Hamburger Verleger Axel Springer die Lizenzen für die Tageszeitung und die Sonntagszeitung. Heute fasst das Markendach „WeltN24 GmbH" der Verlagsgruppe Axel Springer SE die Digital- und die Print-Ausgaben der beiden Zeitungen sowie den TV-Sender N24 zusammen. Chefredakteur der Welt-Gruppe ist Dr. Ulf Poschardt, Herausgeber von „WeltN24" ist Stefan Aust. Dem aktuellen massiven Wandel in der Medienbranche will man als „digitales Leitmedium für Qualitätsjournalismus" begegnen. Die *Welt am Sonntag* erscheint jeden Sonntag für 3,90 Euro pro Print-Ausgabe. Redaktioneller Hauptsitz ist Berlin, dazu gibt es regionale Redaktionen in Hamburg, Nordrhein-Westfalen und Bayern. Am Standort Isartorplatz 8 in München arbeiten insgesamt sechs Redakteure für „WeltN24".

STARKE NERVEN. KOMPETENZ. EMPATHIE.

Seit Herbst 2000 ist Claudia Kellermayer die Assistentin von Stefan Felbinger, Redaktionsleiter des Bayern-Teils der *WamS*: „So nah dran zu sein am aktuellen Geschehen, das macht meine Aufgabe hier natürlich besonders spannend."

ganz anderes als Bank oder Finanzamt. Die pulsierende Lebendigkeit liebt die gebürtige Münchnerin bis heute an ihrem Job. Als die deutsche *Forbes*-Ausgabe eingestellt wurde, wechselte die Redaktionssekretärin nach knapp fünf Jahren zur *Münchner Abendzeitung*. Eigentlich kann es ihr gar nicht turbulent genug sein: „Bei der AZ, die ja täglich erscheint, da ging es wirklich rund!" Sogar Nonstop-Einsätze erinnert die Redaktionsassistentin, „als Prinzessin Di starb", bei einem Autounfall in Paris. 1997 war das, „da haben wir innerhalb von zwei Wochen die ‚Diana-Zeitung' aus dem Boden gestampft und dafür vierzehn Tage mehr oder weniger ununterbrochen gearbeitet" – während des normalen täglichen Tageszeitungsbetriebs, versteht sich. Von der Abendzeitung wurde sie abgeworben, als im Jahr 2000 eine Bayern-Ausgabe der Tageszeitung *Die Welt* entstand, seitdem ist ihr Arbeitsplatz am Isartorplatz.

Themen liefern, Fakten checken

„Bei einer Tageszeitung geht es nachrichtlicher zu, eine Sonntagszeitung hat mehr Magazincharakter", beschreibt die Redaktionsassistentin den klassischen Mix für eine sonntägliche Zielgruppe, die mit Zeit und Muße liest, also informiert und unterhalten sein will. Als Redaktionsassistentin betreut sie das sechsköpfige Team der Münchner WeltN24-Redaktion.

Neben den klassischen Sekretariatsaufgaben – Korrespondenz, Telefon, Reisebuchhaltung etc. – hat sie eine Reihe von Assistenzaufgaben, die direkt mit dem Entstehen der wöchentlich vier bis acht Zeitungsseiten und der Web-Version zu tun haben. Zum Beispiel ist sie im Verteiler der Münchner Polizei. Was für München und Bayern gemeldet wird, bekommt sie sofort mit und gibt es, je nach Relevanz, an die Kollegen weiter.

Auch bei Recherchen arbeitet sie oft zu. Personendetails, Einzelheiten früherer Ereignisse, Kontaktdaten: Claudia Kellermayer erledigt solche Aufgaben „liebend gern". Die Assistenz bei der Recherche gehört mit zu ihren Lieblingsaufgaben: „So nah dran zu sein am aktuellen Geschehen, das macht meinen Job natürlich besonders spannend." Zum Beispiel als München im Sommer 2017 Schauplatz einer dramatischen Schießerei mit vielen Opfern wurde oder als auf der Bahnstrecke Holzkirchen–Rosenheim zwei Personenzüge frontal zusammenstießen und 12 Menschen starben. „Da konnte ich viel zu unserer Berichterstattung beitragen, weil das in meiner Region geschah und ich wusste, wen ich was fragen kann", erzählt die Redaktionsassistentin.

Genauso engagiert ist sie aber auch dabei, wenn es um viel Geringeres geht, wie etwa bei der Absage der alljährlichen „Damen-Wiesn" auf dem Oktoberfest von Großunternehmerin Regine Sixt. Vor dem Hintergrund von Terrorangst ist eben auch so eine vermeintliche Banalität nicht unerheblich. Claudia Kellermayer kann die Dimension von Ereignissen einschätzen.

Ansonsten beginnt ihr Tag wie viele andere in einem Büro: „Post sortieren und verteilen, E-Mails checken, Kaffee kochen für die Kolleginnen und Kollegen –

STARKE NERVEN. KOMPETENZ. EMPATHIE.

Business English: Die 30 nützlichsten Redewendungen für Ihr nächstes Telefonat

Wenn Sie nicht permanent in Kontakt mit englischsprachigen Anrufern sind, kann es vorkommen, dass ein Anrufer aus dem Ausland Sie „kalt erwischt". Damit Sie ganz entspannt zum Hörer greifen können, habe ich Ihnen hier die wichtigsten Redewendungen zusammengestellt, die Sie in einem Telefonat benötigen.

Deutsch	Englisch
Sagen Sie mir bitte Ihren Namen?	Could you tell me who's calling, please?
Was kann ich für Sie tun?	How can I help you?
Ich glaube, Sie haben sich verwählt.	I'm afraid you have dialled the wrong number.
Wen möchten Sie sprechen?	Who would you like to speak to?
Es tut mir leid, er ist gerade nicht da.	I'm sorry he's not here right now.
Tut mir leid, er ist heute nicht im Haus.	I'm sorry he's not in today.
Er ist gerade in der Mittagspause.	He is out for lunch.
Er ist momentan leider nicht erreichbar.	He is not available at the moment.
Können Sie mir sagen, worum es geht?	Could you please tell me what it is about?
Könnten Sie das bitte buchstabieren?	Could you spell that, please?
Bleiben Sie dran, ich verbinde.	Hold the line, I'll put you through.
Ich leite Sie an ... (Abteilung) weiter.	I'll pass you over to ... (department).
Er hat gerade ein Gespräch auf der anderen Leitung.	He is speaking on another line.
Es tut mir leid, dort ist momentan leider besetzt. Möchten Sie warten?	I'm sorry, but the line is busy. Would you like to hold?
Tut mir leid, dass Sie warten mussten.	I'm really sorry to have kept you waiting.
Kann ich etwas ausrichten?	Can I take a message?
Möchten Sie ihm eine Nachricht hinterlassen?	Would you like to leave a message for him?
Können Sie es später noch mal versuchen?	Could you try again later?
Darf ich Sie zurückrufen?	May I call you back?
Ich werde ihn bitten, Sie zurückzurufen.	I'll ask him to get back to you.
Die Verbindung ist schlecht.	The line is bad.
Ich kann Sie (akustisch) kaum verstehen.	I can hardly hear you.
Entschuldigung, das habe ich jetzt nicht mitbekommen.	Sorry. I didn't get that.
Könnten Sie bitte etwas langsamer sprechen?	I'm sorry, could you speak a little bit more slowly?
Vielen Dank für Ihren Anruf. Auf Wiederhören.	Thank you for calling, goodbye.
Gern geschehen. Bis nächste Woche, auf Wiedersehen!	You're welcome. See you next week, bye-bye.
Es war schön, Sie zu hören.	It was nice hearing from you.
Vielen Dank für Ihre Hilfe! Einen schönen Tag noch.	I'm very grateful for your help. Have a nice day.
Vielen Dank für Ihren Anruf und bis zum nächsten Mal.	Thank you for your call and keep in touch.

aus: „Das Assistentinnen-Handbuch"
Autorin: Dunja Schenk

ich bin in der Regel die erste in der Redaktion." Am Montag beginnt die Woche mit dem „Anstrich". Claudia Kellermayer schlägt die großen Zeitungsseiten des Bayern-Teils auf, Aufmacher auf Seite 1, danach Politik und die Landtagskolumne, anschließend Wirtschaft, Kultur, Gesellschaft, zum Schluss dann noch People und Society.

Mit bunten Markern streicht sie an, was von wem zugeliefert wurde: Texte von freien Autorinnen und Autoren, Bilder von freien Fotografen oder Agenturen. In Absprache mit dem Chef kennzeichnet sie, wer welches Honorar erhält. „Anschließend gebe ich die Daten und Honorare in ein spezielles Buchhaltungsprogramm ein, in der Berliner Verlagszentrale wird es weiterbearbeitet."

Die Übergänge zur redaktionellen Mitarbeit sind fließend. Oft übernimmt die Assistentin die Suche nach Agenturbildern, zum Beispiel wenn ein Beitrag noch ein Foto brauchen könnte. Auch eine Art „kleine" Schlussredaktion gehört zu ihren Aufgaben: Rechtschreibung, Grammatik, das ist schließlich eine ihrer Kernkompetenzen.

Dass ihr Input durchaus gefragt ist – neben den reinen Büroaufgaben –, ist für Claudia Kellermayer ein wichtiger Teil ihrer Job-Zufriedenheit. Längst hat sie ein Gespür dafür entwickelt, was ein Thema für den Bayern-Teil sein könnte. Dass sie jeden Abend eine knappe Stunde nach Hause in einen kleinen Ort bei Rosenheim fährt, ist durchaus ein Pluspunkt für die Redaktion: „Ich bekomme viel mit aus meiner Region, und da wir nicht nur aus München berichten, sondern aus ganz Bayern, kann ich oft etwas vorschlagen, was mir im privaten Umfeld begegnet."

Eigenschaften wie Verlässlichkeit und flottes Arbeiten sind für sie selbstverständlich. „Es geht hier freundschaftlich zu", erzählt sie, „alle sind per Du, klar, man kann gut miteinander lachen", das ist in der Redaktionshektik oft genug ein willkommener Katalysator für den Stress. Der steigert sich von Montag an allmählich, Donnerstag und Freitag sind die „heißen" Tage, um 14 Uhr am Freitag müssen der Hauptredaktion in Berlin alle Texte vorliegen.

STARKE NERVEN. KOMPETENZ. EMPATHIE.

Claudia Kellermayer mit ihrem Chef Stefan Felbinger. „Es geht hier freundschaftlich zu", erzählt sie, „alle sind per Du, klar, und wir können gut miteinander lachen."

Mitarbeit im Betriebsrat

Engagement zahlt sich aus – das von Claudia Kellermayer mittlerweile über die eigene Karriere und über die Interessen der eigenen Redaktion hinaus. Seit Frühjahr 2015 ist sie Betriebsratsvorsitzende am Standort München und gehört dem Gesamtbetriebsrat der WeltN24 GmbH an. „Die Betriebsratsarbeit gibt mir richtig viel. Einmal im Monat fliege ich nach Berlin zur Sitzung des Gesamtbetriebsrats. Es ist toll, so nahe am Geschehen zu sein. Ich konnte mich auch schon wirkungsvoll für Kollegen einsetzen." Für die Arbeit im Betriebsrat bildet sie sich gründlich weiter, in speziellen Seminaren.

Neugier ist ein wichtiges Motiv in ihrem Leben, dafür hat Claudia Kellermayer sogar schon mal für eine längere Zeit vom Redaktionsalltag pausiert und unbezahlten Urlaub genommen: „Da habe ich mit meiner Schwester zwei Monate lang als Rucksack-Touristin Vietnam, Kambodscha und Thailand besucht." Auf einer Pauschalreise hatten die beiden Schwestern, die gern zusammen Urlaub machen, sich in die asiatische Kultur verliebt und wollten mehr davon erleben. Vier Mal waren sie mittlerweile dort – im Januar kommenden Jahres geht es wieder nach Thailand.

Ein optimaler Start ins neue Arbeitsjahr, das zumindest in Sachen Politik wohl ein besonders intensives für die Redaktion wird. Schließlich ist in Bayern 2018 Landtagswahl. Und da die Uhren in Bayern womöglich tatsächlich ein wenig anders ticken – womit der damalige Bundeskanzler Willy Brandt übrigens die Abläufe in der bayerischen SPD meinte –, wird das Redaktionsteam am Isartorplatz bestimmt über die eine oder andere Überraschung zu berichten haben.

Kirsten Wolf, Journalistin

Fotos: Sabine Klem

STARKE NERVEN. KOMPETENZ. EMPATHIE.

JANA MONARTH, ASSISTENTIN DER GESCHÄFTSLEITUNG DER HOLZER FIRMENGRUPPE, BOBINGEN

Tag für Tag gut im Rennen

Die 32-jährige Schwäbin hat Sport schon immer geliebt und so sollte es auch im Beruf möglichst sportlich zugehen. Heute arbeitet sie als eine von wenigen Frauen im Motorsport und fühlt sich in dieser Männerdomäne rundum wohl.

Wruuuuum! Für einen Moment lang vibriert der Boden unter unseren Füßen, in der Werkshalle startet laut röhrend ein Wagen. Es ist ein Opel Adam, umgebaut zu einem Rallyefahrzeug. „Der geht als Teamfahrzeug zur nächsten Rallye mit", erklärt Jana Monarth, während sie uns über das Firmengelände führt. Wir erleben mit, wie das 190 PS starke Rallyefahrzeug in einen Motorsport-Truck verladen und per Hebebühne nach oben gefahren wird. Auf diese Weise haben darunter noch jede Menge Werkzeugkisten und Ersatzteile Platz. Mehrere dieser weiß-gelb lackierten Trucks stehen auf dem Firmengelände und warten auf ihren Einsatz beim Saisonfinale, der Drei-Städte-Rallye im Osten Bayerns. Nicht weniger als 20 Ingenieure, Mechaniker, Trucks und Logistiker werden dort den technischen Support liefern.

Etwa hundert Opel-Adam-Rallye-Teams gibt es in ganz Europa. Die Mehrzahl der Adams wird von privaten Teams eingesetzt, Opel selbst hat auch ein eigenes Team mit drei Fahrzeugen. Für die Vorbereitung, Organisation und Betreuung dieses Werksteams ist die Holzer Firmengruppe zuständig. Hier liegt auch der Aufgabenschwerpunkt von Jana Monarth. Stolz weist sie darauf hin, dass sie gerade erneut Europameister geworden sind. Rallyefahrer Marjan Griebel, 27 Jahre alt und bei Kooperationspartner Opel unter Vertrag, hat den Sieg eingefahren. Die Firma Holzer, Arbeitgeber der Assistentin, hat maßgeblich Anteil daran. Denn hier in Bobingen, vor den Toren Augsburgs, werden die Rallyewagen konstruiert, entwickelt und gebaut, von hier kommen die Ersatzteile und der technische Support.

Ein Holzer-Teil unter der Haube

Jana Monarth arbeitet seit rund vier Jahren bei der Holzer-Gruppe, einem Hightech-Dienstleister von internationaler Reputation. Neben den Bereichen Engineering, Production und Human Service ist der Motorsport Kern- und Keimzelle des Geschäfts. Hochqualifizierte Ingenieure planen, entwickeln und konstruieren einzelne Komponenten bis hin zu gesamten Fahrzeugen. Auch die Fertigung der Spezialteile findet hausintern statt. An über 25 Maschinen und Arbeitsplätzen wird gefräst, geschweißt und geprüft. Porsche, BMW und Audi stehen auf der Referenzliste, mit Opel hat man seit vielen Jahren eine umfangreiche Kooperation.

Auch Renn-Motorräder baut man bei Holzer aus hochwertigen Metalllegierungen. Zum Beispiel das Lotus Bike C-01, von der sogar namhafte Formel Eins-Rennfahrer ein Exemplar in ihrer Privatsammlung haben. Als Firma in der Firma entwickeln und produzieren außerdem zwei ehemalige Holzer-Ingenieure

Die Holzer Firmengruppe

Die Anfänge der Holzer-Gruppe reichen mehr als 30 Jahre zurück. Damals stiegen die Brüder Ronald und Günther Holzer, ursprünglich Betreiber einer Tankstelle in Augsburg und selbst leidenschaftliche Rallye-Fahrer im Opel Kadett Cup, in das Renngeschäft ein. Lange Zeit waren sie ausschließlich im Motorsport tätig, vor allem als Kooperationspartner der Opel AG. Mit dem Ausstieg des Automobilbauers aus dem Deutschen-Tourenwagen-Masters (DTM) im Jahr 2005 eröffnete sich die Möglichkeit, hochqualifizierte Mitarbeiterinnen und Mitarbeiter im Rahmen der Personalüberlassung in anderen Bereichen einzusetzen. Dadurch entwickelte sich ein neuer Geschäftszweig, der bis heute erfolgreich gewachsen ist. Auch die Hightech-Schmiede haben die Brüder Holzer seit dieser Zeit breiter aufgestellt: Sie entwickeln und produzieren inzwischen zusätzlich für Industrie sowie Raum- und Luftfahrt.

Daneben erfüllt Holzer als innovatives Full-Service-Unternehmen alle Phasen im Engineering-Prozess, von der ersten Idee über das Gesamtfahrzeug bis hin zur kompletten Teambetreuung an der Rennstrecke. Stammsitz der Holzer-Gruppe ist ein 10.000 Quadratmeter großes Fertigungs- und Bürogebäude im schwäbischen Bobingen. Insgesamt beschäftigt das Familienunternehmen etwa 420 Mitarbeiterinnen und Mitarbeiter, vom IT-Mann über den Ingenieur, Mechaniker bis zum Verwaltungsangestellten.

STARKE NERVEN. KOMPETENZ. EMPATHIE.

Jana Monarth an ihrem Schreibtisch im Stammhaus der Holzer-Gruppe in Bobingen. Kostenkontrolle ist ein wesentlicher Bestandteil ihrer Aufgaben.

Rundstreckenbikes für die Moto 2, die zweithöchste Prototypen-Rennklasse innerhalb der FIA-Motorrad-WM für Motorräder mit 600 Kubik. Kalex nennt sich die kleine und ebenfalls sehr erfolgreiche Rennmaschinen-Schmiede, die auch auf dem Gelände der Holzer Firmengruppe zu finden ist.

Sie mag die direkte Art

Der Rennsport ist traditionell eine Männerdomäne. Auch bei der Holzer Firmengruppe sind von den 130 Beschäftigten am Standort Bobingen nur rund 15 Frauen. Wie kommt eine junge Frau ausgerechnet in dieses Business? „Ich arbeite einfach gerne mit Männern zusammen", sagt Jana Monarth, „mir gefällt, dass hier jeder direkt sagt, was Sache ist." Außerdem war der Sport schon immer „ihr Ding". Statt mit Puppen spielte sie lieber Tennis, und auch heute noch steht der Sport bei ihr ganz oben an. Im Sommer geht sie zum Laufen und Tennisspielen, im Winter zum Skifahren und Tischtennis. An der Universität Bayreuth studierte Jana Monarth Sportökonomie, eine Kombination aus Sport und Betriebswirtschaft, die zum Beispiel für eine Tätigkeit in Sportvereinen oder -verbänden qualifiziert. Als zweites Standbein wählte sie das Lehramt für Sport und Wirtschaft an der Realschule. Jana Monarth absolvierte ihr Studium innerhalb kürzester Zeit, nur durch ein Auslandsjahr in Spanien unterbrochen. Gerne erinnert sie sich an die Zeit auf Gran Canaria, wo sie an der deutschen Schule in Las Palmas Sprachunterricht gab und einheimische Freunde fand: „Anfangs sprach ich kaum ein Wort Spanisch. Deshalb verlängerte ich auf ein ganzes Jahr, um die Sprache perfekt zu lernen." Über Pflichtpraktika für das Studium gelangte die junge Frau nach dem Diplomexamen zu der Münchner Sportagentur Run-about, als Assistentin des Geschäftsführers. „Dort war ich Mädchen für alles und organisierte und begleitete zum Beispiel große Marathonläufe in München und in Freiburg", erläutert sie. Sie betreute besondere Teilnehmer, erledigte Ämtergänge, um Genehmigungen für die Sperrung von Straßen, die musikalische Untermalung des Laufs und den Einsatz von Sicherheitskräften einzuholen. Zahlreiche interessante Aufgabenfelder, bei denen sie sehr selbstständig arbeiten durfte und richtig viel gelernt habe, erzählt die 32-Jährige.

Zum big player der Branche

Als sich nach einem dreiviertel Jahr die Chance zu einer Neuorientierung bot, griff sie zu. Immer schon hatte die gebürtige Bobingerin ein Auge auf die Stellenanzeigen bei der Holzer-Gruppe gehabt. Eine neue berufliche Herausforderung bei einem bekannten Player der Branche zu finden, noch dazu in der Nähe ihres Wohnorts, das war attraktiv. 2012 bewarb sie sich auf eine Vakanz bei Holzer. Sie passte zwar nicht wirklich zur ausgeschriebenen Stelle, doch Firmenchef Günther Holzer engagierte die Bewerberin trotzdem. Als Assistentin des Personalmanagers fing Jana Monarth bei der Firma Holzer an, nach einem Jahr war sie auch für die Geschäftsleitung tätig. Jana Monarth überzeugte, als sie im Auftrag des Chefs für einen guten Geschäftsfreund eine Imagebroschüre erstellte.

Die Holzer-Ingenieure entwickeln unter Leitung von Konstruktionschef Thomas Burkhart einzelne Komponenten bis hin zu gesamten Fahrzeugen.

STARKE NERVEN. KOMPETENZ. EMPATHIE.

Die Opel-Adam-Rallye und alles, was dazu gehört, fällt in die Zuständigkeit von Jana Monarth und Christian Gröswang, kaufmännischer Leiter bei der Holzer-Gruppe.

Ihm hatte die Haus-Broschüre so gut gefallen, dass er ebenso eine haben wollte. Mit Katharina Holzer, der Tochter des Chefs, organisierte sie das erste Sommerfest für die Belegschaft und deren Familien. Es wurde ein sehr gelungenes Fest mit 350 Teilnehmern.

Als Automobilhersteller Opel schließlich den Opel Adam neu herausbrachte und ihn von der Holzer-Firmengruppe zum Rallyefahrzeug umbauen ließ, brauchte der Chef jemanden, der sich mit um die neue Motorsport-Kooperation kümmerte. Seither ist Jana Monarth fest in diesem Projekt eingebunden und arbeitet hauptsächlich als Assistenz von Christian Gröswang, kaufmännischer Leiter der Holzer Firmengruppe.

Seit 2013 ist sie die Kontaktperson für den Kooperationspartner Opel. Die Verantwortlichen von Opel Motorsport wenden sich mit den unterschiedlichsten Anliegen an sie (Aufstellungen zu verkauften Fahrzeugen, Informationen über das interne Team, Übersichten über bereits realisierte Budgetrahmen). Und sie ist Ansprechpartnerin für Kunden, die einen Opel-Adam-Rallyewagen bestellen wollen. Etwa 25 Stück sind das im Jahr. „Sogar nach Chile haben wir einen verkauft, da kamen mir meine Spanischkenntnisse zugute!" Die passenden Ersatzteile und Reifen können die Kunden mittlerweile im Online-Shop ordern. Die Rechnungen dafür stellt die Assistentin, per ERP-System behält sie die Zahlungseingänge im Blick. Während des Jahres werden alle auflaufenden Kosten der Rallyeinsätze in einem Programm gesammelt. Jana Monarth unterstützt Christian Gröswang maßgeblich bei der Budgetkontrolle und Auswertung der Daten via Excel.

Mit nur 5 Excel-Funktionen haben Sie die Kosten-Kalkulation fest im Griff

Getestet mit Excel 2013

Was schätzen Sie, wie viele Funktionen hat Excel? Die Antwort: Es sind fast 300. Sie benötigen in Ihrem Berufsalltag allerdings bei Weitem nicht alle. Die Erfahrung zeigt, dass Sie für Ihre tägliche Arbeit im Büro insgesamt etwa 25 Excel-Funktionen kennen sollten.

5 grundlegende Rechen-Funktionen: Summe – Maximum – Minimum – Mittelwert – Anzahl

Kennen Sie das? Nach dem Herbstfest Ihres Unternehmens wollen Sie die Kosten pro Person sowie die durchschnittlichen Kosten für Getränke und Essen nachkalkulieren, weil sich einige Mitarbeiter beschwert haben, dass der Kostenbeitrag zu hoch gewesen sei.

Für die Kalkulation können Sie selbstverständlich die einzelnen Ausgabepositionen mit den Operationszeichen + - x / berechnen. Eine solche Berechnung benötigt viele Mausklicks, weil Sie dann alle einzelnen Zellen anklicken müssen, die Sie zusammenrechnen wollen.

Verwenden Sie stattdessen zum Beispiel für die Addition Ihrer Ausgaben die Funktion Summe oder für die Ermittlung der durchschnittlichen Kosten die Funktion Mittelwert. Das ist einfacher, weil in Funktionen weniger Zellen benötigt werden.

Was die Funktionen aus der Excel-Tabelle bedeuten:

Summe: =SUMME(erste Zahl aus der Berechnung:letzte Zahl aus der Berechnung)

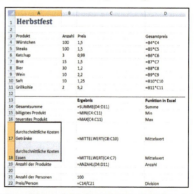

Gar nicht mal so kompliziert: Berechnung einer Kalkulation mit den Funktionen SUMME, MINIMUM, MAXIMUM, MITTELWERT, ANZAHL.

Und falls es doch mal zu einer Reklamation kommt, kümmert sich die Assistentin auch darum gern. „Ich kann zuhören und gehe auf das jeweilige Anliegen ein. In vielen Fällen legt sich damit bereits der erste Ärger des Anrufers und die Beschwerde hat sich erledigt. Außerdem können wir immer noch dazu lernen."

Beispiel aus der Kalkulation des Herbstfestes: erste Zahl aus der Berechnung: D4 (Preis für die Würstchen) letzte Zahl aus der Berechnung: D11 (Preis für die Grillkohle) Die Formel lautet: =SUMME(D4:D11)

Sie summiert alle Beträge in Spalte D auf, also die Beträge aus den Zellen D4 bis D11. So erhalten Sie in unserem Beispiel die Gesamtkosten für das Herbstfest.

Minimum: =MIN(erste Zahl aus der Berechnung:letzte Zahl aus der Berechnung) Die Formel lautet: =MIN(D4:D11) In unserem Beispiel wird Ihnen hier der niedrigste Wert, also der günstigste Posten, angezeigt.

Maximum: =MAX(erste Zahl aus der Berechnung:letzte Zahl aus der Berechnung) Die Formel lautet: =MAX(D4:D11) Mit dieser Formel erhalten Sie im Beispiel den höchsten Wert, also den teuersten Posten des Herbstfestes.

Mittelwert: =MITTELWERT(erste Zahl aus der Berechnung:letzte Zahl aus der Berechnung) Die Formel lautet: =MITTELWERT(D4:D11) Mit dem Mittelwert berechnen Sie den Durchschnitt.

Anzahl: =ANZAHL(erste Zahl aus der Berechnung:letzte Zahl aus der Berechnung) Die Formel lautet: =ANZAHL(D4:D11) Die Formel ANZAHL berechnet einfach, wie viele Werte es gibt.

Die Excel-Tabelle mit Ergebnis
Addieren mit der Funktion Summe geht kinderleicht, weil Sie nicht alle einzelnen Zellen, die Sie addieren wollen, anklicken müssen. Und da die Funktionen Summe, Mittelwert, Anzahl, Minimum und Maximum denselben Aufbau haben, können Sie sich diese Berechnungsmöglichkeiten sehr schnell einprägen.

aus: „Assistenz & Sekretariat heute"

Und so sieht das fertige Ergebnis anstelle der Formel aus.

Vier bis sechs Mal im Jahr organisiert sie Meetings mit den Verantwortlichen von Opel. Jana Monarth schreibt dazu Ergebnis-Protokolle, die schon während der Sitzung per Beamer an die Wand geworfen werden. Sind die Teilnehmer mit dem Protokoll einverstanden, wird es gleich am Ende des Meetings per Mausklick verschickt. Ein Verfahren, das die Beteiligten als zeitsparend und effizient zu schätzen wissen. Den Saisonstart des ADAC Opel Rallye Cups begleitet die Assistentin persönlich, um die neuen Teams zu begrüßen und sie mit dem kompletten nicht-technischem Equipment auszustatten (offizielle Teamwear, Renn-Overall, Service-Zelte, Kundenkarten etc.). Ansonsten erledigt sie ihren Job von Bobingen aus. „Oder ich schicke den Werkstudenten zum Rennen mit. Das Team ist froh um jeden Mann, der mit anpacken kann." Daneben ist Jana Monarth zuständig für die klassischen Sekretariatsaufgaben wie Termine vereinbaren, Reisen buchen, Kunden empfangen, Telefon ... Diese Arbeit teilt sie sich mit der Kollegin am Empfang und mit Katharina Holzer, mit der sie in einem Büro sitzt, sozusagen auf Zuruf und nach Bedarf. Und dann gibt es noch Spezialprojekte für den Chef, wie das Beschaffen neuer Firmenbekleidung oder die Organisation von Firmen- und Kundenveranstaltungen. „Das macht es so abwechslungsreich und spannend, für diese Firma zu arbeiten, erklärt Jana Monarth, „kein Tag ist wie der andere." Routine ist hier genauso wie im Rennsport fehl am Platz.

Andrea Schmidt-Forth, Journalistin

Fotos: Alexander Rochau

8 elementare Regeln für Ihre Sofort-Ergebnis-Protokolle

1. Reduzieren Sie Ihre Mitschrift auf die wirklich relevanten Informationen.
2. Halten Sie die Zwischenergebnisse stichpunktartig, aber verständlich fest.
3. Formulieren Sie die jeweiligen Ergebnisse zu den einzelnen TOPs in kurzen und gut verständlichen ganzen Sätzen.
4. Schreiben Sie so, dass auch Personen, die nicht anwesend waren, Ihr Protokoll auf Anhieb verstehen können.
5. Denken Sie beim Verfassen immer daran, dass Sie im Protokoll die Gruppenentscheidung wiedergeben und nicht die einzelnen im Verlauf des Meetings geäußerten Meinungen.
6. Nennen Sie die Teilnehmer nur dann namentlich, wenn es um die Zuteilung einer Aufgabe geht. Den im Meeting geäußerten Ideen fügen Sie nicht den Namen des Ideengebers hinzu. Es sei denn, dies ist ausdrücklich gewünscht.
7. Fügen Sie am Ende des Protokolls eine übersichtliche Aufgabenliste mit konkreten Erledigungsterminen, Zuständigkeiten und den dazugehörigen Namen an. Das heißt: „Wer macht was bis wann?"
8. Halten Sie den Termin für die Folgebesprechung fest.

aus: „Assistenz & Sekretariat heute"

STARKE NERVEN. KOMPETENZ. EMPATHIE.

JENNIFER PILLAT, ASSISTANT TO THE CEO BEI DER PME
FAMILIENSERVICE GRUPPE, FRANKFURT

Ein virtuelles Dream-Team

Weil die Chefin viel unterwegs ist, muss ihre Assistentin nicht ständig im Büro vor Ort sein. Jennifer Pillat arbeitet oft vom *home office* aus. Dabei setzt das Tandem gern auf die vielen Möglichkeiten der digitalen Office-Kommunikation, schließlich ist das auch Teil des eigenen Geschäftsmodells.

Mitten in Frankfurts City, wo das Herz der deutschen Wirtschaft schlägt, hat sich auch der pme Familienservice angesiedelt. In der Mainzer Landstraße 46, im vierten Stock des FBC Hochhauses, liegt das Büro von Jennifer Pillat. Der Blick aus dem Fenster zeigt Wolkenkratzer aus Stahl, Glas und Beton. Das Büro der Assistentin ist mit kleinen hellen Stoffsesseln und einem großen Schreibtisch eingerichtet, es wirkt schlicht und gemütlich. Aktenordner entdeckt man kaum, auch Papier stapelt sich nicht. Ein paar Firmenbroschüren liegen herum.

Der pme Familienservice

Die Anfänge des Unternehmens reichen in das Jahr 1991 zurück. Damals beauftragte der Automobilbauer BMW die Sozialwissenschaftlerin Gisela Erler, ein Modell zur Kinderbetreuung zu entwickeln. So entstand das „Kinderbüro" in München, als Vorläufer der heutigen pme Familienservice GmbH. Mittlerweile beschäftigt die Firma rund 1800 Teammitglieder, hauptsächlich in Deutschland, aber auch in Österreich, der Schweiz und in Tschechien. In Deutschland sind es 30 Standorte, der Hauptsitz ist in Berlin. Im Auftrag von mehr als 700 Unternehmen unterstützt der pme Familienservice rund drei Millionen Beschäftigte und deren Angehörige in den Bereichen Kinderbetreuung, bei Notfällen und in Ferienzeiten sowie bei der Versorgung von pflegebedürftigen Angehörigen.

Daneben gibt es noch ein Vermittlungsportal für Betreuungs- und Pflegekräfte, einen Conciergedienst für Aufträge in Haushalt und Garten, die pme Consulting mit Schwerpunkt Personalpolitik, Beratungen zum Thema Gesundheitsmanagement, die pme Akademie und eine 24-Stunden-Hotline für psychosoziale Beratung.

Zwei kleine neugierige Hunde begrüßen die Besucher am Empfang, sie gehören einer Kollegin. Hunde dürfen mitgebracht werden, erzählt uns die Assistentin, „wir haben hier sogar tierische Mitarbeiter, beispielsweise in der tiergestützten Pädagogik, vom Golden Retriever über Schildkröten bis hin zu Fischen im Aquarium". Auch Equal, die kleine Biewer-Terrierhündin, ist immer mit dabei. Selbst auf Geschäftsreisen begleitet sie die Geschäftsführerin.

„Darf ich meinen Hund mit ins Büro nehmen?"

Bettina L. fragt: *Ich möchte mir gerne privat einen Hund anschaffen, weil ich ein absoluter Hunde-Fan bin. Nun ist es allerdings so, dass junge Hunde nicht gleich von Anfang an so lange allein gelassen werden sollten. Wir haben zwar zu Hause einen Garten, wo er sich austoben könnte, doch erfahrungsgemäß sind Hundebabys sehr anhänglich und müssen erst langsam an das Alleinsein gewöhnt werden. Meine Freundin, die in einer anderen Abteilung unseres Großkonzerns tätig ist, hat mir berichtet, dass ihr Kollege seinen Hund mit ins Büro bringt. Kann ich das auch tun oder ist das generell verboten?*

Meine Empfehlung: Wenn Sie Ihren Hund mit ins Büro mitnehmen möchten, brauchen Sie grundsätzlich die Erlaubnis Ihres Arbeitgebers. Dieser kann allein entscheiden, ob es erlaubt ist oder nicht. Wichtig ist, dass Ihr Hund Ihre Arbeitsleistung nicht beeinträchtigt und sich ruhig verhält. Ihr Arbeitgeber wird möglicherweise prüfen, ob der Hund das Firmeneigentum beschädigen kann. Gegen Letzteres können Sie sich mit einer Hundehaftpflichtversicherung absichern. Dennoch bleibt die letzte Entscheidung bei Ihrem Arbeitgeber. Falls Sie Ihren Hund ohne die Erlaubnis Ihres Arbeitgebers an Ihren Arbeitsplatz mitbringen, kann Ihnen eine Abmahnung drohen und bei Wiederholungen sogar eine verhaltensbedingte Kündigung.

Wenn Sie allerdings wissen, dass es in Ihrem Unternehmen Kollegen gibt, die ebenfalls ihren Vierbeiner mit ins Büro bringen, können Sie sich auf den Gleichbehandlungsgrundsatz berufen und Ihr Recht so einfordern. Beachten Sie bitte auch, dass Sie Rücksicht auf Ihre Kolleginnen und Kollegen nehmen sollten. Wenn Ihre Schreibtischnachbarin eine Hundehaarallergie hat oder ängstlich auf Hunde reagiert, macht es wenig Sinn, ihn mitzubringen. Dann können Sie auch nicht auf Gleichbehandlung pochen, weil die Situation an Ihrem Arbeitsplatz offenbar anders ist als am Arbeitsplatz des Kollegen.

aus: „Mein Assistentinnen-Coach"
Autorin: Dunja Schenk

STARKE NERVEN. KOMPETENZ. EMPATHIE.

Dass bei pme Familienservice alles wie am Schnürchen klappt, dafür ist Jennifer Pillat zuständig.

Das passt zur Corporate Identity des familienfreundlichen Unternehmens. In den 1990er Jahren wurde es mit dem Schwerpunkt Kinderbetreuung gegründet. Heute ist die Firma ein ausgewachsener Mittelständler, der sich als Partner der Wirtschaft für die Mitarbeiterentwicklung sieht. Über 700 Firmenkunden gibt es, darunter so ziemlich alles, was in der Wirtschaft Rang und Namen hat. In Zeiten der Globalisierung, die den Arbeitnehmern immer mehr zeitliche und räumliche Flexibilität abverlangt, will das Unternehmen ihnen die Sorge um die Betreuung von Kindern und hilfebedürftigen Angehörigen abnehmen. Aber auch Firmen, die Fachkräfte suchen, erhalten Unterstützung vom pme Familienservice.

Werte vorleben

Die drei Buchstaben pme im Firmennamen stehen für das Selbstverständnis des Unternehmens: professionell, menschlich, erfahren. "2016 wurden wir in Folge zum besten Arbeitgeber in der Kategorie Gesundheit und Soziales gekürt", erzählt Jennifer Pillat. Sie ist seit neun Jahren beim pme Familienservice dabei, seit Ende 2015 ist sie die Assistentin der Geschäftsführung. Alexa Ahmad ist Leiterin der Niederlassung Frankfurt und Geschäftsführerin des gesamten Unternehmens. Wie ihre Kolleginnen und Kollegen kommt die Assistentin in den Genuss umfangreicher Sozialleistungen, vom Mittagessen über einen Fitnesspass fürs Sporttraining bis hin zu einem optionalen Kita-Platz, und einem Jobticket, das sie für die Fahrt mit der Bahn zur Arbeit nutzt.

„Wenn ich überhaupt ins Büro fahre", sagt die Assistentin. Denn weil ihre Chefin so oft geschäftlich unterwegs ist, muss die Assistentin nicht ständig vor Ort sein. An etwa drei Tagen pro Woche arbeitet sie vom *mobile office* aus. „Den Rest der Woche bin ich hier, um mit dem Team Kontakt zu halten."

Manchmal sehen sich die Geschäftsführerin Alexa Ahmad und ihre Mitarbeiterin zwei Tage in der Woche, dann wieder zwei Wochen lang gar nicht. Das Tandem gleicht das durch zwei feste Besprechungstermine pro Woche aus, unzählige SMS und Gespräche per Facetime gehen täglich hin und her. Ist die Chefin doch einmal persönlich im Büro, wie heute zu einer Strategiebesprechung, ruft sie ihrer Mitarbeitern zwischen Tür und Angel immer wieder zu, was gerade Sache ist oder was gebraucht wird. Nichts Ungewöhnliches für Jennifer Pillat, die offenbar nichts so schnell aus der Ruhe bringt.

Rundum digital organsiert

Um die zehn Termine pro Tag sind nicht ungewöhnlich für Alexa Ahmad. Die Geschäftsführerin legt großen Wert darauf, eng mit den Teammitgliedern an den insgesamt 30 Standorten verbunden zu sein. Sie möchte informiert darüber sein, wo es Probleme, Bedürfnisse oder Wünsche gibt, schließlich könne man sich nur so gemeinsam weiterentwickeln. Über Telefonkonferenzen, Webinare und Besuche vor Ort hält sie Kontakt zu Produktmanagern und Geschäftskunden. Mindestens einmal im Monat reist sie nach Berlin, um Termine in der Zentrale wahrzunehmen. Außerdem besucht sie regelmäßig Personal- und Bildungsmessen, hält Vorträge auf Tagungen und Konferenzen. Auch in den USA ist sie gut vernetzt und bringt von dort immer wieder Ideen für neue Produkte mit, wie die 24-Stunden-Hotline, bei der sich Kunden Rat holen können zu Problemen in der Partnerschaft oder auch zu Rechtsfragen.

Jennifer Pillat mit ihrer Chefin Alexa Ahmad, Leiterin der Niederlassung Frankfurt und Geschäftsführerin des pme Familienservice. An ihrer Mitarbeiterin schätzt Alexa Ahmad besonders deren Hilfsbereitschaft und die immer gute Laune.

Dass alles wie am Schnürchen klappt, dafür ist Jennifer Pillat zuständig. „Ich plane Alexas Termine und buche ihre Reisen. Sie muss sich voll und ganz auf mich verlassen können und das tut sie auch. Sie lässt mir weitgehend freie Hand." Der Assistentin ist das Thema Umweltschutz und Papiersparen ein großes Anliegen. Sie erledigt alles über iCal, vom Firmen-Laptop oder Firmenhandy aus. „Wir arbeiten überwiegend digital. Ich drucke so gut wie gar nichts aus, sondern stelle alles, was meine Chefin braucht, in ihren Kalender ein."

Neben Daten zu den Besprechungen, wie Besprechungsort, Namen und Telefonnummern der Teilnehmer, TOPs, Leihwagen, An- und Abreise-Zeitpunkt oder Hotelbuchung hinterlegt sie dazu auch wichtige Dokumente zu unterschiedlichsten Themen. Die sind dann in einer anderen Farbe markiert, „und ich schreibe Alexa genau dazu, was sie bis wann gelesen haben muss. Das klappt hervorragend." Außer der elektronische Terminkalender stürzt wieder einmal ab oder frühere Daten sind plötzlich verschwunden. Doch auch solche Krisen konnte die Assistentin noch immer mit Hilfe der IT überwinden.

Immer mal was ausprobieren
Bei der Reiseplanung achtet sie darauf, dass ihre Chefin nicht mehr als zwei, drei Tage am Stück unterwegs ist und dass die Standorte, die sie besucht, im etwa gleichen Verhältnis berücksichtigt werden.

STARKE NERVEN. KOMPETENZ. EMPATHIE.

Daneben organisiert sie einmal im Jahr die bundesweite Leitungskonferenz. Sie dauert drei Tage und fand das letzte Mal in Bremen für etwa 50 Teilnehmer statt. Jennifer Pillat gefällt, dass dabei auch öfter neue Formate ausprobiert werden. Diesmal war es ein so genanntes Barcamp, bei dem sich alle Teammitglieder mit Themen und Anliegen einbringen konnten. Keine Tagesordnung, keine Vorträge, stattdessen waren einfach Zeitfenster vorgegeben. Bei den Teilnehmern fand das großen Anklang. Auch die Location für 2017 hat Jennifer Pillat bereits ausgesucht, Neuschwanstein im Allgäu soll es sein. Da werden einige Teammitglieder bestimmt noch ein paar Tage zum Wandern und Ausspannen anhängen.

Karriere: Verfügen Sie über die wichtigsten „soft skills"?

Wolfgang Henniger, Vermittler bei der Zentralstelle für Arbeitsvermittlung, stellte gegenüber der Zeitschrift Focus fest: „Man produziert anders als früher, hat flachere Hierarchien und ist teamorientierter." Damit bestätigt er die wachsende Bedeutung „weicher Faktoren" wie soziale Kompetenz, Fähigkeit zur Problemlösung, Mobilität und Flexibilität. Einsame Tüftler sind nicht mehr gefragt. Was zählt, ist die Zusammenarbeit. Diplom-Psychologe Jürgen Hesse, Büro für Berufsstrategie, und Experte für Karriereberatung, erklärt, was sich hinter diesen Eigenschaften genau verbirgt.

Hier für Sie die zehn „soft skills", die bei Personalchefs am meisten gefragt sind:

1. Teamorientierung. Sie können effektiv im Team arbeiten und Ihre gesamte Denk- und Arbeitsweise dem Teamgeist unterordnen. Damit agiert das ganze Team auf das gemeinsame Ziel hin, wird schlagkräftiger und effizienter. Einzelkämpfer sind kaum mehr gefragt. Denn Teamorientierung ist eine Schlüsselqualifikation, die inzwischen fast überall eingefordert wird.

2. Kommunikationsfähigkeit. Sie können Botschaften klar und deutlich formulieren. Ihr Gegenüber versteht die Message sofort richtig. Außerdem deuten Sie die Botschaften anderer treffend. Das heißt, Sie hören gut zu und können alle anderen Signale wie die von Mimik, Gestik und Körperhaltung entschlüsseln und entsprechend darauf reagieren. Das heißt im Klartext: Sie sind kommunikationsfähig, wenn Sie mit anderen „gut können". Das bedeutet noch lange nicht, dass Sie ein „Tratschmaul" sind.

3. Organisationsfähigkeit. Sie planen und ordnen Termine und Arbeitsabläufe so, dass die eigene Arbeitskraft möglichst optimal genutzt wird. Sie setzen Prioritäten und erledigen das Wichtigste zuerst. Sie können einen bestimmten Verantwortungsbereich effizient strukturieren.

4. Flexibilität. Die rasche technische Entwicklung und die konstanten Veränderungen von Märkten verlangen ein hohes Maß an Anpassungsvermögen von Unternehmern und Arbeitnehmern. Deshalb müssen Sie bereit sein, ständig Neues kennenzulernen und sich weiterzuentwickeln. Das gilt für das Erlernen eines neuen Computerprogramms ebenso wie für das Einarbeiten in einen neuen Aufgabenbereich.

STARKE NERVEN. KOMPETENZ. EMPATHIE.

Alexa Ahmad, die zu Beginn ihrer Karriere selbst fünf Jahre als Assistenzkraft gearbeitet hat, weiß, dass Jennifer Pillat Wichtiges von Unwichtigem trennen kann. Man kennt sich gut, schließlich hat die Assistentin hier schon ihre Ausbildung absolviert. „Sie ist also in diese Position regelrecht hineingewachsen", erzählt die Geschäftsführerin. An ihrer Mitarbeiterin schätzt sie besonders deren Hilfsbereitschaft und die immer gute Laune, „ein Sonnenschein!" Und sie mag es, dass Jennifer Pillat mutig und durchsetzungsstark ist „und dabei bei allen einfach beliebt".

5. Mobilität. Die globalen Märkte zwingen Unternehmer wie Arbeitnehmer, schnell auf neue Standortfaktoren zu reagieren. Daher ist für den Karrieresprung in Führungspositionen räumliche Beweglichkeit häufig eine Grundvoraussetzung.

6. Emotionale Intelligenz. Analytisches Denkvermögen allein macht noch keinen erfolgreichen Manager. Wichtig ist vor allem die emotionale Intelligenz – auch soziale Kompetenz genannt. Das heißt: Sie sind intuitiv und haben ein „natürliches" Geschick im Umgang mit Kollegen und Mitarbeitern. Sie verfügen über Team-, Kommunikations- und Integrationsfähigkeit.

7. Motivation ist die Summe aller Gründe, die menschliches Handeln in Gang setzen. Motivation ist sozusagen der Motor des eigenen Antriebs. Diesen Motor sollten Sie möglichst von selbst in Gang setzen können, ohne dass ein Chef Sie ständig antreiben oder loben muss. Echte Motivation kommt von innen heraus und macht Sie unabhängig.

8. Durchsetzungsvermögen. Potenzielle Führungskräfte sollten die eigenen Ideen, Ziele und Vorstellungen im Kollegenkreis durchsetzen können. Ab und zu müssen Sie also deutlich auf den Tisch hauen und sagen: „So wird es gemacht." Ohne Durchsetzungsvermögen werden Ziele nicht erreicht und umgesetzt, weil endlos diskutiert wird. Nur wer sich gegen andere auch durchsetzen kann, erklimmt eine weitere Karrierestufe.

9. Kreativität. Kreativ sein heißt Neues schaffen. Sie sind kreativ, wenn Sie eigenständig Lösungen für Probleme finden, neue Ideen in den Raum stellen und durch Einfallsreichtum bestechen. Das kann z. B. ein neues Organisationssystem der Aktenordner sein.

10. Analytisches und logisches Denken. Sie besitzen die Fähigkeit, Sachverhalte mit der passenden „Wenn-dann"-Formel zu durchleuchten. Das heißt, Sie erkennen sehr schnell, welche alternativen Folgen eintreten können, wenn z. B. Lösung A gewählt wird. Sie können Zusammenhänge erkennen, sie richtig strukturieren und angemessene Schlüsse daraus ziehen.

aus: „Assistenz & Sekretariat heute"

Beruflich helfen

Dass Jennifer Pillat bei ihrem Arbeitgeber landete, ist mehr dem Zufall als Planung zu verdanken. Nach dem Realschulabschluss wusste sie zunächst noch nicht so recht, wohin die Reise beruflich gehen sollte. Deshalb griff sie die Idee einer Freundin auf und meldete sich für ein Freiwilliges Soziales Jahr auf einer Station für Schlaganfall-Patienten an. Dort war sie im Schichtdienst für Pflege, Hygiene und Betreuung der Kranken zuständig. „Eine tolle, aber auch fordernde Zeit, in der ich schnell erwachsen wurde", sagt sie. Ihr wurde klar, dass sie Menschen auch weiterhin helfen wollte, aber dennoch lieber eine Ausbildung in einem kaufmännischen Bereich absolvieren wollte. Ihre Mutter entdeckte im Internet eine interessante Anzeige ihres heutigen Arbeitgebers. Jennifer Pillat wurde eingeladen und sofort engagiert. Nach der Lehre zur Bürokauffrau setzte man sie bald als Geschäftskundenbetreuerin in der Niederlassung Frankfurt ein. Ende 2015 erkrankte eine der beiden Assistentinnen der Geschäftsführerin und weil die andere Kollegin Teilzeit arbeitete, musste ein Ersatz gefunden werden. Die Wahl fiel auf Jennifer Pillat, die bei den Personalverantwortlichen als „sehr strukturiert" bekannt war. Zwei Monate lang absolvierte sie beide Jobs, Assistenz und Geschäftskundenbetreuung, um sich schließlich ganz für die Unterstützung der Geschäftsführerin zu entscheiden.

An ihrer heutigen Position schätzt sie, dass sie mehr Einblick in die Unternehmensstruktur und Arbeitsweise hat als früher, „das passt sehr gut zu meiner Fortbildung zur staatlich geprüften Wirtschaftsfachwirtin". Zwei Jahre besucht sie dafür jeweils am Freitagabend und am Samstagvormittag die Abendschule und bereitet sich zusätzlich etwa zehn Stunden pro Woche auf die Klausuren vor. Nicht gerade wenig, zusätzlich zu einer 40-Stunden-Woche. „Ein Jahr habe ich schon geschafft", erklärt sie froh. Mit dem Abschluss in der Tasche peilt sie für Sommer 2018 ein berufsbegleitendes Studium in Marketing und virtueller Kommunikation an. Mal sehen, wohin sie diese Qualifikation dann führen wird. „Die Zukunft heißt Internet 4.0. Unser Unternehmen ist schon heute ganz gut dabei."

Andrea Schmidt-Forth, Journalistin

Fotos: Martin Leissl

STARKE NERVEN. KOMPETENZ. EMPATHIE.

SANDRA DRAYER-VARGA, PERSÖNLICHE ASSISTENTIN VON JOCHEN SCHWEIZER BEI DER JOCHEN SCHWEIZER HOLDING GMBH, MÜNCHEN

Abenteurerin mit Bodenhaftung

Wenn der Chef ein ehemaliger Stuntman ist, kann man sich schon vorstellen, dass es niemals langweilig wird: Assistentin Sandra Drayer-Varga gelingt der Spagat zwischen spannungsgeladenem Job-Alltag und klarer Unternehmensstrategie perfekt. Ein Abstecher in ein Büro der etwas anderen Art.

Lässiger grauer Longblazer, schwarzer Zopf, freundlich-ernster Blick aus dunklen Augen: Die persönliche Assistentin eines extrem aktiven Chefs hatte ich mir irgendwie anders vorgestellt. Mehr so wie auf den vielen Fotos an einer langen Flurwand im Münchner Firmentower, ein knallbuntes Mosaik von Bildporträts der anderen Mitarbeiterinnen und Mitarbeiter. Mal mit Sportgerät, mal ohne, meist fröhlich lachend, lebhaft – ja, so stellte ich mir das Team um Deutschlands wohl größten Erlebnis-Vermarkter vor.

Als wir daran entlangbummeln, sagt Sandra Drayer-Varga einen Satz, der einiges erklärt: „Das Schöne bei uns ist, dass alle so kommen können, wie sie wollen. In Freizeitklamotten, im Anzug, irgendwas dazwischen, einfach so, wie man sich eben fühlt." Ich schaue noch mal genauer hin. Tatsächlich, das macht diese Wand so sympathisch, alle wirken irgendwie „echt", nicht verkleidet oder, wenn doch, dann so, als gehörte genau das zum eigenen Typ: „Schaut, so will ich gesehen werden."

Jochen Schweizer (59), Chef von rund 550 Mitarbeiterinnen und Mitarbeitern, kommt uns auf einem blinkenden Hoverboard entgegengerollt. Neben seiner Assistentin wirkt er fast wie ein großer kleiner Junge, den man ab und zu ein wenig bremsen muss – oder zumindest erst mal ein paar Runden drehen lassen, bevor man ihn anspricht. „Er denkt superschnell", erzählt die 39-Jährige über Jochen Schweizer, „und er mag genau das an unserer Zusammenarbeit: dass ich zum richtigen Zeitpunkt das Richtige sage oder frage." Seine Ideen lässt sie also erst einmal sprudeln, Pläne, Träume, was immer da kommt. Er wiederum kann auch zuhören, Einwände prüfen und Vorschläge gelten lassen. Die beiden haben offenbar gelernt, ihre unterschiedlichen Temperamente optimal zu nutzen.

Schnell ein Assistenz-Team aufgebaut

Seit 2008 kümmert sich die gebürtige Gothaerin um die geschäftlichen und privaten Angelegenheiten des Ausnahme-Unternehmers. Was auf sie zukommen würde, konnte sie zwar ahnen, denn Jochen Schweizer ist kein Unbekannter in Deutschlands Event-Szene. Als Extremsportler etablierte er Ende der 1980er Jahre das Bungee-Springen in Deutschland, seine Stunts brachten ihm einen Eintrag ins Guinnessbuch der Rekorde, und schließlich machte er aus dem Vermitteln von Erlebnissen eine ganze Unternehmensgruppe. Doch was es tatsäch-

---

Die Jochen Schweizer Holding GmbH

Menschen mit Erlebnissen begeistern, das ist das Ziel der Unternehmensgruppe Jochen Schweizer. Mit der gleichnamigen Marke will man die Digitalisierung der Freizeit- und Erlebnisbranche vorantreiben. Der Webshop dient als Inspiration und als Suchmaschine für weltweit tausende verschiedene Erlebnisse, die man als Geschenk oder zum Selber-Erleben in unterschiedlichen Darreichungsformen kaufen kann, als Erlebnis-Box, als Erlebnis-Gutschein oder als Erlebnis-Ticket. Die Produkte sind außerdem in über 40 eigenen Shops sowie bei mehr als 5.000 Handelspartnern in Deutschland und Österreich erhältlich.

Für Firmenkunden gibt es eine eigene Website mit erlebnisbasierten Angeboten für eine emotionale Mitarbeiter- und Kundenbindung. Dazu gehören Coachings und Firmenveranstaltungen, aber auch Incentivierungs-Programme sowie Events zur Inszenierung von Marken und Produkten. Jochen Schweizer entwickelt und baut zudem Erlebnisdestinationen wie die Jochen Schweizer Arena im Süden Münchens oder das VOLT Berlin südlich vom Alexanderplatz. Zur Gruppe gehören der Erlebnisreiseanbieter Hip Trips und die Freizeit-Community Spontacts. Die Unternehmensgruppe beschäftigt aktuell mehr als 550 Mitarbeiterinnen und Mitarbeiter. Mehr Infos erhalten Sie unter **www.jochen-schweizer.de** und **www.jochen-schweizer-corporate.de**.

lich bedeutet, einen so dynamischen Chef zu organisieren, zeigte erst die Praxis. „Fünf Tage Einarbeitungszeit und dann hieß es ‚nun mach mal'", erinnert sie sich an die Anfangsphase. Ziemlich viele Einzelunternehmen waren es damals schon, die alle bei Jochen Schweizer zusammenlaufen. Und natürlich lebt das Geschäft davon, dass immer etwas Neues kommt. Für Jochen Schweizer und sein Team kein Problem. Aber das alles recherchieren, planen, umsetzen? „Er merkte schnell, die ist pushy", erzählt Sandra Drayer-Varga, und so wurden die Aufgaben und Verantwortlichkeiten immer mehr. „Es lief gut, aber allein konnte ich das nicht mehr schaffen." Schon im Jahr nach ihrem Start kam deshalb eine zweite Assistentin dazu – mittlerweile sind sie zu dritt im Orga-Team um den Chef, mit Sandra Drayer-Varga als Leitung.

Behält immer einen kühlen Kopf: Assistentin Sandra Drayer-Varga.

Denn natürlich hat so ein Firmenkonglomerat einen gewaltigen Organisationsbedarf. Um die eigentliche Geschäftsidee – das Erlebnis als Geschenk – versammeln sich bei der Jochen Schweizer Unternehmensgruppe mittlerweile so viele ergänzende Bereiche, dass man beim Zuhören lauter Aha-Erlebnisse hat. Ob Fallschirmsprung oder Quad-Tour, Städte-Trip oder Erotik-Foto-Shooting: Stets gibt es eine Menge drum herum zu vermarkten. Firmenkunden können Erlebnis-Incentives, Veranstaltungen oder Coachings buchen. Eine Sprudelmaschine für Geschäftsideen, so könnte man Jochen Schweizer bezeichnen. Tatsächlich hat er dieses Talent einige Staffeln lang bei der Gründer-Show „Die Höhle der Löwen" beim TV-Sender Vox als Jury-Mitglied und Investor eingesetzt.

Verantwortung ist ihre Motivation

In der Münchner Unternehmenszentrale verteilt sich der Working Space über drei Etagen, per Wendeltreppe geht es rauf und runter. Mal kommt man an einem langen Tresen vorbei, mal steht ein Schwebebalken irgendwo mittendrin, überall hängen Kajaks von der Decke – die besten Stücke aus Jochen Schweizers Sammlung.

„Auch die verwalte ich beispielsweise", sagt Sandra Drayer-Varga, befragt nach der „persönlichen" Assistenz für den Chef. Ansonsten gibt sie, verständlich, aus diesem Bereich nicht viel preis. Man kann sich vorstellen, dass bei einem solchen Chef der Übergang zwischen Job und privat ohnehin fließend ist. „Das ist mein Sohn", ruft Jochen Schweizer den Besuchern zu, als es ziemlich flott durch die Räume geht, den Stolz hört man heraus: „Mein zweiter Sohn ist auch mit im Geschäft."

Diese Kombination von Privatem und Beruflichem als Zuständigkeitsbereich ist genau das, was Sandra Drayer-Varga an ihrer Position so mag. Das ist sicher nicht jedermanns Sache. Doch für die gelernte Werbefachfrau ergänzt es den Job-Alltag offenbar genau um jenes Quäntchen Verantwortung, das ihr ein gutes Gefühl gibt: „Da ist eine persönliche Bindung. Ich weiß oft, wie Jochen Schweizer denkt und ich denke gerne mit." Wie sehr ihr Chef dieses Engagement und die Kompetenz seiner Assistentin schätzt, zeigt sich auch daran, dass er ihr die Geschäftsführung zweier Tochterfirmen anvertraut hat. „Ich reporte ihm regelmäßig über die Entwicklungen dort, habe aber weitgehend Handlungsfreiheit."

Sie schätzt das Vertrauen ihres Chefs sehr. Ohne das ginge es wohl auch kaum, bei dem Arbeitstempo und Organisationsbedarf rund um seine Person. Dass sie dabei immer einen kühlen Kopf behält, schätzt wiederum der Chef an seiner persönlichen Assistentin besonders, und ihre Verbundenheit zum Unternehmen: „Sie verkörpert die DNA unserer Firma, operative Exzellenz. Sie gibt immer ihr Bestes, ich kann mich hundertprozentig auf sie verlassen. Sie schafft mir Freiräume und sie stellt die richtigen Fragen im richtigen Moment. Der Austausch mit ihr und ihre Meinung sind mir wichtig."

Immer im Gespräch miteinander

Die vielen Reisen, die ihn zu Vorträgen, Geschäftspartnern und mittlerweile auch zu vielen anderen Unternehmen führen – Jochen Schweizer ist leidenschaftlich gern als Motivationsredner unterwegs –, nehmen viel Zeit in Anspruch. „Letztens war er 14 Tage am Stück in ganz Deutschland auf Tour: von Warnemünde an der Ostsee bis nach München – organisiere ich die ganze Reise, alle Termine, den gesamten Ablauf – Hotels, Fluglinien, Redezeiten." Alles eng getaktet, aber doch so, dass kein Hamsterrad draus wird; wer sich im Travelmanagement auskennt, weiß, was das an Faktensammeln und Vorausdenken erfordert.

Wenn der Chef unterwegs ist, ist deshalb noch lange nicht Ruhe im Karton, lacht seine Assistentin: „Jochen telefoniert sehr gern, die Kommunikation ist dann sehr intensiv." Da hat sie das Telefon als Headset am besten immer dabei – „und natürlich geht auch viel über Smartphone". Zeitfenster nutzt er fürs Diktieren: Morgens, wenn sie kommt, sind meist schon wieder ein paar Diktat-Mails vom

Booking Time: Die wichtigsten Vokabeln für Ihre Hotelreservierung

Ihr Boss verreist – Sie organisieren alles. Logisch. Dazu gehört auch, dass Sie Hotelreservierungen in englischer Sprache vornehmen. Hierfür ist es nützlich, die gängigsten Formulierungen zu kennen. So entstehen keine Missverständnisse, und Sie können Ihren Chef mit einem guten Gefühl ins Ausland reisen lassen.

Musterformulierung für eine Hotelreservierung

> Dear Sir or Madam
>
> I would like to book a single room for Mr Michael Meyer, arriving 27 November, leaving 29 November 2017. I require a calm room with shower.
>
> Please confirm my booking as soon as possible and give me an indication of your rates per night including breakfast.
>
> Should you have no vacancies please could you give me the address of a suitable hotel in your area?
>
> Yours faithfully
>
> Bettina Schröder
> PA to Michael Meyer

Das sind die wichtigsten Redewendungen für Ihre Zimmerreservierung

I would like to book ...	Ich möchte ... reservieren.
I am looking for a suitable hotel near the station.	Ich suche ein geeignetes Hotel in Bahnhofsnähe.
to book/to reserve	buchen/reservieren
to hire a car	ein Auto mieten
I require ...	Ich benötige ...
Could you supply Mr Mertens with ... on arrival?	Würden Sie Herrn Mertens bitte ... geben, wenn er ankommt?
for the week/month of ...	für die Woche/den Monat vom ...
for two nights, arriving 12 August	für zwei Nächte, Ankunft 12. August
arriving 6 May, leaving 9 May	vom 6. bis 9. Mai
a room with shower	ein Zimmer mit Dusche
a room with a child's bed	ein Zimmer mit Kinderbett
an air-conditioned room	ein Zimmer mit Klimaanlage
a room which faces the sea	ein Zimmer mit Meeresblick
Please confirm this reservation.	Bitte bestätigen Sie diese Reservierung.
Please confirm the booking as soon as possible.	Bitte bestätigen Sie die Buchung so schnell wie möglich.
I would be grateful for an indication of your rates.	Ich wäre Ihnen dankbar, wenn Sie mir Ihre Preise mitteilen könnten.
including breakfast	inklusive Frühstück
Should you have no vacancies ...	Sollten Sie keine Zimmer mehr frei haben, ...

Mein Tipp: Reservieren Sie per E-Mail mit dem Betreff „Reservation"

Das geht am schnellsten, und für das Hotel ist es einfach, Ihnen eine Bestätigung zu schicken. So haben Sie ganz schnell eine Antwort und können sicher sein, dass alles glattläuft.

aus: „Assistenz & Sekretariat heute"

Autorin: Dunja Schenk

Chef im Postfach. So unkompliziert wie möglich soll die Zusammenarbeit sein, das geht analog und digital bestens zusammen, je nachdem was gerade zum Anlass passt. Was die Assistentin gern direkt mit dem Chef besprechen möchte, sammelt sie in einer Mappe, „und wenn die wieder mal ganz schön dick geworden ist, dränge ich auf einen Besprechungstermin, damit wir das zusammen durchgehen können". Und weiter geht es im täglichen Rundum ...

STARKE NERVEN. KOMPETENZ. EMPATHIE.

Sandra Drayer-Varga und ihr Chef Jochen Schweizer vor dem jüngsten Projekt: die Jochen Schweizer Arena im Süden Münchens.

Selbstbehauptung im Job früh gelernt

Wie wird man persönliche Assistentin: Muss es da nicht besonders gut klappen mit der gemeinsamen Wellenlänge? Klar, nickt Sandra Drayer-Varga, und sie meint auch zu wissen, was wohl ausschlaggebend war bei der Bewerberauswahl. Ihre formalen Voraussetzungen waren ohnehin optimal: Nach einem 1,9er-Abi eine Ausbildung zur Werbekauffrau bei einer Kommunikationsagentur in Gotha, danach Bachelor in Marketing, anschließend Geschäftsleitungsassistentin und Innenkontakterin in der Ausbildungsagentur, Wechsel nach München, dort „leider" nur ein Intermezzo bei der KirchMedia-Gruppe, die wegen Insolvenz aufgeben musste, schließlich Marketingassistentin bei einer bekannten Rechtsanwaltskanzlei in München. Und alles mit Bestnoten und Auszeichnungen abgeschlossen. Die erste Bewerbungsrunde mit dem damaligen Geschäftsführer und CFO der Jochen Schweizer Gruppe lief dementsprechend gut, es ging in die zweite Runde, diesmal mit Jochen Schweizer dabei. „Ich hatte erzählt, dass ich meinem früheren Chef und Ausbilder in der Werbeagentur sehr dankbar bin für seine raue, taffe, laute Art, für sein forderndes Auftreten. Das hat mich – ich war damals noch recht schüchtern – sehr geformt. Ich habe gelernt, mich bemerkbar zu machen, etwas entgegenzusetzen, mich zu behaupten", erinnert sich Drayer-Varga. Genau das war es offenbar, was ihr zukünftiger Chef gern an seiner Seite haben wollte: jemanden mit starken Nerven, Selbstbewusstsein, Kreativität. Begeisterungsfähigkeit war sicher noch so ein Punkt, der für den Erlebnis-Vermarkter Schweizer unerlässlich war und ist. Die damals 31-Jährige muss auch davon genug ausgestrahlt haben. Seitdem erlebt sie eigentlich ständig irgendetwas Neues und Spannendes mit ihrem Chef, „das ging gleich mit seinem ersten Buch los".

„Eine tolle Zeit!" schwärmt sie, „ich habe seitenweise Manuskripte getippt, wir haben Bilder rausgesucht, die Rechte dazu geklärt" und was sonst noch alles zu einer Buchveröffentlichung gehört. Im Jahr 2010 erschien „Warum Menschen fliegen können müssen" (Riva Verlag), fünf Jahre später das nächste Buch, „Der perfekte Augenblick" (Gräfe und Unzer).

Die Welten zusammenbringen

Klar, dass bei so einem Chef einfach keine Langeweile aufkommt. „Er hat immer etwas anderes am Start", sagt die Assistentin über den ehemaligen Stuntman. Gerade läuft man mit dem jüngsten Großprojekt in die Zielgerade. Die Jochen Schweizer Arena in Taufkirchen bei München versammelt Abenteuer-Träume vom Fliegen, vom Klettern und vom Surfen „auf der ganz großen Welle" unter einem Dach. Eine „Multierlebnis-Destination" mit Essen und Trinken, zum Verschenken, zum Selber-Erleben oder als Firmenveranstaltung. Das ganze Team fiebert mit, kein Wagnis ohne Risiko, das weiß der ehemalige Stuntman Schweizer selbst am besten. Eine heiße Zeit ist das: die Idee, die Planung, die Entstehung – „ich versuche, ihm den Rücken freizuhalten, damit er sich ganz und gar auf dieses Projekt konzentrieren kann". Einen „typischen" Arbeitstag kann es in so einem Arbeitsumfeld natürlich nicht geben. „Zum Glück!" lacht Sandra Drayer-Varga, „außer 9 Uhr morgens anfangen ist bei mir eigentlich gar nichts sicher!" Das wiederum ist für den Assistenzberuf, der mehr und mehr in anspruchsvolle Projektarbeit übergeht, dann doch wieder bezeichnend und eine tolle Entwicklung, findet die 39-Jährige. Schnell reagieren, Mut zu entscheiden, an der richtigen Stelle anpacken, das kann sie, das hat sie sich selbst oft genug bewiesen. „Ich habe hier meinen Gleitschirmschein gemacht und meinen Tauchschein", sie hat einen Bungee-Sprung erlebt sowie Base- und Body-Flying. Highlights, die ihr als Gegenwelten dienen zu einem Job-Alltag, der eben nicht nur Abenteuerlust von ihr verlangt, sondern auch ein sehr konkretes Gespür und Know-how für die Abläufe im Unternehmen. Sandra Drayer-Varga: „Bei mir läuft vieles zusammen. Ich werde als Sprachrohr der Firma bezeichnet, über mich kommuniziert Jochen mit den Mitarbeitern und umgekehrt." Und da ist ein lässiges Business-Grau vielleicht genau das richtige Signal.

Kirsten Wolf, Journalistin

Fotos: Simone Naumann

STARKE NERVEN. KOMPETENZ. EMPATHIE.

BARBARA GIESE, PERSÖNLICHE ASSISTENTIN DES GESCHÄFTS-
FÜHRUNGSVORSITZENDEN DER FLUGHAFEN MÜNCHEN GMBH

Mit Bodenhaftung immer weiter kommen

Schon als Kind faszinierte Barbara Giese die besondere Atmosphäre am Flughafen, heute hat sie dort ihren Arbeitsplatz: Im Top-Management des Airport München wirkt sie mit an wichtigen Entscheidungen für einen der bedeutendsten Verkehrsflughafen in Deutschland.

Natürlich wäre es naheliegend, bei dieser Frau vom Abheben zu schreiben. Von der Sehnsucht nach der Ferne, von ständigem Reisefieber. Schließlich arbeitet Barbara Giese dort, wo andere täglich in den Flieger steigen: für Urlaub, Business-Trip oder Städtereise. Tatsächlich aber fühlt sich Barbara Giese dort am wohlsten, wo sie an fünf Tagen in der Woche ist: an ihrem Schreibtisch, in einem Office-Gebäude mitten auf dem riesigen Flughafengelände am Rande Münchens, als persönliche Assistentin vom Flughafen-Chef. „Ich liebe diese Atmosphäre", ruft sie draußen auf dem Rollfeld, während der Wind ihr die Haare zerzaust, „mich faszinieren die Technik, die großen Maschinen, dieses reibungslose Kommen und Gehen." Wieder im Büro erzählt sie, dass schon die Eltern mit ihr öfter zum Flughafen München geradelt sind – sehr willkommene Ausflüge waren das für die Schülerin. Dass sie schließlich mitten unter den Fliegern arbeiten würde, ahnte sie damals noch nicht.

Mit Herzblut und kühlem Verstand

Begonnen hat sie ihre Beschäftigung am Flughafen München Anfang der 1990er Jahre, in der Zentrale, als Assistentin und Sachbearbeiterin in der Flugplankoordination. „Dort hatte ich drei Jahre lang direkten Kontakt zu den Airlines, das hat mir sehr gefallen." Doch um weiterzukommen, musste ein interner Wechsel her.

Und so bewarb sie sich um die Stelle als Zweitsekretärin beim damaligen Hauptgeschäftsführer. Der Job ging an sie, und als die erste Sekretärin ins Marketing wechselte, übernahm Barbara Giese deren Position.

Nun sind es bereits 26 Jahre geworden am Flughafen München. Kein einziges Jahr zu viel, versichert die zurückhaltende Oberbayerin, schließlich ist bei aller Beständigkeit eines garantiert an ihrem Arbeitsplatz: Dynamik. Und die ergibt sich nicht nur aus dem eigentlichen Flughafenbetrieb, sondern auch aus der besonderen Bedeutung ihrer Aufgabe. Seit mittlerweile 15 Jahren arbeitet sie als persönliche Assistentin an der Seite von Dr. Michael Kerkloh (64) der als Vorsitzender der Geschäftsführung zugleich Arbeitsdirektor der Flughafen München GmbH ist. Sie sind ein Arbeitsteam, wie man es sich idealer kaum vorstellen kann, was Barbara Giese mit diesem Satz unterstreicht: „Es geht ja nicht um meine Position. Das macht es leichter, sich für die Sache einzusetzen."

„Für die Sache", das ist oft genug Politik pur. Eine dritte Startbahn für den Flughafen München ist ein seit vielen Jahren heftig umstrittenes Projekt, das nach einem Kontra-Bürgerentscheid erst recht die Gemüter erhitzt. Die Gesellschafter

Die Flughafen München GmbH

Die 1949 gegründete Flughafen München GmbH (FMG) betreibt den Münchner Flughafen, der am 17. Mai 1992 an seinem heutigen Standort eröffnet wurde. Gesellschafter der FMG sind der Freistaat Bayern mit 51 Prozent, die Bundesrepublik Deutschland mit 26 Prozent und die Landeshauptstadt München mit 23 Prozent. Konzernweit beschäftigt die FMG mit ihren 15 Tochtergesellschaften rund 8.900 Mitarbeiterinnen und Mitarbeiter. Mit insgesamt ca. 35.000 Beschäftigten bei 550 Unternehmen gehört der Flughafen München zu den größten Arbeitgebern Bayerns.

Der Münchner Airport hat sich nach seiner Inbetriebnahme binnen weniger Jahre zu einer bedeutenden Luftverkehrsdrehscheibe entwickelt und fest im Kreis der zehn verkehrsstärksten Flughäfen Europas etabliert – mit Flugverbindungen zu mittlerweile 257 Zielen in aller Welt. 2016 wurden an Bayerns Tor zur Welt rund 400.000 Flüge mit über 42 Millionen Passagieren gezählt. Im Frühjahr 2015 erhielt der Münchner Airport als erster Flughafen Europas vom renommierten Londoner Skytrax-Institut das Qualitätssiegel „5-Sterne-Airport".

STARKE NERVEN. KOMPETENZ. EMPATHIE.

„Ich liebe diese Atmosphäre", schwärmt Barbara Giese draußen auf dem Rollfeld. „Mich faszinieren die Technik, die großen Maschinen und das reibungslose Kommen und Gehen."

der Flughafen München GmbH sind der Freistaat Bayern, die Bundesrepublik Deutschland und die Landeshauptstadt München. Barbara Giese arbeitet bei einem öffentlichen Arbeitgeber, da läuft so manches anders als in der Privatwirtschaft, die Aufmerksamkeit der Öffentlichkeit und der Medien ist groß. „Wir müssen uns auf die Fakten stützen, die Gegner der dritten Startbahn arbeiten oft mit Emotionen", ärgert sie sich manchmal. Die Zukunft des Flughafens ist ihr ein Herzensanliegen; sie hat eine klare Position, die sie ruhig vertritt. Allerdings, gibt sie zu, „als sich die Münchner Bürger damals gegen die Startbahn entschieden, das hat mich schon sehr getroffen".

Top sein im Top-Management
Es ist diese Mischung aus Sachlichkeit und Empathie, die ausschlaggebend ist für eine Top-Assistenz im Top-Management, so sieht es Barbara Gieses Chef, Flughafen-Geschäftsführer Michael Kerkloh. Als Arbeitsdirektor ist er auch für das Personal zuständig: „Da müssen wir das Gras wachsen hören, und wir müssen in der richtigen Tonalität kommunizieren." Das Unternehmen wächst, da sei es wichtig, den gemeinsamen „Spirit" im Auge zu behalten – bei mehr als 50 Nationen, die hier Tag für Tag zusammenarbeiten, ein hoher Anspruch. Sensibilität im Umgang miteinander, ein koordiniertes Abstimmen von Positionen, Dis-

kussionsbereitschaft nach innen, Geschlossenheit nach außen – zwar gehört das längst zum Tagesgeschäft, doch eine Herausforderung ist es doch immer wieder. Drei Geschäftsführer gibt es auf der Senior-Management-Ebene der Flughafen München GmbH. „Das sind drei unterschiedliche Menschen und Führungsstile", sagt der Geschäftsführungsvorsitzende, jeder arbeitet zudem im Team mit einer eigenen persönlichen Assistentin. In diesem hochkarätigen Managementzirkel ist ein ständiger Informationsfluss zwingend, wöchentlich trifft man sich zum Jour fixe, oft genug müssen aber auch spontan gemeinsame Entscheidungen herbeigeführt werden. Dabei darf die Harmonie nicht über Bord gehen, und alles geschieht unter permanentem Zeitdruck. „Wir erleben hier täglich hundertfünfzigtausend moments of truth", formuliert es Michael Kerkloh.

Seine Assistentin müsse also stets „im Film sein", sagt er. „Mein Kalender ist deshalb allein ihre Sache. Wenn ich da selber rangehe, bekomme ich Stress", schmunzelt er. Die Termine, die Anfragen, die vielen verschiedenen Anliegen, die sich täglich neu ergeben, müssen sortiert, priorisiert, vorbereitet werden – die klassischen Assistenzaufgaben erfüllt Barbara Giese (49) längst mit großer Souveränität. „Sie ist unser Schaufenster nach außen, und ich bekomme sehr oft positive Rückmeldungen." Diskretion und zugleich Empathie für jeden, das ist das typische Spannungsfeld dieser Position, weiß Kerkloh: „Es ist mit der schwierigste Part an diesem Job, es ist eine Art Symbolpolitik." Sein Fazit kann sich hören lassen: „Sie ist ein Glücksfall für das Unternehmen."

Eigeninitiative höchst erwünscht

Für Barbara Giese beginnt der Arbeitstag in aller Frühe. Um 6 Uhr 15 klingelt der Wecker, um 7 Uhr sitzt sie am Schreibtisch, meist radelt sie ins Büro. Michael Kerkloh kommt um 9 Uhr, die Zeit davor nutzt seine persönliche Assistentin für Aufgaben, die besondere Ruhe und Konzentration erfordern. Dazu gehört zum Beispiel die tägliche Besprechung mit ihrem Team, den beiden Kollegen vom Konferenz-Service, die schon ab 6 Uhr morgens im Einsatz sind. Drei exklusive Räume gibt es allein für den Geschäftsführungsbereich, dazu weitere Konferenz- und Meetingräume, Besprechungen sind nicht selten im Stundentakt an der Tagesordnung, das braucht eine straffe Organisation. Welcher Raum wann von wem belegt ist, was dort gebraucht wird – vom Milchkännchen für den Kaffee bis zur Ersatzbatterie für den Beamer, alles wird bis ins letzte Detail geplant.

Die E-Mails hat Barbara Giese in der Regel schon daheim gecheckt. Wenn der Chef kommt, ist die Nachrichtenlage also schon mal fürs Erste geklärt. Wenn er da ist, geht es rund, die Mittagspause findet dann eher nebenbei am Schreibtisch statt. „Ich muss die Zeit einfach nutzen", sagt sie, schließlich ist er meistens sowieso unterwegs – manchmal einen halben Monat, im März waren es sogar drei Wochen. Da ist jeder Tag gemeinsam wertvoll, für Abstimmungen beispielsweise, die einfach ein paar Worte mehr brauchen. Ansonsten wird von unterwegs bei Bedarf auf allen Kanälen „gefunkt", per E-Mail, SMS, Telefon, Whatsapp – Stichworte reichen meist, die beiden verstehen sich längst ohne viele Erklärungen.

„Es gibt aber auch Tage, da höre ich gar nichts von ihm", sagt seine Assistentin, dann schaltet sie sozusagen auf Autopilot – selbstständiges Entscheiden ist etwas, was Barbara Giese wie viele ihrer Kolleginnen in ähnlicher Position sehr schätzt. Es macht diese Aufgabe, die oft über die Maßen viel Einsatz verlangt, wertvoll,

---

Sie suchen die besten Airport-Lounges für Ihren Chef? LoungeBuddy hilft Ihnen dabei

Ihr Chef ist dienstlich viel weltweit unterwegs und hat des Öfteren längere Aufenthalte am Flughafen? Mit der App „LoungeBuddy" haben Sie einen Überblick über 130 Ruhe-Oasen an den Flughäfen dieser Welt. Die App zeigt Ihnen an, welche Lounges Ihr Chef am Flughafen kostenfrei nutzen kann. Daneben zeigt sie Ihnen auch an, bei welchen Lounges man ein Tagesticket erwerben kann, um alle Vorteile wie Snacks, Getränke, Duschen und WLAN zu nutzen.

Mein Tipp: LoungeBuddy auf dem Smartphone
Wenn Ihr Chef die App direkt auf seinem Smartphone installiert hat, kann er auch kurzfristig bei Flugverspätungen schauen, welche Lounge am Flughafen verfügbar ist. Wenn er in die App die Daten zu seinem Vielfliegerstatus eingibt, erhält er zusätzliche Informationen über seine persönlichen Vorteile in den Lounges.

aus: „Assistenz & Sekretariat heute"
Autorin: Dunja Schenk

STARKE NERVEN. KOMPETENZ. EMPATHIE.

„Sie ist unser Schaufenster nach außen, und ich bekomme sehr oft positive Rückmeldungen", lobt Dr. Michael Kerkloh, Vorsitzender der Geschäftsführung der Flughafen München GmbH, seine Assistentin.

weil dafür Eigeninitiative einfließen darf. Zum Beispiel bei einem Projekt, das sie ins Leben gerufen hat, weil ihr die üblichen Mitarbeiter-Treffen, die „Tower-Meetings", zu wenig persönlich erschienen: „Es waren einfach zu viele Menschen, da traut sich ja niemand, und es kommt auch keine wirkliche Nähe zustande." „Dann überlegen Sie sich mal was", sagte Michael Kerkloh auf ihre Anmerkung hin; sie schlug schließlich ein „Frühstück mit dem Chef" vor. Nun trifft sich nur noch ein kleiner Kreis von immer wieder anderen Mitarbeiterinnen und Mitarbeitern mit einem der Geschäftsführer zu einem Frühstücksbrunch. Solche Treffen ermöglichen echte Gespräche und fördern den „Spirit". Barbara Giese freut sich jedes Mal, wenn wieder so eine Frühstücksrunde zusammenkommt.

Die Gesamt-Agenda im Büro Kerkloh/Giese kann sich sehen lassen. Sechs Jahre lang war der Flughafen-Chef auch noch ADV-Präsident – die Arbeitsgemeinschaft Deutscher Verkehrsflughäfen in Deutschland vertritt die vielfältigen Interessen ihrer Mitglieder im Inland und global. Demnächst wird er wohl eine neue Verbandsfunktion dort übernehmen; das ist nur eine von vielen Aufgaben neben dem Management am Standort München. Mit dem Referenten der Geschäfts-

STARKE NERVEN. KOMPETENZ. EMPATHIE.

führung, Alexander Tremmel, ist Barbara Giese ebenso im Gespräch wie mit den beiden weiteren Geschäftsführern der Flughafen München GmbH, Walter Vill und Thomas Weyer.

Als Michael Kerkloh vor gut 15 Jahren den Vorsitz der Geschäftsführung übernahm – er kam damals vom Flughafen Hamburg – war das für Barbara Giese erst einmal beunruhigend: „Ich arbeitete damals zwar schon in gleicher Position für den vorherigen Flughafen-Chef in München, sollte mich nun aber trotzdem nochmal neu bewerben – für meinen eigenen Job quasi." Das war merkwürdig, erzählt sie, doch im Nachhinein versteht sie den Beweggrund: „Das hier ist eine Aufgabe, die wirklich Harmonie und ein professionelles Miteinander verlangt. Da muss wirklich alles passen."

Es passte, befand der neue Chef Michael Kerkloh, dennoch brachte der Wechsel natürlich einige Umgewöhnung mit sich. Für Barbara Giese war es beispielsweise ungewohnt, dass der Chef „ohne Abmeldung bei ihr" einfach mal spontan durchs Haus marschierte, mal hier, mal dort vorbeischaute, für ein informelles Gespräch und um sichtbar zu sein im Unternehmen: „Ich dachte dann oft, meine Güte, wo steckt er bloß, von jetzt auf gleich war er einfach verschwunden." Irgendwann gab es ein klärendes Gespräch darüber, und schließlich kannte man sich gegenseitig. Die Zusammenarbeit ist eingespielt und lässt beiden genügend Raum für den eigenen Arbeitsrhythmus.

Barbara Giese schätzt diese Freiheit ihrer Position über alles: „Ich erledige zum Beispiel gern viel telefonisch, im persönlichen Gespräch kommt man oft viel schneller auf den Punkt." Das war wichtig in der besonders arbeitsintensiven Phase, als die Flughafen München GmbH gemeinsam mit dem größten Kooperationspartner, der Lufthansa, den neuen Satelliten-Pavillon plante und baute. Die feierliche Eröffnung im letzten Jahr war ein echtes Highlight, erzählt Barbara Giese noch immer begeistert: „Das sind einfach ganz besondere Momente für mich." Beinahe zum Abheben schön, wahrscheinlich ...

Kirsten Wolf, Journalistin

Fotos: Simone Naumann

„Was kann ich dagegen tun, dass mein Chef ohne Abmeldung das Büro verlässt?"

Denise W. fragt: Mein Chef ist manchmal wie ein Maulwurf. Kaum hat man ihn erblickt, ist er auch schon wieder weg und von der Bildfläche verschwunden. Er rennt oft aus seinem Büro, ohne mir zu sagen, wohin er geht oder wenigstens wann er wiederkommt. Letzte Woche war er ganze zwei Stunden weg – er war bei einem Kollegen und hatte eine Besprechung spontan vorgezogen. Für mich ist das immer sehr peinlich. Denn wenn unser Geschäftsführer anruft, kann ich ihm keine Auskunft darüber geben, wann mein Chef wieder zu sprechen sein wird. Ich bekomme dann auch ab und zu gesagt: „Sie sind doch seine Assistentin, Sie müssen doch wissen, wo Ihr Chef steckt. Sie sind ja schließlich für die Terminorganisation zuständig." Wie kann ich meinen Chef dazu bringen, dass er mir außerhalb seiner Termine sagt, wo er sich aufhält, ohne ihm dabei zu nahe zu treten?

Meine Empfehlung: Das, was Sie berichten, kenne ich noch sehr gut. Einer meiner Chefs hat sogar sein Büro gerne durch die „Hintertür" verlassen, sodass ich nicht einmal mitbekommen habe, dass er gar nicht mehr da war. Bitten Sie Ihren Chef um ein Gespräch und sprechen Sie das Problem an. Berichten Sie von den Vorkommnissen mit dem Geschäftsführer und machen Sie deutlich, dass es Sie beide in ein besseres Licht rückt, wenn er Ihnen sagt, wo er ist oder zumindest wann er wiederkommt. Schließlich möchten Sie beide doch auch nach außen zeigen, dass Sie ein professionelles Team sind.

Achten Sie darauf, dass Sie ihm keine Vorwürfe machen oder Widerstand erzeugen. Sagen Sie nicht: „Sie tun mir keinen Gefallen, wenn Sie immer das Büro verlassen, ohne mir Bescheid zu geben." Vermeiden Sie es, seinen Widerspruchsgeist zu wecken. Formulieren Sie Ihre Botschaft stattdessen lieber konstruktiv und in der Ich-Form, zum Beispiel so: „Herr Maier, ich finde es klasse, wie schnell und flexibel Sie reagieren und sofort aktiv werden, wenn es irgendwo brennt. Für mich ist es allerdings schwierig, wenn jemand Sie sucht und ich nicht weiß, wo Sie sind oder wann Sie wiederkommen. Ist es in Ordnung für Sie, wenn Sie mir kurz Bescheid geben, sobald Sie Ihr Büro verlassen? Dann stehe ich auch nicht so ahnungslos da, falls Herr Dr. Fischer Sie suchen sollte."

aus: „Assistenz & Sekretariat heute"
Autorin: Dunja Schenk

STARKE NERVEN. KOMPETENZ. EMPATHIE.

JULIA PATERMANN, KANZLEIMANAGERIN BEI DER STEUER-
BERATUNGSGESELLSCHAFT TERRATAX IN MÜNCHEN

Liebe auf den zweiten Blick

Die Bürokarriere war bei Julia Patermann anfangs gar nicht auf der Wunschliste, als sie vor der Berufswahl stand. Heute weiß sie: Was für ein Glück, dass sie diese Richtung eingeschlagen hat. Was sie mittlerweile so sehr schätzt am Office-Leben, erzählt sie in entspannter Arbeitsatmosphäre an einem der schönsten Plätze Münchens.

Wie gut das zusammengeht: ein junges, digital arbeitendes Team und jahrhundertealte Geschichte! Julia Patermann blickt von einer fröhlich gestalteten Website auf die Internetbesucher der Kanzlei terratax, und wer die Steuerexperten real aufsucht, wandelt auf historischem Boden. Die Adresse „Nördliche Auffahrtsallee" hat in München einen ganz besonderen Klang. Jeder hat sofort das Nymphenburger Schloss vor Augen, zu dem die Nördliche und die Südliche Auffahrtsallee schnurgerade führen, das im Jahr 1664 von Kurfürst Ferdinand Maria in Auftrag gegeben wurde. Dazwischen liegt beschaulich der Schlosskanal, ein beliebter Spazierweg für Touristen, Jogger, Gassi-Geher – und „leider viel zu selten" auch für Julia Patermann. So ist das oft, wenn man an einem besonders schönen Platz arbeitet: Meist gibt man sich schon zufrieden mit der Möglichkeit ... Der Grund, warum die 33-Jährige die Mittagspause nur manchmal am Schlosskanal verbringt, ist allerdings auch ein besonders angenehmer: „So gegen eins essen einige Kolleginnen und Kollegen hier in der Kanzlei immer zu Mittag, da bin ich einfach gern dabei. Und einmal die Woche treffen wir uns alle gemeinsam in unserem Teamzimmer. Abwechselnd kocht dann einer für alle und oft gibt es auch gleich noch ein kleines Meeting im Anschluss. Da kann jeder sagen, was so anliegt. Das ist einfach gut fürs Teamgefühl, haben wir festgestellt."

Eigentlich gar nicht der Traumjob ...

Das Team, das sind heute, 16 Jahre nach der Gründung eines Vorläufers der Steuerberatungskanzlei, 26 Kolleginnen und Kollegen, die sich um die Steuerangelegenheiten ihrer Mandanten kümmern. Die Mandanten sind Privatleute, die hier ihre Einkommensteuererklärung erstellen lassen, und Firmen, die Kanzleiberatung rund um ihre unternehmerischen Aktivitäten in Anspruch nehmen: von der Gründung über die Finanz- und Lohnbuchhaltung, die Steuererklärung und Bilanzierung bis hin zur Nachfolgeregelung und zum Verkauf. „Wir sind nicht auf bestimmte Branchen oder Unternehmensgrößen festgelegt, das macht es so abwechslungsreich", sagt Julia Patermann. Ihre Chefin ist Nicola Leeb, Diplom-Betriebswirtin und Steuerberaterin, die sich 2001, damals mit der Münchner Zweigstelle einer Steuerkanzlei in Dachau, selbstständig gemacht hat. „Ich bin mit einer Mitarbeiterin gestartet, und habe als Erste Julia Patermann als Azubi eingestellt. Es hat einfach die Chemie gestimmt und bis heute bin ich richtig glücklich über meine Wahl." Die gebürtige Münchnerin Julia Patermann hatte 2001 ihre Mittlere Reife absolviert und stand vor der Überlegung, wie der berufliche Einstieg aussehen sollte. Was die damals 17-Jährige so gar nicht anstrebte, war eine Office-Karriere: „Meine Eltern hatten beide einen Bürojob, und mir kam das irgendwie zu langweilig vor. Deshalb habe ich alle möglichen Praktika in anderen Berufen gemacht, aber keiner passte so richtig zu mir. Schließlich bewarb ich mich doch noch als Kauffrau für Bürokommunikation in der Kanzlei – und das war endlich das, was mir einfach gut gefiel." 2002 begann sie ihre Ausbildung dort und hat mittlerweile an der eigenen Laufbahn erlebt, wie gestaltungsreich so ein „Bürojob" sein kann. Jedenfalls wenn man ernsthaft interessiert ist an dem beruflichen Umfeld, wenn man bereit ist, ständig zu lernen – und wenn man

Die terratax Steuerberatungsgesellschaft mbH

Im Jahr 2002 gründete Nicola Leeb die Kanzlei am Nymphenburger Schloss in München. Heute gibt es in zwei Niederlassungen rund 26 Mitarbeiterinnen und Mitarbeiter. Das Leistungsspektrum reicht von der Einkommensteuererklärung für Privatpersonen über Gründungsberatung für Start-ups bis hin zur Rundum-Betreuung in allen steuerlichen und wirtschaftlichen Angelegenheiten für Firmen jeder Branche und Größe. Mehr Infos gibt's unter **www.terratax.de**.

eine Chefin (oder einen Chef) hat, die das alles bestmöglich unterstützen. Für Kanzlei-Geschäftsführerin Nicola Leeb ist es selbstverständlich, in die Professionalisierung ihrer Mitarbeiterinnen und Mitarbeiter zu investieren.

Hinter jeder Zahl steckt ein Mensch

In der E-Mail-Signatur, die Julia Patermann für die Geschäftskorrespondenz verwendet, steht unter ihrem Namen mittlerweile „Kanzleimanagerin (SKT-zertifiziert)". Die Assistentin hat ihr Tätigkeitsprofil im Rahmen verschiedener Fortbildungen weit ausgedehnt. Als Kanzleimanagerin organisiert sie heute das gesamte Sekretariat und andere interne Prozesse, zum Beispiel das interne Rechnungs- und das Mahnwesen, sie betreut zwei Azubis

Sie freut sich jeden Tag auf ihren Arbeitsplatz: „Ich bin einfach so gern hier, weil nicht nur ein professioneller Umgang miteinander selbstverständlich ist, sondern auch ein sehr kollegialer."

und ist außerdem dafür zuständig, dass die Kolleginnen und Kollegen ihre Arbeit für die Mandanten reibungslos erledigen können. Was manchmal auch bedeutet, mit sanftem Nachdruck an Fristen zu erinnern und gegebenenfalls noch fehlende Unterlagen herbeizuschaffen. Von den beiden Azubis arbeitet ihr der junge Kollege Arkadiusz Jedrzychowsky direkt zu – er hat im September letzten Jahres seine Ausbildung zum Kaufmann für Büromanagement begonnen. Sie selbst hat ihren polnischen Kollegen mit ausgesucht für den Ausbildungsplatz: „Mir hat seine Zielstrebigkeit gefallen und er passt wirklich gut ins Team, wir arbeiten prima zusammen." Die andere Auszubildende bei terratax wird ebenfalls Kauffrau für Bürokommunikation – auch für sie ist Julia Patermann Ansprechpartnerin, wenn es um Ausbildungsfragen oder sonstige Probleme geht. Alle duzen sich mittlerweile, was noch mal eine andere Qualität der Zusammenarbeit gebracht habe, finden beide, Kanzlei-Geschäftsführerin Nicola Leeb und ihre Assistentin Julia Patermann. Das ist für eine Steuerberatungskanzlei nicht unbedingt selbstverständlich, hat man es doch mit einem sehr regelhaften Berufsumfeld zu tun – oder ist das vielleicht nur ein Klischee?

„Ich weiß, dass sich das viele Menschen so vorstellen. Sie denken, wir haben den ganzen Tag nur mit Zahlen, Fristen und dem Finanzamt zu tun. Dabei ist es genau das Zwischenmenschliche, was für mich den Reiz meines Jobs hier ausmacht." Zu dem kollegialen Du kam es im Rahmen der ISO-Zertifizierung für die DIN 9001 2015, bei der es um reibungslose und nachvollziehbare Arbeitsabläufe und um Qualitätsmanagement geht. „Da hat Julia Patermann viele, viele Gespräche mit allen Kolleginnen und Kollegen hier geführt. Das brachte noch mal eine ganz andere Nähe mit sich, eine viel tiefere Kenntnis vom Arbeitsumfeld des anderen."

Wie perfekt diese Teamorientierung mit Professionalität und Kundenorientierung zusammengeht, zeigt auch die für eine Steuerkanzlei eher ungewöhnliche Website. Da ist viel vom farbenfrohen Ambiente in der herrlichen Altbauvilla am Schlosskanal zu sehen; die Mitarbeiterinnen und Mitarbeiter zeigen sich seriös und ungezwungen zugleich: „Wir arbeiten hier in kleinen sachbezogenen Teams zusammen, deshalb haben wir auch Fotos zu zweit machen lassen. Jedes Team hat spontan entschieden, wie es sich darstellen lassen möchte. Wir wollten uns von anderen Steuerkanzleien abheben und haben das unserem Fotografen gesagt. Von seiner Arbeit sind wir begeistert, er hat wirklich einen super Job gemacht." Auch an den Zimmertüren der rund 300 Quadratmeter großen Büroetage hängen die Bilder der jeweiligen Kollegin oder des Kollegen, denn schließlich geht es nicht nur ums reine Abarbeiten von Zahlenkolonnen, sondern auch um die Menschen dahinter. „Die Mandanten sollen sich bei uns wohlfühlen", erklärt Steuerberaterin und Kanzleigründerin Nicola Leeb, „da muss schon der erste Eindruck stimmen." Die Kanzleimanagerin wiederum weiß, wie es vielen Menschen zumute ist, wenn es um ihre wirtschaftlichen Angelegenheiten geht: „Schließlich gibt man damit einiges von sich selbst preis, und außerdem muss man sich voll und ganz auf die Kompetenz anderer verlassen."

Ein Feedback-Bogen auf der Website

Professionalität ist deshalb oberstes Gebot bei terratax, stets kombiniert mit Herzlichkeit und Transparenz. „Das hat zur Folge, dass wir zu vielen unserer schon jahrelangen Mandanten ein sehr gutes, enges Verhältnis haben und so weit wie nur möglich auf ihre Bedürfnisse eingehen", erläutert Kanzleimanagerin Patermann die externe Kommunikation. Das heißt zum Beispiel auch, dass die Digitalisierung der Abläufe, seit einigen Jahren eingeführt, nicht jeden Mandanten zum Mitmachen zwingt: „Wer seit zig Jahren seine Steuerunterlagen in Ordnern abgibt, kann das auch weiterhin so machen." Die konsequente Dienstleistungsorientierung hat ihren Preis, weiß Geschäftsführerin Nicola Leeb: „Als Dienstleister haben wir hier nun mal einen gewissen Grundstress. Schließlich geht es immer darum, für die Mandanten das Beste möglich zu machen. Man muss ein Fingerspitzengefühl dafür entwickeln, wer wann was braucht. Wir wollen unseren Mandanten das Gefühl geben, dass sie bei uns einfach gut aufgehoben sind."

Die Teamarbeit bei terratax läuft weitgehend digital: „Neue Technologien machen uns allen Spaß."

Das scheint zu funktionieren, jedenfalls wenn man das Wachstum der Kanzlei betrachtet. Vor einigen Jahren fusionierte die Steuerberatungsgesellschaft mit einer Pullacher Steuerkanzlei, die Juristin Dorothea von Buttlar ist seitdem zweite Geschäftsführerin. Das Team wuchs um weitere Mitarbeiterinnen und Mitarbeiter aus dieser Kanzlei, und man nannte sich nun terratax. So biete das mittlerweile 26-köpfige Team eine thematische Breite, die für eine Steuerkanzlei nicht selbstverständlich ist, sagt Julia Patermann. Eine Niederlassung in einem Vorort Münchens ist dazugekommen, dort ist Alexandra Cernetzkij für das Sekretariat zuständig. Ein rotierender Personaleinsatz sorgt dafür, dass fast alle Mitarbeiterinnen und Mitarbeiter mal in der Münchner und mal in der Gräfelfinger Kanzlei arbeiten. Wie gut Leistungsumfang und Service bei den Mandanten ankommen, überlässt man bei terratax im Übrigen nicht dem Zufall: Auf der Website gibt es einen Feedback-Bogen zum Herunterladen, der die Zufriedenheit der Mandanten und solchen, die es vielleicht werden, detailliert abfragt.

Arbeitszeit passend zur Lebensphase

Den „Grundstress" in ihrer Kanzlei beantwortet Geschäftsführerin Nicola Leeb mit größtmöglicher Flexibilität bei der Arbeitszeitgestaltung. Davon hat nicht zuletzt ihre Assistentin Julia Patermann profitiert, als Töchterchen Chiara auf die Welt kam. Nach einer einjährigen Elternpause stieg sie anfangs mit 20 Stunden wieder ein, mittlerweile sind es rund 35 Arbeitsstunden in der Woche. Der Tag der Kanzleimanagerin beginnt um halb neun, um 15:45 Uhr ist für sie Schluss. Dann holt sie ihre mittlerweile vierjährige Tochter aus dem Kindergarten gegenüber ab, zeitlich ist das ein prima Arrangement. „Solche organisatorischen Dinge lassen sich mit Nicola Leeb sehr gut besprechen, das entspannt die Arbeitsatmosphäre sehr."

Und weil die Arbeitsprozesse weitgehend digital ablaufen, ist auch mal ein Einsatz von daheim möglich. Auch diese Option nutzt Julia Patermann gern ab und zu. „Die eingehende Post wird von uns immer gleich digitalisiert, wir haben ein entsprechendes DMS-System. Und jeder Mitarbeiter hat ein digitales Postfach. Dadurch geht vieles einfach deutlich schneller. Wenn man früher etwas bei einem Mandanten nachschauen wollte, stand man vor einer Wand von Ordnern und fing an zu suchen. Heute gebe ich zwei, drei Stichwörter ein und schon habe ich die entsprechende Unterlage. Das ist ein riesiger Vorteil." Wie die meisten Steuerkanzleien arbeitet man auch bei terratax mit der DATEV zusammen, und wenn dieser IT-Dienstleister eine Neuerung einführt, ist man bei der Münchner Kanzlei so schnell wie möglich dabei. „Wir modernisieren eigentlich laufend", sagt Kanzleimanagerin Patermann, „und da ziehen hier alle gern mit. Wir haben immer Spaß an neuen Prozessen." Dass das nur mit viel Teamgeist und gegenseitiger Achtsamkeit auf Dauer gelingt, leuchtet ein und ist eines der wichtigsten Grundsätze für Kanzleichefin Nicola Leeb: „Wenn man sich nicht mehr aufeinander freut, stimmt etwas nicht in der Zusammenarbeit."

Kirsten Wolf, Journalistin

Fotos: Simone Naumann

Tschüss, Papierablage! So richten Sie auf Ihrem PC eine übersichtliche Ablagestruktur ein

Ordnung im Büro, Ordnung auf Ihrem Schreibtisch – das ist doch selbstverständlich, werden Sie vielleicht sagen. Aber ist das auch auf Ihrem PC so? Dieser Beitrag zeigt Ihnen, wie Sie Ihre elektronische Ablage optimal organisieren.

Bilden Sie die PC-Ablage Ihrer Papierablage nach

Die PC-Ablage sollte ein Abbild Ihrer Papierablage sein. So vermeiden Sie unnötiges Umdenken. Gleichzeitig ist Ihr Ablagesystem sofort für andere Personen nachvollziehbar. Denken Sie zum Beispiel an Ihre Urlaubsvertretung oder an eine Kollegin, die im Krankheitsfall für Sie einspringen muss.

So benennen Sie die Ablageordner richtig

Beim Aufbau der PC-Ablage beginnen Sie damit, Ordner für die einzelnen Ablagebereiche einzurichten. Bei der Namensvergabe sollten Sie die folgenden Zeichen nicht verwenden:

1. Einige Zeichen sind generell verboten: \ / ? : * „ > < |.

2. Vermeiden Sie Umlaute (ä, ö, ü) und das ß, weil sie manche Programme vor Probleme stellen.

3. Auf Satzzeichen wie Punkte, Kommas oder Semikolons sollten Sie ebenfalls verzichten, weil sie eine Datensicherung auf CD/DVD undurchführbar machen können. Verwenden Sie möglichst kurze Ordner- und Dateinamen. Bei zu langen Namen wie „Der Bericht vom Geschäftsjahr 2016-2017 nach Korrekturen von Herrn Meier und Frau Schulze.docx" stößt Windows irgendwann an seine Grenzen, weil die gesamte Pfadangabe aus Ordnerpfad und Dateiname maximal 260 Zeichen lang sein darf.

In 5 Schritten legen Sie Ablageordner im Explorer an

Wenn Sie sich entschieden haben, wo Ihre PC-Ablage eingerichtet werden soll (Netzwerklaufwerk oder lokaler Datenträger auf Ihrem eigenen PC) und wie die einzelnen Ablageordner heißen sollen, öffnen Sie den Windows-Explorer.

1. Richten Sie zuerst einen Hauptordner mit dem Namen „PC-Ablage" ein. Dazu gehen Sie auf der linken Seite des Explorers zu dem Ordner, in dem Sie den Hauptordner Ihrer PC-Ablage erstellen wollen. Das kann der Stammordner eines Laufwerks im Zweig DIESER PC sein, zum Beispiel „D:", oder ein Ordner auf einem PC im Zweig NETZWERK.

2. Markieren Sie per Mausklick den Ordner, in dem der Hauptordner Ihrer PC-Ablage eingerichtet werden soll.

3. In Windows 10, 8.1 und 8 klicken Sie dann in der „Symbolleiste für den Schnellzugriff" des Explorer-Fensters auf das Symbol NEUER ORDNER. In Windows 7 klicken Sie in der Explorer-Symbolleiste auf NEUER ORDNER. Unabhängig von der Windows-Version können Sie auch die Tastenkombination STRG+UMSCHALT+N drücken. In der rechten Explorer-Hälfte sehen Sie daraufhin einen neuen Ordnereintrag mit dem vorgeschlagenen Namen „Neuer Ordner". Überschreiben Sie den Namensvorschlag mit „PC-Ablage" und drücken Sie zum Abschluss die Taste ENTER.

4. Doppelklicken Sie auf den eben geänderten Ordnereintrag „PC-Ablage", um in den Ordner zu wechseln.

5. Legen Sie jetzt nach demselben Muster Ordner für die Hauptbereiche Ihrer PC-Ablage an. Und in den Hauptablageordnern richten Sie wiederum thematisch gegliederte Unterordner ein. Wie bereits erwähnt: Orientieren Sie sich beim Anlegen der Ordnerstruktur am System Ihrer Papierablage. Selbstverständlich können Sie das Ordnersystem Ihrer PC-Ablage später jederzeit erweitern, beispielsweise um Ordner für neue Projekte anzulegen.

So profitieren Sie von der neuen Ablagestruktur

Die PC-Ablage dient als Speicherort für alle Arten von Dokumenten. Dabei kann es sich um Word- oder Excel-Dateien handeln, aber auch um PDF-Dokumente, Grafikdateien usw. Wegen der klar gegliederten Struktur der PC-Ablage wird es Ihnen in Zukunft erheblich leichter fallen, sofort zu entscheiden, wo ein Dokument gespeichert wird. Und noch besser: Sie werden Ihre Dokumente auch schneller wiederfinden. Frei nach dem Motto: Ein Dokument mit diesem oder jenem Inhalt muss sich einfach in einem ganz bestimmten Ordner befinden. Wenn es nicht dort ist, haben Sie Ihr eigenes Ablagesystem missachtet.

Was passiert mit Ihren alten Dokumenten?

Klar ist, dass Sie neue Dokumente sofort in einem Ordner Ihrer PC-Ablage speichern. Auch alte Dokumente sollten Sie zumindest nach und nach in die Ordnerstruktur aufnehmen. Verschieben oder kopieren Sie die alten Dokumente ruhig in kleinen Häppchen in die neuen Ordner, wenn Sie zwischendurch etwas Zeit haben – zum Beispiel wenn Sie auf Ihren Scanner oder die Beendigung eines Druckauftrags warten müssen.

Vorsicht: Wenn Sie im Netzwerk arbeiten und seit jeher Dokumente gemeinsam mit Kollegen und Ihrem Chef bearbeitet haben, sprechen Sie sich ab, bevor Sie Dokumente in Ihre neue PC-Ablage verschieben! Sonst haben Sie ein tolles neues Ablagesystem, aber andere Personen finden die Dokumente nicht wieder, weil sie noch in den alten Ordnern danach suchen.

aus: „Das Profi-Handbuch Kommunikation: E-Mails und Briefe"
Autor: Peter Steinhauer

STARKE NERVEN. KOMPETENZ. EMPATHIE.

ANDREA KITZELMANN UND KATJA SCHATTMAIER,
ASSISTENTINNEN DES VORSTANDS DER HOCHLAND SE
IN HEIMENKIRCH IM ALLGÄU

Kühe, Käse und Karriere

Von wegen Provinz! Regionale Verbundenheit ist in dem Familienunternehmen durchaus ein Erfolgsfaktor: auf dem Weltmarkt und auch bei der internen Personalpolitik. Die beiden Vorstandsassistentinnen jedenfalls verdanken ihrer Heimat den attraktiven Arbeitsplatz und die Karriere-Chancen.

Sanfte Hügel, knorrige Bäume, alte Bauernhöfe: Wir verlassen die Autobahn und kurven auf einer schmalen Teerstraße 20 Minuten lang durch ein Allgäuer Postkarten-Idyll. Das Frühjahr lässt erstes Grün erahnen, Felder und Wiesen liegen unberührt da. Fürs liebe Vieh scheint es noch zu kalt zu sein um diese Jahreszeit, jedenfalls sind weit und breit keine für das Allgäu so typischen Kühe zu sehen.

Von denen stehen dafür gleich einige auf dem Schreibtisch von Andrea Kitzelmann: im Miniaturformat und kunstvoll bemalt. Wir sind am Ziel. Hier in Heimenkirch ist der Stammsitz des Käseherstellers Hochland. Die 46-jährige Andrea Kitzelmann und ihre Kollegin Katja Schattmaier (42) teilen sich das Büro seit fünf Jahren; gemeinsam unterstützen sie den Vorstand des Käseherstellers.

Hochland ist eines der größten privaten Unternehmen der Branche in Europa. Die Frischkäse-Fässchen von Almette und die gentechnikfreien Grünländer-Scheiben kennt hierzulande (fast) jeder, zumindest aus der Werbung. Dass das Sortiment noch weit größer ist, erleben wir vor Ort, wo die Produkte in einem meterlangen Regal nach Ländergesellschaften und Marken geordnet sind. Neben eigenen Marken produziert Hochland spezielle Produktlinien für den Lebensmittelhandel und die Gastronomie – Branchenriese Aldi ist auch dabei.

Umzug in die Hutfabrik

Ob Georg Summer und Robert Reich wohl an eine solche Erfolgsgeschichte dachten, als sie 1927 in Goßholz bei Lindenberg mit der Produktion von Schmelzkäseblöcken begannen? Ein paar Jahre später zog das Unternehmen in eine ehemalige Strohhutfabrik in Heimenkirch um, das Westallgäu war mal ein Zentrum der deutschen Hutfabrikation. Die Erben der beiden Gründer exportierten nach dem Krieg in andere europäische Länder und eröffneten schließlich in Spanien, Frankreich, Polen, Rumänien und Russland eigene Produktionsstätten. Der Hauptsitz blieb jedoch in Heimenkirch, wurde immer wieder umgebaut und erweitert. Eine recht verwinkelte Gebäudeanordnung war die Folge. „Das war ganz schön verwirrend, als ich hier anfing. Ich war froh, als ich endlich den Weg zur Kantine fand, ohne mich zu verlaufen", erinnert sich Katja Schattmaier mit einem Schmunzeln im Gesicht.

Die Hochland Unternehmensgruppe

Selbst wer kein ausgemachter Käseliebhaber ist, kennt wahrscheinlich Hochland-Produkte wie Almette, Gervais Hüttenkäse, Grünländer, Patros Feta oder Valbrie. Seit 2016 produziert die Tochterfirma E.V.A. GmbH außerdem unter der Marke Simply V vegane Scheiben und Brotaufstriche. Der Käsehersteller und -veredler aus dem Allgäu ist ein familiengeführtes Traditionsunternehmen. Mittlerweile bestimmen Vertreter der dritten Generation der Gründerfamilien im Aufsichtsrat über die Geschicke des Unternehmens mit. 1927 gegründet, feiert Hochland in diesem Jahr seinen 90. Geburtstag. Die Unternehmensgruppe firmiert als europäische Aktiengesellschaft SE und beschäftigt an weltweit 13 Produktionsstätten rund 4.400 Mitarbeiterinnen und Mitarbeiter, davon allein 1.500 im Allgäu. Die anderen Mitarbeiterinnen und Mitarbeiter verteilen sich auf die Standorte in Frankreich, Spanien, Polen, Rumänien, Russland und den USA.

2016 setzte Hochland erstmals über 300.000 Tonnen Käse ab und erzielte damit rund 1,2 Milliarden Euro Umsatz. Innovativ zeigt sich die Unternehmensgruppe auch in Sachen Technik: Da der Weltmarkt nicht die benötigten Spezialmaschinen für die Schmelzkäseherstellung anbot, konstruierte man sie kurzerhand selbst und sicherte sich so einen technologischen Vorsprung. Daraus entstand schließlich eine eigene Firma, die für das Engineering, den Bau sowie die weltweite Vermarktung von Spezialmaschinen zur Herstellung, Bearbeitung und Verpackung von Schmelzkäse zuständig ist. Die Hochland Natec GmbH ist in Deutschland, den USA und Australien tätig.

STARKE NERVEN. KOMPETENZ. EMPATHIE.

Andrea Kitzelmann (links) und Katja Schattmaier lesen gern in der sehr persönlich gehaltenen Festschrift zum 90. Jubiläum ihrer Firma.

Heimatverbunden

Seit 2001 arbeitet Katja Schattmaier bei Hochland, die Kollegin kam ein Jahr später dazu. Beide sind im Allgäu geboren und aufgewachsen. „Ich glaube, das war bei mir auch ein Einstellungskriterium", sinniert Andrea Kitzelmann. Für Hochland ist es manchmal nicht einfach, Fach- und Führungskräfte vom Standort Allgäu zu überzeugen: Vor allem junge Leute ziehen die Großstadt vor. Bei der Einstellung einer „echten" Allgäuerin wie Andrea Kitzelmann konnten die Chefs dagegen nahezu sicher sein, dass sie langfristig bleibt.

Beide Assistentinnen haben hier die Schule besucht und die Ausbildung zur Industriekauffrau absolviert. Andrea Kitzelmann lernte bei einem Hersteller elastischer Garne für die Strumpfindustrie, Katja Schattmaier bei einem Automobilzulieferer. Nach einem Auslandsaufenthalt in Irland, mehrjähriger Berufspraxis in einem kleineren Betrieb der Edelstahlbranche und einem berufsbegleitenden Studium zur Betriebswirtin fing Katja Schattmaier bei Hochland an. Nach Stationen im Vertriebsinnendienst, als Assistenz im Trade Marketing und im Marketing wurde sie die rechte Hand des damaligen Geschäftsführers Thomas Brunner. 2012 wechselte sie mit ihrem Chef in die neue Position, als der zum Vorstand Marketing und Vertrieb berufen wurde. Darüber ist Thomas Brunner nach wie vor sehr froh: „Ich habe ja schon vor meiner Berufung in den Vorstand fünf Jahre lang mit Katja sehr erfolgreich zusammengearbeitet und wollte die Zusammenarbeit deshalb unbedingt fortzusetzen. Ich schätze es, dass sie so interessiert ist an allen Vorgängen hier, ich schätze ihr Verantwortungsbewusstsein und ihre Verbindlichkeit. Was immer ich ihr übertrage: Ich kann sicher sein, dass es klappt. Und sie organisiert mich einfach perfekt!"

Andrea Kitzelmann heuerte nach elfjähriger Berufserfahrung bei ihrem Ausbildungsbetrieb und einem Wettbewerber direkt als Assistentin beim Vorstand Finanzen von Hochland an. Sie erinnert sich an die gemischten Gefühle, die sie damals vor dem Start hatte, denn das neue Unternehmen war viel größer als der vorherige Arbeitgeber. Doch die Angst war unbegründet, sagt sie rückblickend: „Ich wurde sehr offen und freundlich aufgenommen und gut eingearbeitet." Die Unternehmenskultur und der Umgangston sind großartig, schwärmen die beiden Assistentinnen, deshalb gebe es beispielsweise so eine geringe Fluktuation: „Dreißig oder sogar vierzig Jahre Betriebszugehörigkeit sind keine Seltenheit." Die Unternehmenskultur ist sicher ein Grund, weshalb schon mehrere Tochtergesellschaften der Unternehmensgruppe bei der Wahl zum besten Arbeitgeber Deutschlands sowohl beim Focus Ranking wie auch bei „Great Place to Work" ganz weit vorn landeten.

Die Arbeit als Tandem

Andrea Kitzelmann arbeitete von Anfang an im Doppelsekretariat. Für sie ist das also nichts Ungewöhnliches, während Kollegin Katja Schattmaier sich nach einer gewissen Zeit als Solistin erst darauf einstellen musste. „Andrea und ich kannten uns zwar schon lange privat und waren miteinander befreundet. Doch zusammen zu arbeiten ist noch einmal etwas anderes." Nach einer kurzen Einarbeitungszeit klappt es längst sehr gut als Team. Wichtig ist für beide eine klare Aufteilung der Zuständigkeiten. Katja Schattmaier arbeitet dem Vorstandsvorsitzenden Peter Stahl (Produktion & Technik, Einkauf) und Thomas Brunner (Marketing & Vertrieb) zu, Andrea Kitzelmann ist für Hubert Staub (Finanzen & Qualitätsmanagement) und die stellvertretende Aufsichtsratsvorsitzende Claudia Reich tätig. Die Doppelbesetzung hat viele Vorteile. Da die eine gern sehr früh in die Firma kommt, die andere lieber etwas später, ist zwischen 7 Uhr morgens und 17:30 Uhr immer eine von beiden am Platz. Da man sich gegenseitig vertritt, ist das Vorzimmer auch in Urlaubs- oder Krankheitszeiten stets besetzt, und wichtige Arbeiten , beispielsweise dringende E-Mails, werden auch mal von der Kollegin mit erledigt. Außerdem ergänzen sich die Kolleginnen perfekt: „Ich weiß, dass ich mich auf Andrea hundertprozentig verlassen kann. Sie plant sehr detailliert und arbeitet alles Stück für Stück ab", lobt Katja Schattmaier ihre Kollegin, die wiederum toll findet, „wie gut Katja in der Projektarbeit ist."

Jede hat ihre Schwerpunkte. Andrea Kitzelmann ist in der Hauptsache für die Organisation von Aufsichtsratssitzungen, Gesellschafterversammlungen, Beirats- und Budgetsitzungen aller Tochtergesellschaften sowie Management-Meetings zuständig, neben den klassischen Sekretariatsaufgaben wie Präsentationen vorbereiten, Reiseplanung/-abrechnung und Besucherbetreuung. „Eigentlich bin ich mittlerweile eine Eventmanagerin", erklärt sie. Das Know-how hat sie sich im Laufe der Jahre selbst beigebracht. Der Anteil dieser Aufgaben an ihrem Job wächst immer weiter und macht ihr sehr viel Spaß. „Insgesamt ist die Arbeit sehr vielfältig", freut sie sich.

Team-Management mit Strategie

Englisch in Schrift und Wort ist für die beiden eine Selbstverständlichkeit, schließlich ist Hochland ein internationales Unternehmen. Jedes Jahr im März kommt das Management aus der ganzen Welt zusammen. Das letzte Jahrestreffen fand in Schloss Lautrach statt, einem besonders idyllischen und beliebten Tagungszentrum im Allgäu. „Dieses Jahr hatten wir 80 Teilnehmer, so viele wie noch nie zuvor. Ein Zelt als Meeting-Raum war die Lösung. Doch weil das Wetter im Allgäu im März immer für eine Überraschung gut ist, hieß es, einen Plan B in petto zu haben. Es hätte ja auch schneien oder dauerhaft regnen können", sagt Katja Schattmaier, die diese Veranstaltung zusammen mit ihrer Kollegin organisierte. Ansonsten arbeitet sie etwas mehr in Projekten des Marketingvorstands mit, wie etwa bei der Erstellung des Design Manuals für das Hochland-Logo, bereitet Entscheidungsgrundlagen für den Vorstand vor und unterstützt die Tätigkeit von Peter Stahl als Vorstandsvorsitzendem im Milchindustrie-Verband. Aber auch ganz normale Sekretariatsarbeiten gehören für sie dazu, beispielsweise die Koordination von Terminen, das Organisieren von Meetings, das Erstellen von Präsentationen und die Reiseplanung.

STARKE NERVEN. KOMPETENZ. EMPATHIE.

Um bei der Aufgabenfülle immer auf dem Laufenden zu bleiben, brauchen die beiden eine gute Strategie. Neuerdings setzen sie dafür OneNote von Microsoft ein, in das sie schnell Infos und Notizen für die Kollegin eingeben können, damit in der Hektik des Tages nichts verloren geht. „Wir sparen uns die Zettelwirtschaft. Das Programm geht automatisch auf, wenn wir morgens unsere Rechner starten. Man sieht sofort, wenn es neue Einträge gibt, die Bedienung ist super einfach und wir können gleichzeitig daran arbeiten."

Für die gute Teamarbeit gibt es viel Lob von höchster Ebene. Von Hubert Staub beispielsweise, der im Vorstand für die Finanzen und das Qualitätsmanagement zuständig ist: „Sie haben immer alles auf dem Radar und treiben, wenn nötig, ihre Chefs auch mal vor sich her." Und Peter Stahl, zuständig für Produktion und Technik, ergänzt: „Andrea und Katja verkörpern unsere Leitlinien der Führung und

Wundertüte OneNote: Revolutionieren Sie die Verwaltung und Organisation Ihrer Teammeetings

Kennen Sie das? Sie bitten Ihre Kollegen, die Unterlagen für das nächste Teammeeting auf Ihrem Abteilungslaufwerk abzuspeichern. Kurz vor dem Meeting wollen Sie die Unterlagen ausdrucken und stellen fest, dass von einer Unterlage gleich drei Versionen abgespeichert sind. Welche ist nun die aktuellste? Leider hat Ihr Kollege versäumt, Ihnen die Unterschiede dieser drei Dateien zu erklären. Mit OneNote passiert Ihnen das nicht.

In 5 Schritten speichern Sie Dateien und Notizen für Ihr Teammeeting in OneNote ...

Schritt 1: Eröffnen Sie ein neues Notizbuch
Starten Sie dazu Microsoft OneNote und wählen Sie im Menü **Datei** den Punkt **Neues Notizbuch** aus.

Schritt 2: Geben Sie dem neuen Notizbuch einen Namen
Geben Sie die gewünschte Bezeichnung in das Feld **Name** ein (zum Beispiel Teammeetings) und klicken Sie auf **Erstellen**.

Schritt 3: Legen Sie verschiedene Reiter für Ihre Teammeetings an
Sie können mit einem Klick auf das Pluszeichen neben dem ersten Reiter weitere Reiter erstellen. Ich empfehle, bei wiederkehrenden Meetings für jedes Meeting einen

Reiter zu erstellen. Mit einem Doppelklick auf den Reiter können Sie diesen beschriften, beispielsweise mit dem Datum der Besprechung.

Schritt 4: Sammeln Sie alles, was zum jeweiligen Meeting gehört

Erstellen Sie für jedes Teammeeting einen eigenen Reiter mit dem jeweiligen Datum.

Sie können Dateien einfügen, indem Sie auf **Einfügen** und **Dateien** klicken und anschließend die entsprechende Datei von Ihrem Computer auswählen. Es wird dann eine Kopie der Datei in Ihrem Notizbuch abgelegt.

Schritt 5: Kommentieren Sie die Dateianhänge

Zu den eingefügten Dateien können Sie sich nun Notizen machen. Platzieren Sie einfach den Cursor unter oder neben die Dateianlage und schreiben Sie Ihre Notiz.

Mit dem Klick auf das Büroklammer-Symbol unter dem Menüpunkt **EINFÜGEN** können Sie Dateien in Ihr Notizbuch kopieren.

Fazit: Mit OneNote verknüpfen Sie Dateien und Notizen

Schluss mit dem Dateichaos auf dem Laufwerk! Mit OneNote können Sie alle Unterlagen für Ihr Teammeeting abspeichern und mit Notizen versehen. So gibt es keine Missverständnisse mehr, welche Version auf dem Laufwerk die aktuellste Version ist, wer sie abgespeichert hat oder was Version X von Version Y unterscheidet.

In OneNote können Sie die Dateianhänge mit Notizen versehen. Schreiben Sie einfach unter oder neben dem Dateianhang.

aus: „Assistenz & Sekretariat heute"
Autorin: Dunja Schenk

Zusammenarbeit auf vorbildliche Weise. Besonders schätze ich Mitdenken und Eigeninitiative, wenn uns Vorständen mal etwas durch die Lappen geht. Wir bekommen auch immer mal wieder Tipps zu unserer eigenen und der gemeinsamen Arbeitsorganisation. Auf diesem Gebiet kann jeder jeden Tag etwas dazulernen, finde ich." Außerdem ist ihm wichtig, dass die besondere Herzlichkeit eines familiengeführten Unternehmens rüberkommt: „Wir sind ein gastfreundliches Haus, jeder Mensch soll sich bei uns wohlfühlen: ob Gesellschafter, Mitarbeiter oder Besucher. Wir wollen eine gute Beziehung aufbauen zu allen, denen wir bei Hochland begegnen. Andrea und Katja tragen mit ihrer herzlichen und verbindlichen Art sehr dazu bei."

Ein guter Grund zum Feiern

Einen Wermutstropfen hat die Zusammenarbeit im Doppelpack allerdings: Ihren Urlaub können die Freundinnen nicht mehr wie früher gemeinsam verbringen. Zelten in der Serengeti, mit dem Rucksack in Griechenland von Insel zu Insel oder auf Mallorca mit dem Roller (ohne Benzin) unterwegs, das sei jetzt nicht mehr möglich, weil man sich ja gegenseitig vertrete," bedauert Andrea Kitzelmann. „Dafür haben wir eben einen tollen Job", sind sich die beiden Allgäuerinnen einig. Hin und wieder ein freier Freitag, um gemeinsam zu einem verlängerten Wander- oder Sport-Wochenende aufzubrechen, das sei immerhin ein kleiner Ausgleich. Dieser Tage ist wieder viel zu tun, die Expansion von Hochland nach Übersee steht an. Zum Jahreswechsel hat Hochland den US-amerikanischen Frischkäse-Produzenten Franklin Foods übernommen. Und es gibt in diesem Jahr eine denkwürdige Feier: Hochland wird 90. Auf dem Programm steht unter anderem ein besonderer Betriebsausflug, das Ziel wird noch nicht verraten. Klar ist allerdings, dass es Platz, Verpflegung und Unterhaltung für 1.000 bis 1.200 Teilnehmer bieten wird. So viele sind in der Regel bei den alle fünf Jahre stattfindenden Ausflügen mit von der Partie. Zur Erinnerung an das Jubiläum haben sich die Chefs etwas Besonderes ausgedacht. Für die Festschrift trug ein Autobiograf Fotos und Berichte ehemaliger wie aktiver „Hochländer" zusammen. Ein ebenso ansprechender wie persönlicher Geschichtenband ist das Ergebnis. Noch ein Zeichen mehr dafür, dass hier jede und jeder Einzelne zählt.

Andrea Schmidt-Forth, Journalistin

Fotos: Alexander Rochau

STARKE NERVEN. KOMPETENZ. EMPATHIE.

RITA WEYMANN, ASSISTENTIN DER GESCHÄFTSFÜHRUNG BEI DER ADAMA DEUTSCHLAND GMBH, KÖLN

Eine Karriere in zwei Ländern

Ein halbes Arbeitsleben im Ausland, dann wieder auf heimischem Boden, zurück im Wirtschaftsleben hier – kann das gut gehen? Mit der Neugierde und der Offenheit von Rita Weymann ganz bestimmt, wie ihr Beispiel zeigt.

Wenn Rita Weymann aus ihrem Leben erzählt, horcht man unwillkürlich auf: Israel? Kibbuz? Hebräisch? Dort gelebt ...?! Wie spannend! Ausland ist eben nicht gleich Ausland. Ob jemand bei einer Firma in London, Paris oder New York arbeitet oder bei einem Unternehmen in Tel Aviv, das weckt eine ganz andere Neugier. Rund 25 Jahre hat die gelernte Fremdsprachenkorrespondentin in dem jüdischen Staat gelebt, seit 2010 ist sie wieder in Deutschland, wohnt und arbeitet in der Rhein-Metropole Köln. Ihr Arbeitgeber ist ein Pflanzenschutz-Unternehmen mit israelischem Mutterhaus, die Adama Deutschland GmbH, es produziert Pflanzenschutzmittel und vertreibt sie weltweit. Rita Weymann arbeitet als Geschäftsführungs-Assistentin dem CEO Frank Gemmer zu, der zu seiner Position als Marketingleiter im Februar noch die Geschäftsführung übernommen hat.

Wenn Rita Weymann von ihrem Chef erzählt, spricht sie von Frank, „man duzt sich in israelischen Firmen", erzählt sie, „flache Hierarchien und eine eher lockere Arbeitsatmosphäre sind dort üblich". Vielleicht liege das daran, meint die Assistentin, dass alle jungen Männer und Frauen in Israel drei beziehungsweise zwei Jahre lang in der Armee dienen, „viele kennen sich aus dieser Zeit oder haben zumindest gemeinsame Erinnerungen", das schaffe eine besondere Grundlage für eine spätere Zusammenarbeit. Außerdem, das ist bekannt, blüht in Israel die Gründerszene, „es ist eine Startup-Nation", bestätigt Rita Weymann. Kurz und gut: Das Arbeitsleben dort hat ihr richtig gut gefallen.

www.workingoffice.de

STARKE NERVEN. KOMPETENZ. EMPATHIE.

Hat zwei sehr unterschiedliche Arbeitswelten kennengelernt: GF-Assistentin Rita Weymann.

Sprachen schaffen Chancen

Angefangen hat alles mit dem Geschichtsunterricht in der Schule. Die furchtbaren Verbrechen in der Nazi-Zeit blieben ihr unbegreiflich, der Zufluchtsort Israel faszinierte sie – „ich wollte da unbedingt hin, um der Geschichte ein Stück näher zu kommen". Noch vor dem Abitur ging sie für vier Wochen in einen Kibbuz. Das Gemeinschaftserlebnis in der ländlichen Kommune begeisterte sie, die hebräische Sprache gefiel ihr sehr und mit dem Traum „ich komme wieder" kehrte sie in ihr Heimatdorf in Niedersachsen zurück. Es folgten das Abi und eine Ausbildung zur „Fremdsprachlichen Korrespondentin/Sekretärin", schließlich die erste Festanstellung als Stenotypistin bei der Preussag AG in Goslar; sechs Jahre blieb sie dort. Noch zwei Mal besuchte sie in dieser Zeit das Land am Jordan. Sie begann, Hebräisch zu lernen und traf schließlich ihren zukünftigen Mann. 1987 siedelte das Paar nach Israel um. Mit den vielen Fremdsprachenkenntnissen – neben ihrer Muttersprache Deutsch beherrschte die junge Sekretärin Englisch, Französisch und etwas Spanisch, vor allem aber Hebräisch – stand ihr der Arbeitsmarkt offen. Das Hebräische beherrschte Rita Weymann bald perfekt, nicht zuletzt, weil alle Zuwanderer zunächst sechs Monate eine Sprachenschule besuchen mussten, bevor sie eine Arbeitserlaubnis bekamen.

Eine sehr sinnvolle Maßnahme, findet die Assistentin bis heute. Bei der Wilhelm Rosenstein Ltd., eine Vertretung verschiedener deutscher Unternehmen wie BASF, Degussa und Emslandstärke, begann sie als Senior Secretary des Generaldirektors und blieb dort sieben Jahre. Nach einem kurzen Aufenthalt wieder in Deutschland ging es in Israel weiter mit der Karriere, seit 1997 arbeitete sie bei der Makhteshim-Agan-Gruppe, aus der schließlich Adama Agricultural Solutions wurde, mit Vertretungen in vielen Ländern der Welt. Bis heute gehört sie dem Unternehmen an. Denn mit dem Weggang aus Israel im Jahr 2010, das hatte auch private Gründe, blieb sie ihrem Arbeitgeber treu und stieg bei der neuen deutschen Niederlassung in Köln, der Adama Deutschland GmbH, als Assistentin der Geschäftsführung ein.

Ihr damals elfjähriger Sohn ging mit nach Deutschland, die einige Jahre ältere Tochter absolvierte gerade ihre Armeezeit in Israel, mittlerweile studiert sie dort, der Sohn besucht das Albert Einstein Gymnasium in Sankt Augustin. Die 25 Jahre in dem Land ihrer Träume seien ihr sehr wertvoll, sagt Rita Weymann, und trotzdem fühlt sie sich mittlerweile auch hier wieder zu Hause: „Ich habe gut an Früheres anknüpfen können." Obwohl es schon ein kleiner Kulturschock gewesen sei, in ein Deutschland zurückzukehren, das sich in mancher Hinsicht weniger weiterentwickelt habe, als sie sich das vorgestellt hatte: „Ich dachte, nach der Wiedervereinigung sind alle viel motivierter, ich dachte, das hätte auch einen gesellschaftlichen Schub gegeben." Aber so erlebte sie es nicht. Es mag womög-

---

ADAMA Deutschland GmbH

Die ADAMA Deutschland GmbH ist ein Unternehmen der ADAMA Agricultural Solutions Ltd., ehemals Makhteshim Agan Industries Ltd. Sie wurde 1983 als Feinchemie Schwebda GmbH – FCS – gegründet und befasst sich mit der Entwicklung, Registrierung und dem Vertrieb von Pflanzenschutzmitteln in Deutschland, Österreich und der Schweiz. Das Unternehmen zählt nach eigenen Angaben zu den aktivsten Anmeldern zahlreicher Markenmoleküle und ist weltweit führender Hersteller und Vertreiber patentfreier Pflanzenschutz-Produkte. Rund um den Globus ist das Unternehmen mit über 100 regionalen Vertriebsorganisationen vertreten und beschäftigt mehr als 5.000 Mitarbeiterinnen und Mitarbeiter. In Deutschland sind es derzeit 112 Mitarbeiterinnen und Mitarbeiter, 82 davon am Standort Köln.

lich auch die Außenansicht sein, die ein Land immer ein wenig verzerrt darstellt, das geht Menschen nicht anders, die von ihrer Zeit in Israel hören. Deshalb sind Geschichten aus erster Hand so spannend und deshalb ist es für die deutschen Kolleginnen und Kollegen immer besonders interessant, wenn Rita Weymann im Firmen-Netzwerk „Yammer" zum Beispiel jüdische Feiertage oder andere jüdische Besonderheiten erklärt. Erst im letzten Jahr hat sie eine Weiterbildung zur Referentin für Interne Unternehmenskommunikation absolviert, eine schöne und passende Ergänzung zu ihrer Aufgabe rund um die GF-Assistenz.

Abwechslung garantiert

Neben dem Geschäftsführer Frank Gemmer arbeitet Rita Weymann direkt dem CFO Björn Kastell, dem Vertriebsleiter Uwe Böhrensen und dem Leiter Registrierung und Entwicklung, Dr. Wilhelm Schlüter zu. Mit Frank Gemmer arbeitet Rita Weymann am engsten zusammen. Längst geht das Meiste auf Zuruf, berichtet sie, man vertraut sich, kennt die Arbeitsweise des anderen: „Er überlässt es mir, wie ich meine Aufgaben erfülle, das erlaubt mir sehr viel Selbstständigkeit. Ich brauche Freiräume für meine Arbeit und die bekomme ich hier." Montags und freitags setzen sich die beiden für eine Stunde zusammen und besprechen die Termine und die Themen, die gerade anstehen, jedenfalls, wenn der Chef nicht gerade unterwegs ist; ansonsten geht es eben per Mail oder Telefon. Verlässlichkeit ist genau das, was für Frank Gemmer in der Zusammenarbeit am wichtigsten ist, und Motivation: „Rita arbeitet sehr vorausschauend und sie ist top-organisiert – deshalb bin ich es auch."

Die Adama Deutschland hat insgesamt 112 Mitarbeiterinnen und Mitarbeiter, 82 sind es derzeit am Standort Köln, davon 30 im Außendienst. Das Travel-Management gehört zu den Aufgaben der Assistentin, neben den klassischen Büroaufgaben, von Korrespondenz bis zum Kunden-Event, von Terminkalender bis zum Tagungs-Management. Daneben gibt es weitere Aufgabenbereiche, die Rita Weymann weitgehend eigenverantwortlich betreut. Da ist die Registrierung, ein sehr wichtiger Bereich für ein Unternehmen im Pflanzenschutzbereich. Trademarks, Parallelimporte, Etikettierungen – das alles wird in einer riesigen Datenbank zusammengeführt und akribisch gepflegt.

Rita Weymann übernimmt auch hier Aufgaben. In enger Abstimmung mit den jeweiligen Produkt-Managern behält sie die Produkte und deren Bezeichnungen mit entsprechenden Trademarks in den verschiedenen Ländern im Blick, stimmt sich mit Produkt-Managern und dem Chef ab, wo welche TM-Registrierungen sinnvoll sind, beantragt oder verlängert werden. Es kann Jahre dauern, bis ein neues Produkt von den entsprechenden Ämtern zugelassen wird, die notwendigen Informationen müssen hieb- und stichfest sein, die vielen Schritte genauestens dokumentiert werden – ein Aufgabenbereich, der hohe Konzentration und großes Verantwortungsbewusstsein verlangt.

Pflanzenschutz ist ein komplexes Thema, die Agrarwirtschaft ein hoch sensibler Bereich. Kritische Fragen oder Kommentare bekommt Rita Weymann im Freundes- und Bekanntenkreis durchaus auch mal zu hören.

„Ich kann damit leben", sagt sie, „wir wollen mit unseren Produkten helfen, die Pflanzen zu schützen und wir bemühen uns, das so nachhaltig wie möglich zu tun." Sie verschließt sich nicht den Bedenken, aber sie weiß auch, dass die Strukturen in der Agrarwirtschaft bestimmte Anforderungen an die Landwirte stellen – „das ist eine Aufgabe, der wir uns stellen."

Die Identifikation der Adama-Mitarbeiter mit ihrer Firma erlebt sie als stark, „für eine Werbekampagne haben sich zum Beispiel unsere Leute mit unseren Produkten fotografieren lassen", das gefällt ihr gut.

Probleme? Kein Problem!

Zu Hause ist sie längst wieder in Köln, das Herz schlägt aber nach wie vor auch für Israel – „von meiner Zeit dort profitiere ich mein Leben lang". Probleme zum Beispiel, erzählt sie, mögen Deutsche nicht besonders, sie tun so viel wie möglich, um sie zu verhindern, so erlebt sie es jedenfalls. „In Israel ist es gerade umgekehrt. Da hatte ich oft den Eindruck, die Israelis mögen Probleme regelrecht, sie lieben es einfach, Probleme zu lösen. Das hat mir die Angst vor Schwierigkeiten genommen." Sie packt an, was auf sie zukommt, ist fest davon überzeugt, dass man aus schwierigen Situationen am meisten lernt und gilt in der Firma als ruhiger Pol – auch in turbulenten Situationen. Wird es kompliziert, fühlt sie sich erst so richtig herausgefordert, „ich finde für alles eine Lösung". Sogar mit den israelischen Sicherheitsbehörden konnte sie eine Einreiseabwicklung für Mitarbeiter und Geschäftsbesucher ausarbeiten, die das eigentlich langwierige Verfahren abkürzte.

In ihrer Freizeit ist ihr die Zeit draußen in der Natur oft die wertvollste, das Fotografieren ist ein Hobby, „am liebsten Vögel und Schmetterlinge", Fahrradtouren mit Nachbarn aus dem Haus genießt sie besonders gern am Wasser. „Nach so einem Wochenende bin ich wieder fit für die Woche, ich freue mich immer aufs Büro, auf die Menschen dort, auf den Austausch mit dem israelischen Mutterhaus" – mit beiden Beinen fest auf zweierlei Böden.

Kirsten Wolf, Journalistin
Fotos: Martin Leissl

STARKE NERVEN. KOMPETENZ. EMPATHIE.

SONJA STRICKER, PERSONAL ASSISTANT GENERAL MANAGEMENT
BEI DER JOSEF GARTNER GMBH, GUNDELFINGEN

Karriere bei einem heimlichen Riesen

Was der Arbeitgeber von Sonja Stricker konstruiert, versetzt nicht selten die ganze Welt in Staunen: Fassaden aus Gundelfingen sind echte Hingucker. Seit einem Vierteljahrhundert gehört Sonja Stricker dazu. Ein Job-Report bei einem Hidden Champion.

Unternehmen, die in ihrer Nische überaus erfolgreich, manchmal sogar Marktführer und dennoch in der Öffentlichkeit kaum bekannt sind – sie bezeichnet man als Hidden Champions. Oftmals inhabergeführt und nicht an der Börse notiert, treiben sie ihre Erfolge ohne die Aufgeregtheit der Finanzwelt voran. Die Josef Gartner GmbH, vor bald 150 Jahren als Schlossereibetrieb im schwäbischen Gundelfingen gegründet, ist so eine heimliche Größe. Etwas sichtbarer wurde sie kürzlich erneut, weil sie die spektakuläre Außengestaltung der Elbphilharmonie übernommen hatte.

Im Empfangsbereich des Unternehmens, das nach wie vor im Schwäbischen angesiedelt ist, zeigen großformatige Aufnahmen an den Wänden real gewordene Architektenträume. Technisch aufwändige Bauprojekte in Aluminium, Glas und Stahl hängen hier an der Wand, wie der Taipei 101 in Taiwan, der mit 508 Metern für ein paar Jahre das höchste Gebäude der Welt war, die BMW-Welt in München, das Musée des Confluences in Lyon, an dem keine Fassadenfläche gerade ist, oder die Tanzenden Türme in Hamburg. Die Referenzliste der spektakulären Bauten und illustren Kunden ist lang. Fast sieht es so aus, als wären einfache Aufgaben zu langweilig für die Gartner-Spezialisten. Interessant werden die Projekte für sie offenbar erst, wenn sie möglichst komplex und kompliziert sind. Zum Glück gibt es davon eine ganze Menge. Sonja Stricker, Assistentin der Geschäftsleitung, erzählt: „Besonders viele Projekte finden Sie in London. Wir haben dazu eigens einen Stadtplan im Intranet." Bei einem Mausklick auf die Citymap poppen mehr als 90 grüne Fähnchen auf, alles made by Gartner. Selbstverständlich hat sich die 45-Jährige einige der Gebäude angeschaut, als sie vor einem halben Jahr einige Tage in London war, um in der Schwestergesellschaft eine neue Assistentin einzuarbeiten. Auch vor Urlauben hat sie es sich zur Gewohnheit gemacht zu schauen, ob man unterwegs ein Gartner-Projekt besichtigen könnte. „Großbritannien ist einer unserer wichtigsten Märkte. Umso mehr freut es mich, dass wir durch die Elbphilharmonie in Hamburg auch in unserer Heimat wieder bekannter geworden sind", erklärt Klaus Lother, einer der beiden Geschäftsführer der Josef Gartner GmbH. Von London aus leitet er das Europa-Geschäft, gerade ist er für zwei Tage am Stammhaus in Gundelfingen. Trotz engem Terminkalender nimmt er sich die Zeit, die Besucher durch das Haus zu führen.

Von der Team-Assistenz zur Chefentlastung

Zehn Jahre lang haben Klaus Lother und Sonja Stricker zusammengearbeitet, bevor der Manager nach Großbritannien ging. Als die Assistentin im Jahr 2006 ins Büro des Geschäftsführers wechselte, standen die Zeichen auf Um-

---

Die Josef Gartner GmbH

Vor bald 150 Jahren von einem Schlossermeister aus der Familie Gartner als Handwerksbetrieb gegründet, gilt das Unternehmen heute als Weltmarktführer im Bereich Gebäudehüllen. Bereits 1968 ließ Gartner sich die sogenannte integrierte Fassade patentieren, die neben den üblichen Funktionen wie Schall- und Wärmeschutz auch heizt und kühlt. Heute ist der Fokus des Gundelfinger Unternehmens mit der Closed Cavity Facade, in der sich zwischen Außen- und Innenhaut ein vollständig versiegelter Luftraum befindet, auf das Thema Nachhaltigkeit gerichtet. Der Mittelständler beschäftigt etwa 900 Mitarbeiterinnen und Mitarbeiter. 2001 schloss sich der Familienbetrieb mit der italienischen Permasteelisa Group zusammen, die in Venetien ansässig ist. Seitdem von Managern geführt, kann der Spezialist auf die weltumspannende Infrastruktur der Permasteelisa Group zurückgreifen. An etlichen Großbaustellen sind beide Partnerfirmen beteiligt.

STARKE NERVEN. KOMPETENZ. EMPATHIE.

Stolz zeigt uns Sonja Stricker einige Teststücke ihrer Firma, sogenannte Mock ups. Hier lehnt sie an einer Balkonbrüstung aus stahlverstärktem Spezialkunststoff. Sie wurde für die Hamburger Elbphilharmonie entwickelt.

bruch. Die Familienmitglieder hatten sich 2001, auch aus Altersgründen, aus der Geschäftsleitung zurückgezogen. Lediglich Dr. Fritz Gartner blieb der Firma als Vorsitzender des Aufsichtsrats erhalten – bis heute. Für einen reibungslosen Übergang war jedoch gesorgt. Die Josef Gartner GmbH ging mit der Permasteelisa Group, einem international gut aufgestellten Unternehmen der Branche, eine gewinnbringende Verbindung ein. Fortan leiteten Manager die Gundelfinger Firma. Natürlich verlangte so ein Umstellungsprozess allen Beteiligten Energie und Flexibilität ab. Für Sonja Stricker änderte sich die Tätigkeit komplett. Seit ihrem Einstieg bei der Firma 1992 hatte sie als Teamassistentin in zwei unterschiedlichen 50-köpfigen Projektgruppen gearbeitet. Neben dem Abwickeln des gesamten Schriftverkehrs hieß das unter

STARKE NERVEN. KOMPETENZ. EMPATHIE.

anderem, mit zwei Kolleginnen alle Bestellungen, Glaslisten und Schlussrechnungen selbst zu schreiben. Bei größeren Projekten wie der Österreichischen Nationalbank waren das schon mal zwei Wochen am Stück, erinnert sie sich und schüttelt den Kopf. Unglaublich! Dank der Digitalisierung läuft das heute wesentlich effizienter. Von einem Tag auf den anderen war sie nur noch für eine Person, den Geschäftsführer, zuständig. Da ihre Vorgängerin bereits ausgeschieden war, hat sie sich ihre neue Aufgabe selbst erarbeitet. Ihr Chef Klaus Lother, Maschinenbauingenieur, hat sie dabei sehr unterstützt. „Wenn Sie etwas brauchen, sich fortbilden wollen, dann sagen Sie es nur!", ermutigte er sie. Als Erstes besuchte sie einen Englisch-Crashkurs, schließlich macht Englisch etwa ein Drittel ihres Tagesgeschäfts aus. Regelmäßige Software-Schulungen sind ohnehin ständig auf dem Plan. Auch die Personalabteilung kümmert sich darum, dass die etwa 15 Sekretärinnen und Assistenzen im Haus regelmäßige Updates erhalten. Chefentlastung ist auch für Sonja Stricker die klassische Kernaufgabe. Mittlerweile arbeitet sie Jürgen Wax zu, vier Chef-Wechsel hat sie bereits miterlebt. Charmant und vorausschauend, aber auch durchsetzungsstark, wenn es um notwendige Unterlagen und Terminfindung geht, so kennen die Kollegen Sonja Stricker. Sie führt den Terminkalender ihres Chefs, plant, bucht und rechnet seine Reisen ab. Sie managt seinen Tag, wenn er in Gundelfingen von einer Besprechung zur nächsten eilt. Organisiert Go-to-Meeting-Konferenzen mit Teilnehmern aus aller Welt: „Ein tolles neues Instrument. Handy oder Laptop genügen, man braucht keine aufwändige Videokonferenzausstattung mehr!" Stricker organisiert Meetings, bereitet die

Klaus Lother und Sonja Stricker waren zehn Jahre lang ein Team, bis der Manager nach London ging.

www.workingoffice.de

STARKE NERVEN. KOMPETENZ. EMPATHIE.

halbjährlichen Aufsichtsratssitzungen mit entsprechender Agenda vor. Pflegt im Namen des Chefs Kundenkontakte. Weiß stets, welches Angebot gerade aktuell ist. „Da diesbezüglich viele Termine über meinen Tisch gehen, bin

Welcome! Mit diesen Formulierungen fühlen sich internationale Gäste von Anfang an wohl

Empfangen Sie internationale Gäste nicht nur mit gutem Englisch, sondern auch mit freundlicher, anteilnehmender Aufmerksamkeit und hilfreichen Fragen.

Die wichtigsten englischen Formulierungen für den Empfang von Gästen

Wenn Sie als Assistentin den Gast abholen:
- Hello, I'm Corinna Schmidt, Johannes Menzel's assistant. You must be Bob Brow.
- Hello, Bill, it's nice to see you again. Did you have a pleasant trip?

Wenn Ihr Chef zu spät dran ist:
- Mr Fischer's meeting is taking longer than expected, I'm afraid.
- Ms Schröder has just had to take an urgent phone call. She'll be with you soon.

Small Talk:
- Is this your first time in Cologne?
- How long is the flight from Singapore?
- Are you happy with your hotel?
- Did you find us easily enough?

Wenn Sie statt Small Talk über Firmendetails informieren möchten:
- Our headquarters are in Toronto.
- We are one of the ten biggest hospitals in Germany.
- We are very proud of our past achievements.
- We are unveiling two new products this month.
- We export to South East Asia and the Pacific Region.
- We are constantly striving to reduce our carbon footprint.
- We started out with only ten employees. Now we have over two thousand.

Praktische Tipps:
- May I take your coat?
- Would you like to sit here, Mr Jones?
- Can you see the screen clearly from there?

aus: „Assistenz & Sekretariat heute"
Autorin: Claudia Marbach

ich stets im Bilde, an welchem Auftrag wir dran sind und wo wir aktuell im Bewerbungsprozess stehen." Terminverschiebungen sind in diesem Business natürlich an der Tagesordnung. Zum Glück verfügt die 45-Jährige über ein ausgeglichenes Temperament, viel Energie, Humor und Organisationstalent. Jürgen Wax, der ein paar Jahre jünger ist als seine Assistentin, freute sich bei seiner Amtseinführung sehr darüber, dass die erfahrene, gut vernetzte, offene und freundliche Mitarbeiterin ihre Aufgabe auch unter seiner Führung fortsetzen wollte.

Ein Jubiläum in eigener Sache

Seit 25 Jahren ist sie nun bei der Josef Gartner GmbH, mehr als ihr halbes Leben lang. Natürlich kennt sie sämtliche Mitarbeiterinnen und Mitarbeiter, hat für alle immer ein offenes Ohr. Dass sie so lange bei der Firma bleiben würde, hätte die gebürtige Gundelfingerin selbst nicht gedacht. Nach Realschule und Ausbildung zur Bürokauffrau war sie bald zu dem Metallbauunternehmen gewechselt: „Gartner hatte mich als großer Arbeitgeber hier in der Region immer schon interessiert." Gundelfingen ist zwar keine Metropole wie München, liegt aber dennoch zentral zwischen Augsburg, München, Ulm und Stuttgart. Man kommt überall schnell hin, steht auf dem Weg zur Arbeit nicht im Stau und kann sogar das Fahrrad nehmen, wie Sonja Stricker gelegentlich im Sommer. Auch das Freizeitangebot ist attraktiv, der Wald zum Walken liegt direkt vor der Haustür.

Internationale Architekten-Szene zu Gast

Hat sie nie darüber nachgedacht, sich beruflich einmal umzuorientieren, eine neue Herausforderung zu suchen? „Doch, sicher", räumt Sonja Stricker ein, „aber ich bin in dieser Firma sehr verwurzelt. Wir fühlen uns hier alle als zur Gartner-Familie gehörig. Bei etlichen Kollegen haben schon die Eltern oder Großeltern für die Firma gearbeitet. Jeder ist in einem oder mehreren Vereinen tätig. Die Arbeit macht mir immer noch Spaß. Und wir haben es mit interessanten Menschen und Projekten zu tun." Dass Bauherren oder Stararchitekten wie Sir Norman Foster, Renzo Piano oder Herzog & de Meuron mit dem Hubschrauber einfliegen, hat Sonja Stricker schon erlebt. Sie zeigt über

Heute entlastet die Assistentin Geschäftsführer Jürgen Wax. Sie plant seine Reisen und managt seine Termine.

den Hof: „Da drüben landen sie." Nicht selten kommen die prominenten Besucher sogar zweimal an die Donau: Zuerst geht es um die Optik, also darum, ob das 1:1-Modell der Fassaden-Elemente den ästhetischen Vorstellungen des Kunden entspricht. Beim zweiten Besuch werden die Fassadenelemente, sogenannte Performance Mock ups, dann echten Härte-Tests unterzogen. Sicherheit und Haltbarkeit kommen auf den Prüfstand. Neben den riesigen Fertigungsflächen auf dem Werksgelände gibt es dafür einen Testbereich, auf dem die Fassaden an bis zu neun Prüfständen auf Herz und Nieren getestet werden. Die Anforderungen an moderne Fassaden sind hoch: Sie müssen nicht nur erdbebensicher, wasser- und winddicht sein, sondern auch großen Temperaturschwankungen und mechanischen Einwirkungen standhalten. Mittlerweile ist oft zusätzlich Explosionssicherheit gefragt.

Immer etwas Besonderes

„Der Campus 2 von Apple war unser Ritterschlag", heißt es bei den Mitarbeiterinnen und Mitarbeitern. Das neue Verwaltungsgebäude im kalifornischen Silicon Valley war eine Herausforderung der besonderen Art. Auf Luftaufnahmen sieht das neue Verwaltungsgebäude aus wie ein gestrandetes Ufo, mit einem Umfang von 1,6 Kilometern. Der Auftrag war, so große gebogene Elemente zu konstruieren wie noch nie zuvor. Sieben Meter Breite wären kein Problem gewesen, doch Apple stellte sich mindestens das Doppelte vor, damit an der Fassade hauptsächlich Glas und möglichst wenig von der Trägerkonstruktion zu sehen ist. Was andere nicht schafften, gelang dem schwäbischen Spezialisten. In seine Fassadenelemente lassen sich gebogene Gläser mit einer Größe von 3 mal 15 Meter installieren. Außerdem entwickelte Gartner für die Montage vor Ort eigens teils ferngesteuerte Systeme, Förderfahrzeuge und Kräne, die die Installation der übergroßen Elemente ermöglichen. So erhielt das Unternehmen, das für solche Projekte fast immer mit anderen Spezialisten und Zulieferern zusammenarbeitet, letztlich den Zuschlag. Die ersten Apple-Mitarbeiter sind bereits in den Campus eingezogen.

Auch für den Bau des Lakhta-Tower in St. Petersburg musste Gartner vor Ort eine Infrastruktur für die Fertigung und Logistik schaffen, um den Zeitplan halten zu können. Der Turm soll bis zur Eröffnung der Fußball-Weltmeisterschaft 2018 fertig sein und alles übertreffen, was es bisher in Europa gab. Mit seinen fast 460 Metern Höhe ebenso wie mit seiner Form: Der Turm steht auf einer gezackten Bodenplatte, ist in sich gedreht und läuft nach oben hin spitz zu wie eine (Gas-)Flamme, passend zur Corporate Identity von Auftraggeber Gazprom.

Was das für die Statiker und Konstrukteure bedeutet, lässt sich kaum vorstellen: Nahezu jedes Glas- und Metallelement, das an der Fassade verbaut wird, hat eine andere Form. Für Sonja Stricker sind dieses und andere Projekte in Russland eine Herausforderung, weil Termine von drei Chefs koordiniert werden müssen. Die Auftraggeber erwarten, dass beide Geschäftsführer und der italienische Vorstand der Permasteelisa Group dabei sind. So hat jedes Land seine Gepflogenheiten. Das erfordert Fingerspitzengefühl, diplomatisches Geschick und interkulturelle Kompetenz. Genau das macht Sonja Strickers Job immer wieder so spannend und interessant.

Andrea Schmidt-Forth, Journalistin

Fotos: Alexander Rochau

STARKE NERVEN. KOMPETENZ. EMPATHIE.

HELLA HEINZMANN, OFFICE-MANAGERIN DER KELLERKINDER / K10R GMBH, HOCKENHEIM

Eine echte Win-win-Situation

Mit knapp Sechzig noch mal durchzustarten, ohne PC-Kenntnisse und in einem neuen Arbeitsbereich, dazu gehört Mut. Und ein Chef, der einen Blick für gute Leute hat. Wenn diese zwei zusammenkommen, wird eine ganz besondere Job-Story daraus.

Mit einem offenen, freundlichen Lächeln heißt Hella Heinzmann alle Besucher der „Kellerkinder", seien es Kunden oder Lieferanten, willkommen. Sie ist die Office-Managerin des hoch spezialisierten IT-Dienstleisters mit Sitz in Hockenheim. Im Umgang mit Menschen hat die 63-Jährige viele Jahre Erfahrung aus der Hotel- und Gastronomiebranche. Das ist nur eine der zahlreichen Kompetenzen, die ihr Chef, Siegmund Mioduszewski, der Geschäftsführer der Kellerkinder GmbH, besonders an ihr schätzt. Die beiden sind ein eingespieltes Team. Die Zusammenarbeit mit dem 29-jährigen Vorgesetzten und den acht anderen Kollegen ist von gegenseitigem Respekt geprägt. Dabei ist die Kombination nicht nur im Hinblick auf den Altersunterschied ungewöhnlich: Noch vor etwas mehr als drei Jahren war die gelernte Hotelkauffrau keineswegs technikaffin. Und heute hat sie ihre berufliche Heimat als Team-Assistentin unter jungen Programmierern gefunden.

Ganz entspannt hoch konzentriert

Hier fühlt sich Hella Heinzmann wohl, denn es zählen Werte, die ihr auch selbst wichtig sind: Eigenverantwortung und Selbstständigkeit. „Das wird nicht nur gewünscht, sondern auch gefordert und gefördert", erklärt sie. „Ich teile mir meine Arbeit frei ein und lege die Prioritäten selbst fest." Bei technischen Fragen kann

Kann ein Mehr-Generationen-Büro für Sie ein Gewinn sein?

Zahlreiche Studien zeigen, dass Betriebe mit Mitarbeitern unterschiedlicher Altersgruppen, Geschlechter und Kulturen produktiver arbeiten. Eine Studie des Zentrums für Europäische Wirtschaftsforschung in Mannheim hat sogar bewiesen, dass ältere Mitarbeiter länger im Betrieb verbleiben, wenn sie mit jüngeren Kollegen ein Team bilden. Die Mitarbeiter lernen voneinander und motivieren sich gegenseitig. Eine Umfrage des amerikanischen Personaldienstleisters Robert Half unter 2.400 Personal- und Finanzmanagern in der Schweiz, Österreich und Deutschland zeigt aber auch: Gerade wenn mehrere Generationen in einem Team sind, kann es zu Schwierigkeiten kommen.

Mehr-Generationen-Büros nutzen Synergien

Die Chance von Mehr-Generationen-Büros liegt im Aufeinandertreffen verschiedener Stärken. Während die Generation Y (siehe Kasten) mit Technologieaffinität und die Generation X mit Ehrgeiz glänzt, liegen die Stärken der Babyboomer in der Gelassenheit und der Erfahrung.

Doch manche älteren Mitarbeiterinnen befürchten, jüngere Kolleginnen könnten sie übertrumpfen. Daher gibt es Kolleginnen, die sich zurückziehen oder ihr Büro wie eine Alleinherrscherin verteidigen. Dieser Schutzmechanismus lässt sie leicht arrogant wirken. Ein solches Verhalten ist schade, denn oft beinhaltet die Zusammenarbeit mit jungen Kolleginnen die Chance, sich weiterzuentwickeln.

Das können Sie tun, damit die Zusammenarbeit zwischen Alt und Jung harmonisch verläuft

- Verteilen Sie die Aufgaben nach den jeweiligen Stärken. Vielleicht finden Sie ein System, mit dem alle Beteiligten besser klarkommen als bisher. Beispiel: Während die ältere Kollegin besser im Vorstandsmeeting Protokoll führt, weil sie noch Stenografie gelernt hat, beherrscht die jüngere Kollegin die Kostenkalkulation in Excel souveräner.

- Gehen Sie neue Wege. Manchmal sind die neuen Ideen jüngerer Kollegen auf den ersten Blick unbequem, weil sie Veränderung mit sich bringen. Doch Veränderung kann auch Verbesserung bedeuten. Nur weil Sie regelmäßige Aufgaben schon immer in einer gewissen Form erledigt haben, gibt es vielleicht trotzdem eine viel effizientere Methode. Umgekehrt kann die junge Generation auch von Altbewährtem profitieren.

- Kombinieren Sie Fachwissen mit Erfahrung. Nichts ist erfolgreicher, als langjährige Erfahrung mit aktuellem Fachwissen zu kombinieren. Lernen Sie voneinander. Im Idealfall ergänzen sich Ihre Fähigkeiten – Sie können somit viel bessere Ergebnisse erzielen.

STARKE NERVEN. KOMPETENZ. EMPATHIE.

Die Generationen im Profil
Verschiedene Generationen haben unterschiedliche Stärken und Schwächen. Eine Studie des Forschungsinstituts Ipsos hat die einzelnen Generationen darauf hin untersucht und kam zu folgenden Ergebnissen:

- Babyboomer, geboren zwischen 1946 und 1964
- Generation X, geboren zwischen 1965 und 1979
- Generation Y, geboren zwischen 1980 und 1999 (auch: Millennials)
- Generation Z, geboren zwischen 2000 und 2015

Die Babyboomer
Mitarbeiter aus dieser Generation sind teamgeprägt und beziehungsorientiert. Sie identifizieren sich stark mit dem Unternehmen und fühlen sich als Teil des Ganzen. Gleichzeitig sind sie sehr engagiert und durchsetzungsstark, manchmal wirken sie autoritär.

Die Generation X
Die Generation X ist nicht sonderlich begeistert von Hierarchien; sie steht eher für Bequemlichkeit und Geselligkeit. Leistung ist für Vertreter dieser Generation nicht unwichtig, jedoch steht die Work-Life-Balance im Vordergrund. So ziehen sie es vor, auch einmal von zu Hause aus zu arbeiten. Die Stärken der Generation X sind Anpassungsfähigkeit, Unabhängigkeit und Kreativität. Als negative Eigenschaften werden ihnen Ungeduld, Durchsetzungsschwäche und Skepsis zugeschrieben.

Die Generation Y
Die eher funktional orientierten Kollegen aus der Generation Y passen sich den bestehenden Hierarchien flexibel an. Sie sind multitaskingfähig, aber auch teilweise unausgeglichen und antriebsarm. An den Arbeitsplatz stellen sie nur wenige Anforderungen. Die technische Ausstattung mit stylischen Gadgets und personalisiertem Design ist ihnen allerdings sehr wichtig, da sie die meiste Zeit am Computer verbringen. Sie lieben den Komfort und wünschen sich informelle, funktionale Büros. Die Anerkennung des Vorgesetzten ist für die Ypsiloner sehr wichtig. Wenn sich die Karriereaussichten verschlechtern, wechseln sie das Unternehmen.

Die Generation Z
Angehörige dieser Generation sind schon seit frühester Kindheit mit digitalen Technologien wie Smartphones und Tablet-PCs vertraut. Da sie noch sehr jung sind, kann über ihre Eigenschaften noch nicht viel ausgesagt werden. Tendenziell sind sie jedoch selbstbewusst, entscheidungsfreudig und politisch interessiert.

aus: „Mein Assistentinnen-Coach"
Autorin: Dunja Schenk

sie sich jederzeit an die Programmierer wenden; sind Schulungen erforderlich, werden sie sofort gewährt. Hinzu kommt ein hoher Qualitätsanspruch, der für alle Mitarbeiterinnen und Mitarbeiter gilt. „Anfangs hat es mir oft den Atem genommen, als ich gesehen habe, was hier von den Programmierern geleistet wird", erinnert sich Hella Heinzmann. Das war für sie von Beginn an ein Ansporn, auch im eigenen Aufgabenbereich ein entsprechend hohes Niveau zu halten.

Dabei ist die Arbeitsatmosphäre bei den Kellerkindern entspannt und gelassen. Das zeigt sich schon bei der Büroaufteilung und -einrichtung. Höchst lebendiges Inventar ist die schwarze Labradorhündin Layla, die im ganzen Haus frei herumläuft und von allen gemocht wird. Im ersten Stock gibt es einen Lounge-Bereich, der mit einer Sofa-Landschaft, einem Air-Hockey-Spieltisch und einer vollständig eingerichteten Küche inklusive großem Essbereich ausgestattet ist. Hier wird regelmäßig zusammen gekocht, gegessen und entspannt.

„Bei aller äußeren Lockerheit herrscht eine professionelle Ernsthaftigkeit und Konzentration", betont Hella Heinzmann. Genau das schätzt sie, ebenso wie den offenen und freundlichen Umgang im Miteinander. Alle duzen sich. Diese positive Stimmung ist Teil der Firmenphilosophie. „Jeder, der hier arbeitet, sollte den gleichen Spirit haben. Wir wollen gemeinsam etwas leisten. Ob jemand gute Zeugnisse hat oder eine akademische Bildung vorweisen kann, ist mir nicht

Kellerkinder / k10r GmbH Die Kellerkinder / k10r GmbH

Kellerkinder / k10r GmbH Die Kellerkinder / k10r GmbH ist ein 2013 gegründeter, hochspezialisierter IT-Dienstleister mit Sitz in Hockenheim. Hier werden E-Commerce-Lösungen ausschließlich auf der Basis der Software Shopware entwickelt, das heißt, es werden individuell am Bedarf des Kunden ausgerichtete zusätzliche Software-Module, sogenannte Plug-ins, programmiert.

Dabei kann es sich beispielsweise um die Anbindung der externen Warenwirtschaft oder die Entwicklung eines Zahlungsmoduls für einen Onlineshop handeln. Neben der Programmierung bietet das Unternehmen auch eine Beratung bei der Strategie und Konzeption von E-Commerce-Projekten, Schulungen sowie die Betreuung und Überprüfung von bestehenden Onlineshops an. Mehr Infos erhalten Sie unter **www.kellerkinder.de**.

STARKE NERVEN. KOMPETENZ. EMPATHIE.

Hella Heinzmann hat immer ein Lächeln auf den Lippen. Mit 50 plus hat sie es gewagt, noch einmal durchzustarten.

wichtig. Für mich steht der Mensch im Mittelpunkt. Was zählt, sind das Können und die Lebensleistung", erläutert Kellerkinder-Gründer und Geschäftsführer Siegmund Mioduszewski.

Wie alles begann

Genau diese Einstellung war es, die Hella Heinzmann den Einstieg in die anspruchsvolle und herausfordernde Arbeit als Office-Managerin im gerade gegründeten IT-Dienstleistungsunternehmen ermöglichte. Dabei lief es alles andere als klassisch ab. Eine Bewerbung hat Hella Heinzmann für die Kellerkinder nie geschrieben. Vielmehr lernte sie Siegmund Mioduszewski im privaten Umfeld kennen. Ihm erzählte sie von ihrer Enttäuschung beim Arbeitsamt: Sie wollte Kenntnisse im Umgang mit dem PC erwerben, ihr Weiterbildungswunsch wurde aber mit dem Hinweis auf ihr Alter abschlägig beschieden. Unverständlich, hatte sie doch eine abgeschlossene Ausbildung sowie 18 Jahre Berufspraxis im Hotelgewerbe und in der gehobenen Gastronomie vorzuweisen. So war sie beispielsweise stellvertretende Leiterin in einem Sterne-Restaurant in Mannheim, Hausdame in einem österreichischen Urlaubsresort, Reservierungsleiterin in einem großen Schwarzwälder Hotelkomplex und vieles mehr. Nur lagen diese Erfahrungen eben fast zwei Jahrzehnte zurück. Denn in der Zwischenzeit hatte sie ihre drei Kinder Carla, Milan und Mirko großgezogen. „Das war ein Fulltimejob, da mein Mann beruflich ständig unterwegs war. Ich habe mich gerne ganz der Erziehung meiner Kinder gewidmet. Dabei hatte ich nie das Gefühl, beruflich etwas zu verpassen, Karriere hatte ich ja schon gemacht", erzählt Hella Heinzmann. Doch nach der Scheidung musste und wollte sie wieder arbeiten. Das Problem beim Wiedereinstieg mit 54 Jahren: Ihr fehlten Computerkenntnisse. Die waren aber für die von ihr angestrebten Stellen am Hotelempfang unumgänglich. So blieb ihr nichts anderes übrig, als einige Jahre auf weniger qualifizierte Jobs auszuweichen. Dabei hatte sie stets das Ziel vor Augen, sich weiterzubilden und wieder eine anspruchsvollere Tätigkeit zu finden. „Ich schaue immer nach vorn, nie zurück", bringt Hella Heinzmann ihre Lebenseinstellung auf den Punkt. Dennoch nagte die Ablehnung des Arbeitsamtes an ihr.

Ein gegenseitiger Lernprozess

Das Verblüffende war, dass es Siegmund Mioduszewski beim Arbeitsamt ähnlich erging: nur eben umgekehrt, aus Arbeitgeber-Perspektive. Er suchte eine erfahrene Assistentin für seine neu gegründete Firma, die die Organisation des Büros und der Buchhaltung in Teilzeit aufbauen sollte. „Schwierig bis unmöglich in Teilzeit", war auch hier die Auskunft. Nach dem regen Austausch über die Probleme, den richtigen Arbeitgeber beziehungsweise Arbeitnehmer zu finden, wurde schnell klar: Hier hatten sich zwei Gleichgesinnte gefunden. So wurde Hella Heinzmann im März 2015 zur Mitarbeiterin der ersten Stunde bei den Kellerkindern. Gemeinsam bauten sie im ersten Jahr eine Struktur für das Office-Management und die Buchhaltung auf. Das war von der Sache her aufwändig, galt es doch, immer wieder gerade mühsam Geschaffenes umzubauen oder sogar ganz neu anzusetzen. Es war ein gegenseitiger Lernprozess, der beide Seiten forderte.

Die Scheu vor dem PC zu überwinden, stellte für Hella Heinzmann die größte Hürde dar. Mit viel Geduld übernahm Siegmund Mioduszewski die Einführung in die Grundlagen. Später belegte Hella Heinzmann Kurse an der Mannheimer

STARKE NERVEN. KOMPETENZ. EMPATHIE.

Abendakademie, um Kenntnisse in einzelnen Bereichen zu vertiefen. Die intensive, anstrengende Zeit hat sich gelohnt: Heute ist Hella Heinzmann im Umgang mit dem PC deutlich routinierter. Im Gegenzug profitiert Siegmund Mioduszewski von der Erfahrung seiner Assistentin in organisatorischen Belangen. „Ich musste erst lernen, welche Aufgaben ich abgeben kann. Das hat mir mehr Freiraum gegeben, mich auf meine Kernaufgaben als Geschäftsführer zu konzentrieren", erläutert Mioduszewski.

Ganz ohne Reibungen lief die Feinjustierung natürlich nicht ab. Aber: „Mich hat von Anfang an die Ehrlichkeit und Offenheit im persönlichen Umgang begeistert", sagt Hella Heinzmann. „Wenn ich einen Fehler mache, benennt ihn mein Chef klar und sagt, wie ich es das nächste Mal besser machen soll. Damit ist die Sache erledigt."

Die Zusammenarbeit mit ihrem 29-jährigen Vorgesetzten, Siegmund Mioduszewski, ist nicht nur im Hinblick auf den Altersunterschied ungewöhnlich. Jeder profitiert von den Erfahrungen des anderen.

Papierlos glücklich

Sie übernimmt die Terminplanung für das gesamte Team, regelt alles Organisatorische und ist für die Buchhaltung, also die Kontrolle der Rechnungsein- und -ausgänge sowie die Weiterleitung der Belege an den Steuerberater, verantwortlich.

Ihr Schreibtisch spiegelt ihre Arbeitsweise wider: Er ist aufgeräumt und strukturiert. Alle Arbeitsutensilien haben einen festen Platz, nichts liegt herum. Ein kleiner Keramikengel und eine Miniatur-Schneekugel stehen unter dem Bildschirm, das war es dann aber auch schon mit den persönlichen Dingen. Der Fokus liegt klar auf dem konzentrierten Arbeiten. „Ich wollte immer eine sinnerfüllte Aufgabe, die habe ich hier gefunden", sagt Hella Heinzmann stolz. Noch einmal ein großer Schritt hin zur perfekten Organisation des Büros und der Buchhaltung war die vollständige Digitalisierung aller Vorgänge. Dieser Prozess wurde im letzten Jahr abgeschlossen.

„Das war eine riesige Umstellung für mich. Schließlich habe ich mein halbes Berufsleben mit Aktenordnern und Papieraufzeichnungen verbracht", meint Hella Heinzmann. Zumal es für eine komplette Umstellung von Papier- auf elektronische Akten noch keinen Königsweg gibt. Viele Prozesse und Programme müssen erst auf ihre Tauglichkeit hin für das eigene Unternehmen getestet werden. „Aber mein Chef hatte eine wunderbare Art, mich zu motivieren. Er sagte immer: ‚Stell dir vor, wir ziehen in unser neues Firmengebäude um und müssen nicht 50 Ablageorder mitnehmen.' Das hat gewirkt", resümiert Hella Heinzmann lachend. Wenn sie von ihrem Chef und der Arbeit erzählt, wird deutlich: Das passt alles zusammen. Und wie ist es eigentlich, allein unter Männern zu arbeiten? Da winkt Hella Heinzmann nur lässig ab: „Ein Heimspiel!" Schließlich ist sie mit fünf Brüdern aufgewachsen.

Alexandra Gebel, Journalistin

Fotos: Alexander Pütter, Kellerkinder / k10r GmbH